本书受教育部人文社会科学研究规划基金项目"我国体育产业政策执行效果研究"（19YJA890025）、国家社会科学基金青年项目"体育强国建设背景下的健身休闲业政策研究"（13CTY008）资助。

体育强国
建设中的健身休闲产业政策研究

吴香芝 著

中国社会科学出版社

图书在版编目(CIP)数据

体育强国建设中的健身休闲产业政策研究/吴香芝著. —北京：中国社会科学出版社，2024.1
ISBN 978-7-5227-3106-3

Ⅰ.①体… Ⅱ.①吴… Ⅲ.①健身运动—体育产业—产业发展—研究—中国 Ⅳ.①G812

中国国家版本馆 CIP 数据核字(2024)第 040706 号

出 版 人	赵剑英
责任编辑	李斯佳
责任校对	杨　林
责任印制	戴　宽

出　　版	中国社会科学出版社
社　　址	北京鼓楼西大街甲 158 号
邮　　编	100720
网　　址	http://www.csspw.cn
发 行 部	010-84083685
门 市 部	010-84029450
经　　销	新华书店及其他书店
印　　刷	北京君升印刷有限公司
装　　订	廊坊市广阳区广增装订厂
版　　次	2024 年 1 月第 1 版
印　　次	2024 年 1 月第 1 次印刷
开　　本	710×1000　1/16
印　　张	17
插　　页	2
字　　数	231 千字
定　　价	99.00 元

凡购买中国社会科学出版社图书，如有质量问题请与本社营销中心联系调换
电话：010-84083683
版权所有　侵权必究

前　　言

　　本书通过文献资料、专家访谈、问卷调查、实地考察、案例分析等方法，研究体育强国建设中我国健身休闲产业的相关政策，并阐述在我国健身休闲产业相关政策的影响下，健身休闲产业的发展状况和体育强国对我国健身休闲产业的需求；分析健身休闲产业政策的内容、执行方式、执行效果；进而揭示我国健身休闲产业相关政策存在的若干问题，提出我国体育强国建设需求下的健身休闲产业政策优化建议。

　　健身休闲是一项以身体参与为主的较普遍的社会体育活动，在不同的国家和不同的历史发展时期，人们均有健身休闲的需求。由于受社会经济发展水平和人们生活习惯的影响，人们的健身休闲方式和参与程度有所不同。当许多人参与且有一定数量的人提供服务并从中获得劳动报酬时，健身休闲便形成一种体育产业类型。众多文献资料显示，"健身休闲"和"健身休闲产业"是近十年在我国开始频繁使用的名词，在2005年以前，"健身娱乐"和"健身娱乐业"使用居多。因此到目前为止，关于健身休闲产业的研究成果并不多，但是关于娱乐业的研究很多，相关研究提出的观点也比较全面。关于健身休闲产业的理论研究主要表现在经营组织连锁化、产品多元化、服务个性化、健身设备数字化、健身保险一体化等诸多方面。通过我国健身休闲产业的实际经营状况和健身休闲产业政策的落实情况可以看出，健身休闲产业政策对我国健身休闲产业的干预程度比较大。但是从目前我国已有的相关研究成果中可以看出，对健身休闲产业政策并没有进行专门和系统的研究。尽管一些相关研究有所涉及，但是随着时间的推移，一些研究成果的实际指导作用在削弱。关于我国健身休闲产业政策的研究以及现有政策的制定和实施情况，必须紧跟健身休闲产业发展状况。

从我国体育强国对健身休闲产业和健身休闲产业政策发展的实际要求可以看出，我国健身休闲产业政策对体育强国的建设非常重要。一方面，体育强国不仅要求国民有较高的健身休闲参与程度，而且需要体育健身休闲活动产生市场价值，进而需要健身休闲产业的高质量发展。另一方面，从我国健身休闲产业存在的各种问题可以看出，我国健身休闲市场经常存在失灵情况，需要通过政府的合理干预达到优化健身休闲产业发展的目的。而且完善的健身休闲产业政策也是体育强国建设的重要内容。在我国政治、经济、文化等实际国情下，通过政策调整健身休闲产业发展相对灵活且见效显著。此外，我国过去的体育产业政策干预经验也表明政策曾经对我国健身休闲产业或者体育娱乐业有过积极的影响作用和促进效果。

2016年10月28日国务院办公厅《关于加快发展健身休闲产业的指导意见》主要涉及了我国健身休闲产业发展的指导思想、基本原则、发展目标，提出了完善健身休闲服务体系、培育健身休闲市场主体、优化健身休闲产业结构和布局、提升健身休闲器材装备研发制造能力、加强组织管理和实施等政策措施。还有其他很多关于健身休闲产业的政策内容分布在体育政策、体育产业政策或者服务业政策文件中，在文化产业和旅游产业政策文件中也有所涉及。这些政策文件对健身休闲产业发展的规定从不同视角确定了健身休闲产业的发展思路和发展方案，而且在健身休闲产业市场准入、税收减免政策、水电优惠、财政补贴等方面做了诸多规定。一些地方性健身休闲产业政策内容对促进健身休闲产业的发展也做出了许多规定，旨在促进地方健身休闲产业的发展。

首先，通过分析健身休闲产业政策在体育强国建设中的重要角色和功能可以发现，健身休闲产业政策在体育强国建设过程中发挥了重要作用。但是，在历史不断变化的过程中，因体育强国建设内容不断更新，健身休闲产业政策的效果会随着时间的推进而不再显著，因此，我国健身休闲产业政策需要进行一定的更新或调整。

其次，通过对我国2011—2015年的健身休闲产业政策执行效果进行评价可以看出，我国健身休闲产业政策执行效果比五年前有一定的提高，不同政策文件对健身休闲产业政策的执行效果也有所不同；不同区域健身休闲产业政策执行效果不同，不同项目的健身休闲产业政策的执行效果也不同。因此，在健身休闲产业政策的优化过程中，必须充分考虑这些因素。有些地区政策执行效果较差，其主要因素是配套政策不完善、地方政府不重视以及健身休闲企业的信息接收程度不够。在改善我国健身休闲产业政策执行效果的过程中，应该重点考虑这些因素。

最后，通过对我国不同类别健身休闲产业及其相关政策内容进行分析可以看出，在不同产业类别中存在的问题不同，而且在微观层面反映了政策的无力性。在后期健身休闲产业政策设计中应该针对不同的健身休闲产业类型或者项目类型设计具有针对性的政策方案。在我国健身休闲产业政策的完善和优化过程中，建议根据政府的财政能力、地方经济水平、项目的市场潜力，在政策的执行、制定、评价和监督等环节适当投入，坚持节省政策成本且成效显著的政策优化方案。

目　录

第一章　绪论 …………………………………………………（1）
　第一节　研究背景 ……………………………………………（1）
　第二节　研究目的与意义 ……………………………………（15）
　第三节　研究思路与方法 ……………………………………（17）
　第四节　研究内容与结构 ……………………………………（24）
　第五节　相关概念界定 ………………………………………（26）
　第六节　国内外研究现状评述 ………………………………（31）

第二章　健身休闲产业发展现状 ……………………………（54）
　第一节　体育强国建设中的健身休闲产业 …………………（54）
　第二节　我国健身休闲产业存在的主要问题 ………………（63）
　第三节　具体地域具体健身休闲产业存在的问题
　　　　　——以江苏滑雪场运营为例 …………………………（72）

第三章　我国健身休闲产业政策内容 ………………………（81）
　第一节　我国健身休闲产业政策分布 ………………………（83）
　第二节　我国健身休闲产业一般政策内容 …………………（86）
　第三节　规划类健身休闲产业政策内容 ……………………（93）

第四节　地方性健身休闲产业政策内容 …………………（98）
　　第五节　我国健身休闲产业专门政策内容 …………………（101）

第四章　体育强国与健身休闲产业政策 …………………（103）
　　第一节　体育强国建设中的体育发展政策 …………………（103）
　　第二节　体育强国建设中的健身休闲产业政策 ……………（106）
　　第三节　不同政策在体育强国建设和健身休闲产业发展中所
　　　　　　发挥的不同作用 ……………………………………（110）

第五章　健身休闲产业政策执行效果评价 …………………（118）
　　第一节　我国健身休闲产业政策执行过程 …………………（118）
　　第二节　我国健身休闲产业政策执行效果 …………………（122）
　　第三节　我国健身休闲产业政策执行效果影响因素 ………（132）
　　第四节　我国健身休闲产业政策执行效果影响因素
　　　　　　回归分析 ……………………………………………（139）

第六章　体育强国建设中我国健身休闲产业政策优化建议 ……（148）
　　第一节　健身休闲产业政策优化原则 ………………………（148）
　　第二节　健身休闲产业政策内容的优化 ……………………（151）
　　第三节　政策执行的优化 ……………………………………（155）

第七章　我国不同类健身休闲产业政策状况 ………………（159）
　　第一节　公共体育场地（馆）的健身休闲产业状况及政策 …（159）
　　第二节　健身俱乐部（健身会所）发展及政策 ………………（165）
　　第三节　高尔夫健身休闲产业状况及政策 …………………（169）
　　第四节　台球健身休闲产业状况及政策 ……………………（179）
　　第五节　传统体育健身休闲产业及政策 ……………………（183）

第六节　保龄球产业及政策 …………………………………（188）
　　第七节　我国高校体育场馆健身休闲运营及政策 …………（192）

第八章　不同区域健身休闲产业政策 …………………………（198）
　　第一节　江苏省健身休闲产业政策 …………………………（198）
　　第二节　浙江省健身休闲产业政策 …………………………（211）
　　第三节　山东省健身休闲产业政策 …………………………（217）
　　第四节　徐州市健身休闲产业政策 …………………………（224）

第九章　结论与展望 ……………………………………………（235）
　　第一节　结论 …………………………………………………（235）
　　第二节　展望 …………………………………………………（244）

参考文献 …………………………………………………………（247）

第一章 绪论

第一节 研究背景

一 现实背景

(一) 强国建设背景

体育强国的建设不仅仅是体育事业发展的需求,也是一个国家不断强大的重要发展环节。我国教育家张伯苓先生在100年前就提出了"强国必先强种,强种必然强身"的思想,并被称为"以体育强国强种的先行者"。2008年北京奥运会后,我国成为"世界竞技体育强国"(见表1-1)。北京奥运会使世界对中国有了积极而真实的了解,北京奥运会的成功举办也对中国经济、文化、体育等各项事业注入了发展动力,为我国由体育大国向体育强国迈进创造了良好的条件。

表1-1 我国竞技体育部分核心指标数据统计(2010—2014年)

	2010年	2011年	2012年	2013年	2014年
运动员获世界冠军项数(项)	22	24	24	22	22
运动员获世界冠军人数(人)	180	198	140	164	206
运动员获世界冠军个数(个)	108	138	107	124	98
运动员创世界纪录(项)	15	8	14	13	10

续表

	2010年	2011年	2012年	2013年	2014年
各等级运动员发展人数（人）	46341	38380	46412	51089	45141
国际级运动健将发展人数（人）	306	300	167	130	127
各等级教练员发展人数（人）	1451	1045	767	1518	1648
国家级教练员发展人数（人）	74	13	72	75	35

资料来源：根据国家统计局网站整理。

当代中国正处于经济转轨、社会转型，各项事业迅猛发展，基础实力不断提升的过程中，但体育事业核心竞争力还不足。体育事业由大到强是到21世纪中叶我国体育事业发展的重要任务。我国体育强国建设的提出是我国经济、社会、文化等发展到一定阶段的产物，是我国全面建成小康社会进程中的重要任务之一，已经成为经济发展较好的国家的优质人类生命质量的保证。在我国当前经济、文化、政治等发展现状和发展趋势下，我国必须提出且已经提出了建设体育强国的任务。体育强国建设不仅竞技水平强大，而且由体育设施比较充足、体育参与程度较高、体育活动种类齐全、体育文化丰富健康、人们身体运动能力较强等方面构成。许多发达国家一般也是体育相对发达的国家，诸如美国、英国、德国、法国，乃至韩国和日本等，体育已经成为绝大多数国家国民必然参加的活动。他们不仅参加的体育活动种类多，还产生了大量的就业岗位，拉动了内需，促进了经济增长，提高了人们的生活品质。健身休闲产业不仅是为广大群众提供健身休闲机会的有效途径，也是增加就业、拉动内需和提高GDP的重要手段，又是培育体育赛事产业消费群体的重要环节，还是补充公共体育健身服务不足的重要措施。2014年10月20日，我国国务院发布的《关于加快发展体育产业促进体育消费的若干意见》体现了体育消费的重要性，鼓励人们参与健身休闲活动，拉动体育健身休闲消费，在一定程度上体现了健身休闲产业在体育强国建设中的重要作用。

(二) 体育产业发展背景

我国体育产业的发展是从 20 世纪 80 年代初解决体育经费的不足逐渐开始发展起来的。随着人们生活水平的不断提高和人们对体育消费的不断增加，体育产业逐渐发展成为一种特殊的产业类型，社会资本投入体育产业的现象越来越普遍。而且体育产业的范围也越来越广泛，体育用品业的制造和销售也逐渐被纳入体育产业发展领域。在当前我国体育产业分类和统计标准下，我国体育产业由体育用品业、体育服务业和体育建筑业构成，其中，体育服务业由体育健身休闲、体育中介、体育培训等构成。随着 1995 年我国《体育产业发展纲要（1995—2010 年）》的颁布和实施，体育产业逐渐成为体育事业的重要内容。体育健身休闲、体育竞赛表演等逐渐成为当时备受关注的产业类型，也成为诸多体育投资者关注的对象。从 2008 年我国体育产业统计工作开始，我国体育产业类型被明确划分为 8 个类别[①]；2015 年增加到 11 个类别，增加了体育竞赛表演活动、体育中介服务、体育培训与教育。作为体育产业内容之一的体育健身休闲活动是指从事健身休闲产业经营的活动，统计的体育健身休闲产值主要指这些经济活动创造的价值。我国体育产业虽然发展快，但是发展规模小、产值低。2010 年《国务院办公厅关于加快发展体育产业的指导意见》将体育产业提升到国家战略的高度，为体育产业发展指明了新方向。到目前为止，我国体育产业规模逐步扩大，机构日趋合理。2011—2014 年体育产业增加值年均增长率为 12.74%，展现了成为国民经济新兴产业的巨大潜力。我国体育产业的产值不断增加，占 GDP 的比重也在逐步提高。2006—2013 年，全国体育产业从业人员增加 131.67 万人，总产出增加 7899.60 亿元，增加值增长 2580.80 亿元。截至 2014 年，我国体育产业的总规模达到 13574.71 亿元，实现增加值 4040.98 亿元，占当年 GDP 的 0.64%。

---

① 国家体育总局：《2006—2008 全国体育及相关产业统计公报》，国家体育总局网，http://www.sport.gov.cn/n4/n97/n101/c211955/content.html。

2015年，我国的体育产业增加值为5494.00亿元，其增长速度为35.97%，体育产业总值占GDP总值约0.8%。① 随着经济的发展和人们消费水平的提高，体育产业增加值每年都呈现较快的增长趋势，如图1-1所示。

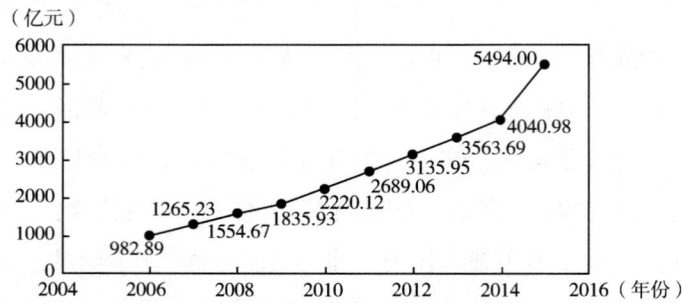

图1-1　2006—2015年我国体育产业增加值增长趋势

资料来源：国家体育总局：《我国体育产业增加值增长趋势》，国家体育总局网，http://www.sport.gov.cn。

虽然目前体育产业在我国呈现出较快的增长趋势，但是当前我国体育产业无论是在整体发展规模上，还是在GDP的比重中，与西方发达国家体育产业都还存在一定差距。发达国家体育产业的增加值基本占该国GDP的2%—3%，而我国当前的体育产业增加值还不到GDP的1%。但是，我国体育产业体系日益健全，体育产业初步形成了体育用品、竞赛表演、体育场馆、体育健身休闲、体育培训等业态协调发展的良好态势；体育与科技、文化、健康、养老、旅游等相关行业日益融合；体育产业结构明显优化，体育用品业稳定增长，体育服务业比重逐步提升，体育产业呈现出多种经营方式并存的发展态势；体育产业政策也取得了重大突破，2014年10月，国务院印发《关于加

---

① 国家体育总局：《体育产业发展"十三五"规划》，中华人民共和国人民政府网，http://www.gov.cn。

快发展体育产业促进体育消费的若干意见》，明确了体育产业的地位，各级政府认真贯彻落实并取得积极进展，为体育产业发展营造了良好的环境；体育产业发展的规范、监督、扶持等各项工作稳步推进，大型体育场馆运营管理改革创新取得突破，体育产业统计工作进入常态化发展。

健身休闲产业不仅是体育产业发展的重要内容，而且对体育中介、体育用品、体育组织管理等均有重要的关联作用，而现实中我国健身休闲产业的发展是我国体育产业发展的短板。因此，寻求加快健身休闲产业发展的有效途径是我国体育产业发展的重要任务之一。美国健身休闲产业在体育产业中的占比约为40%，而中国不到10%。尽管健身休闲产业是体育产业的重要内容之一，在体育产业发展中应该更加重视健身休闲产业的发展，但是我国健身休闲产业并没有发挥其应有的作用。因此，通过政策手段加快健身休闲产业的发展又是相对有效的途径之一。2014年《关于加快发展体育产业促进体育消费的若干意见》和2016年《关于加快发展健身休闲产业的指导意见》又强化了我国加快发展体育产业和健身休闲产业的重要任务。到目前为止，通过政策途径促进体育产业发展依然是加快我国体育产业发展的重要方式。健身休闲产业作为体育产业的重要类型在政策文件中不断被提及和强调，但是政策的力度和落实程度存在很多不足，地方实施性政策存在一定欠缺，与具体健身休闲产业发展需求存在一定偏差。

（三）全民健身建设背景

1952年，毛泽东同志提出了"发展体育运动，增强人民体质"的口号。在国家经历了艰苦的经济困难时期后，体育事业很快又被重视起来。20世纪80年代，全国各地兴起了在社区开展有组织性的群众性体育活动；90年代中期制定并开展了落实《全民健身计划纲要》的全民健身工程。2009年制定了《全民健身条例》，把全民健身纳入法律保护体系并开展了新的全民健身计划，而且有了"全民健身产业"

的提法，进而推进了健身休闲产业的发展。随着我国经济发展水平的提高和人们对健康需求的不断增加，健身休闲产业得到了极大的发展。在之后十多年的发展中，体育健身休闲被重视的程度越来越高，党的十八届五中全会通过的《中共中央关于制定国民经济和社会发展第十三个五年规划的建议》提出了健康中国建设的战略构想，提出要实施全民健身战略，广泛开展全民健身运动。《"健康中国 2030"规划纲要》设专门章节对完善全民健身公共服务体系、推动体医结合、发展健身休闲产业等提出了明确要求。

随着全民健身工程的不断推进，运动健身逐渐成为时尚，越来越多的人加入健身大潮。2014 年国家全民健身状况调查公报数据显示，相比 2007 年，运动健身的人群增长近 8 个百分点[①]，说明我国居民体育健身意识不断增强。2010—2015 年我国经常参加体育锻炼的人数不断上升，2015 年经常参加体育锻炼的人数达到近 3.9964 亿（见图 1-2）。而且年轻人参加体育锻炼的比例越来越大，除了跑步、游泳、打羽毛球等项目，中青年人群的运动选择越来越丰富，网球、瑜伽、攀岩、滑雪等"高大上"的项目开始被普通百姓所接受。随着人们对健身休闲需求数量和质量的大幅提升，公共服务越来越无法满足人们日益增长的健身休闲需求。在这种现实背景下，必须依靠体育市场的有效配合以及国家力量和社会力量的共同投资和运营，才能满足人们越来越强烈的健身休闲需求。随着人们对体育健身休闲消费的升级，健身休闲产业的发展对全民健身工程的推进和落实也起着越来越重要的作用。

1995 年的《中华人民共和国体育法》和《全民健身计划纲要》强调了我国群众体育工作的重要性。在全民健身工程中，我国全民健身的投资规模不断加大，投资方式不断增多，资金来源不断创新。但是，尽管国家投入了大量的公共服务资金，依然无法满足人们对体育

---

① 国家体育总局：《2016 年中国全民运动健身行业报告》，国家体育总局网，http://www.sport.gov.cn/。

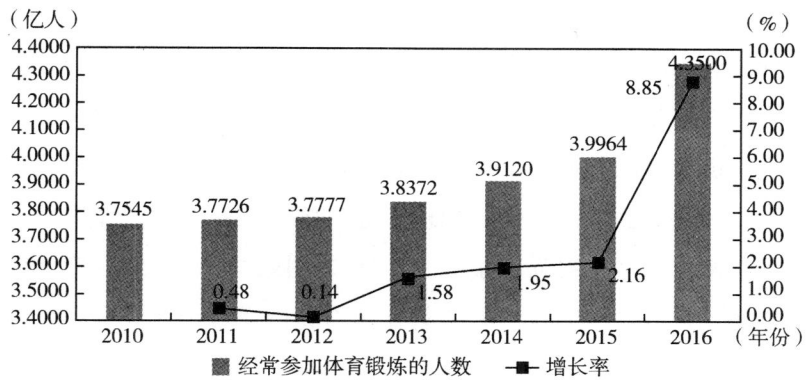

图1-2 2010—2016年我国经常参加体育锻炼的人口

资料来源：智研咨询集团：《我国经常参加体育锻炼的人数、各年龄组人群人数百分比及不同体育消费项目的人均消费金额分析预测》，产业信息网，https://www.chyxx.com。

健身的需求，也不可能完全满足社会各类人群的多样化和个性化需求。在市场经济条件下，体育健身休闲逐渐成为全民健身工程的重要组成部分。2009年，《全民健身条例》提出全民健身工作可以通过产业化手段落实，这是对健身休闲产业之全民健身功能的重要肯定和支持。尽管我国相关法规和政策充分肯定了我国群众体育的重要性，但是到目前为止，我国群众体育仍然是体育事业发展的弱项。健身休闲产业本身还存在很多问题，需要一些具有针对性的政策给予规范、引导、扶持。2014年10月20日，国务院印发《关于加快发展体育产业促进体育消费的若干意见》，提出营造重视体育、支持体育、参与体育的社会氛围；提出到2025年，人均体育场地面积达到2平方米，群众体育健身和消费意识显著增强，人均体育消费支出明显提高，经常参加体育锻炼的人数达到5亿，体育公共服务基本覆盖全民。健身休闲市场的快速发展能够有效配合公共体育服务，达到全民健身的目的。

（四）健身休闲和健身休闲产业背景

随着我国综合国力的不断增强，人们生活水平的不断提高和健身休闲意识的增强，体育健身休闲活动在人们生活中扮演着越来越重要的角色。健身休闲产业的发展，一方面可以为人们的健身休闲提供诸多便利，另一方面通过宣传健身理念夯实体育产业。国民体质健康下降的危机和休闲时代来临的挑战，使健身休闲产业在国家发展中的战略地位得到提升，使健身休闲越来越成为人们业余生活的主流。健身休闲产业是运营和构建体育健康生活方式的重要生产经营活动。2014年9月20日李克强同志主持国务院常务会议，提出发展体育产业，增加体育产品和服务供给，既能增强人民体质，保障和改善民生，还能刺激消费，对扩大内需和就业、培育新的经济增长点也有重要意义。2014年10月20日，《关于加快发展体育产业促进体育消费的若干意见》提出大力培育健身休闲、竞赛表演、场馆服务、中介培训等体育服务业；促进健身休闲项目的普及和提高；发展健身休闲项目。健身休闲是一项以身体参与为主的比较普遍的社会体育活动，在不同的国家和不同的历史发展时期，人们均有健身休闲的需求。受经济发展水平和人们的生活习惯的影响，人们的健身休闲方式和参与程度有所不同，但是当健身休闲发展到一定规模，并且有大量的社会人员专门为人们提供健身休闲服务时，健身休闲产业便应运而生。健身休闲产业机构是指主营或兼营的组织与单位，如健身会所、健身俱乐部、高尔夫会所、户外运动机构、健身康复机构等。有以营利为目的、独立核算的企业法人单位，有个体户，也有宾馆饭店中提供体育健身休闲服务的部门，还有向社会开放的体育场馆服务部门等。健身休闲产业主要以提供健身休闲服务为主，以满足社会大众对较高品质的健身休闲服务的购买需求为目的，是体育产业的主体产业、核心产业。随着人们生活水平的提高以及人们生活理念的改变，健身休闲活动已经成为社会大众广泛接受和积极参与的社会活动。与此同时，我国健身休闲产业的发展规模逐渐壮大，健身休闲企业和从业人员的数量也日益增多。

在我国体育产业发展早期，我国的体育健身休闲活动被称为"健身娱乐"。随着参加健身休闲活动种类和数量的增加，我国健身休闲产业的投入和产出量越来越可观，增长速度也非常快。截至目前，我国已经形成了产业种类多、经营管理模式多样、多种项目各具特色的健身休闲产业体系。由于地理环境和地域经济文化发展状况的差异，我国形成了各地区不同的健身休闲产业发展状况，也存在着诸多不同的问题，如有效供给和有效需求不足共存，地方政府对健身休闲产业的认识程度和重视程度不够，健身休闲产业的经营风险系数高，房租成本过高等。如果要获得健身休闲产业的快速发展，需要通过政策解决发展中存在的各种问题。

随着消费需求的升级以及各类优惠政策的出台，我国健身休闲产业迅猛发展，各类健身休闲产业类型处在更新迭代的变化过程中。截至目前，健身休闲与旅游、文化、民俗、赛事、商场、购物中心、产业基地、体育小镇、体育之乡、美丽乡村，电子竞技、科技创新、虚拟空间、概念性消费等越来越多的社会实体和社会元素有机结合，形成了纷繁多样的健身休闲产业实体。健身休闲产业也正处于前所未有的发展机遇中。

（五）相关政策背景

截至 2020 年，国家有 80 多部政策文件涉及体育产业相关内容，其中有 20 多部政策文件旨在专门发展体育产业，有近 30 部政策文件提到了发展健身休闲产业或者健身娱乐业。从 1984 年中共中央《关于进一步发展体育运动的通知》到 1993 的《国家体委关于深化体育改革的意见》、1995 年的《体育产业发展纲要（1995—2010 年）》，再到 2009 年《全民健身条例》、2010 年《国务院办公厅关于加快发展体育产业的指导意见》、2014 年《关于加快发展体育产业促进体育消费的若干意见》，一直到 2016 年《关于加快发展健身休闲产业的指导意见》，充分体现了国家对健身休闲产业的不断重视。这些政策文件内容不仅反映了我国健身休闲产业在不同历史时期的发展目标、发展内容、发展重点以及发展任务，也体现了健身休闲产业在国家体育事业发展中的不同历史使命。在未来一段时间，我国健身休闲产业将成为我国体育产业、体育事业以及体育强国建设的重点发展内容。其中，2016年10月28日国务院办公厅颁布了《关于加快发展健身休闲产业的指导意见》，强调要满足群众多层次、多样化的健身休闲需求，并提出2020年实现健身休闲产业总规模达到450亿元的目标。这一目标的提出为我国健身休闲产业发展注入了强劲的发展动力。我国申办2022年北京冬奥会的成功为冰雪运动繁荣带来发展机遇，2016年11月制定了《冰雪运动发展规划（2016—2025年)》和《全国冰雪场地设施建设规划（2016—2022年)》。为增加和丰富山地户外运动产品供给，满足群众山地户外运动服务和消费需求，激发山地户外运动产业和关联产业的发展潜力与活力，2016年11月国家体育总局、国家发展改革委、交通运输部等8部门联合印发了《山地户外运动产业发展规划》。尽管国家出台了诸多关于发展或者加快发展健身休闲产业的政策文件，但是政策文件是否真正有效地发挥作用，在以后的健身休闲产业中如何提高健身休闲产业政策的效果，是我国健身休闲产业政策发展的重要任务，也是科研工作的重要任务。2016年10月25日，党中央、国务院颁布《"健康中国2030"规划纲要》，体育作为其中重要的一部分，是促进全民健康的前提、基础与保障，是实现全面建成小康社会的必由之路。健身休闲活动是更好地促进全民健康的重要手段之一，全民健身、全民健康的实现，都离不开健身休闲产业的持续健康发展。

二 理论背景

（一）体育强国理论

早在1964年，"体育强国"的概念就已在我国出现并有学者对之进行分析和研究。1983年,国家体委首次提出了"建设体育强国"的目标。1984年,中共中央《关于进一步发展体育运动的通知》提出,在体育战线全体同志和全党、全国各族人民共同努力下,中华民族一定能成为世界体育强国。1985年8月,我国第一次体育发展战略会议就《2000年中国的体育》进行了论证和研讨,从若干方面提出了到2000年建设体育强国的核心指标,即全国人民参加体育锻炼程度、青少年身体素质、奥运会成绩、体育科研成果、体育场地设施以及体育人才队伍等;此外,对在20世纪内把我国建成世界体育强国问题进行了可行性研究,并提出了若干战略性对策建议。2008年9月,在北京奥运会、残奥会圆满成功和中国奥运代表团取得51枚金牌的辉煌时刻,胡锦涛同志提出"推动我国由体育大国向体育强国迈进"的奋斗目标。之后,又有很多专家和学者对我国体育强国建设进行研究。截至目前,我国关于体育强国的研究依然处于探索阶段,体现了体育强国研究对象和体育强国理论研究的动态性,也说明了不同历史时期我国体育强国概念界定、建设内容和工作重点的差异。我国虽然还没有对体育大国和体育强国的概念做统一定义,也未设定具体的构成要素、指标体系以及评价方式,但是体育界权威人士普遍认为我国是体育大国,而且我国正处于体育强国的建设过程中,与世界体育强国尚存在很大差距。有些专家借助综合国力理论构建体育强国综合实力框架,认为体育强国综合实力是由大众体育实力、竞技体育实力、体育科教实力、体育产业实力、体育文化实力、组织执行实力6个要素构成。在体育强国中,体育产业需要被重视和研究,体育产业中的健身休闲产业也应成为研究的重点。体育强国建设的大众体育发展任务也包含许多健身休闲产业。健身休闲产业以及相关政策的优化是体育强国建设面临的重要课题,其中包括的主要问题有:如何科学地认识健身休闲产业在我国体育强国中的地位与作用;如何优化我国健身休闲产业发展政策内容;我国健身休闲产业政策的执行效果如何等。

(二) 体育产业及相关政策理论背景

体育产业的发展离不开政策的引导与支持。从西方发达国家的经验来看,体育产业的发展必须要有政策的支持和法律的保障。我国政府为了促进体育产业的发展,陆续颁布了一系列政策,以促进体育产业的发展。例如,为了促进冰雪运动项目的发展,国家体育总局等4部门联合发布了《冰雪运动发展规划（2016—2025年）》。随着我国各级政府在体育产业上不断释放"政策红利",已经促使和推动体育产业成为国民经济新的增长点。但是与西方发达国家完善的法律制度相比,中国目前在体育产业政策上还有待进一步细分和完善。例如,美国为了促进体育在电视领域的发展,专门颁布了《体育反托拉斯转播法案》,以保障体育在电视转播领域发展的公平性；德国为了利用财政政策促进体育产业发展,颁布了《体育俱乐部提供援助法》。当前,体育产业发展问题已经成为我国体育研究领域的热点。在宏观方面,有体育产业市场机制、体育产业管理体制、体育产业政策等研究；在中观方面,有体育用品业、体育服务业等具体产业领域以及相关政策的研究；在微观方面,有具体体育产业类型（如体育赛事、体育旅游、体育健身休闲等）及相关政策的研究。我国体育产业研究专家普遍认为：我国关于体育产业的研究是随着我国1992年社会主义市场经济体制改革的进程兴起的,也是随着体育产业化发展的需求不断受重视的,而且研究数量日益增多。体育产业研究在近30年的体育类期刊中的数量远远超过体育科学等其他领域的研究。在体育产业的研究过程中,随着人们对体育产业认识的不断深入,其研究的细致程度也越来越高。与此同时,随着我国经济发展的快速增长,人们生活方式逐渐转变,人们体育意识不断增强以及国家对体育事业快速、均衡和稳定发展的强烈推动,我国体育产业及相关政策的研究成果比较多,但依旧满足不了目前我国体育产业发展的需求。

在社会主义市场经济建设初期,我国对体育产业的界定范围比较小，主要指体育服务产业，不包括体育用品业。随着对体育产业的扩大化解释，体育产业已经涵盖了体育用品的生产和销售、体育场馆的建设和维修等众多与体育相关的产业类型，但是体育服务业依然被称为狭义范围的体育产业。长期以来，对体育产业发展具有重要引导和促进作用的产业政策以体育服务产业政策为主，体育产业政策的研究对象也以体育服务产业政策为主。我国关于体育产业政策方面的研究主要包括体育产业政策概念、内容、特征等基本理论研究，针对产业税收政策的应用研究，地区体育产业政策现状与趋势研究，产业结构政策或产业布局政策研究，融资政策研究，国外体育产业政策研究。在关于体育产业的理论研究中，越来越多的学者和专家借鉴产业经济理论、政策学理论、政治理论和法制理论对体育产业政策进行研究，并取得了一定的成果。比如，产业组织理论、产业结构理论、官僚权力理论、协作解决政策冲突、政策混合模型理论等被运用到体育产业政策研究中，为我国健身休闲产业政策的研究奠定了一定基础。

健身休闲产业政策作为体育服务产业政策的一种类型，逐渐成为体育产业研究的重要内容，而且由于健身休闲产业与全民健身、体育休闲、体育场馆等其他体育产业的强关联性，健身休闲产业和相关政策越来越受到研究专家和相关行政机构的重视。在健身休闲产业研究和体育产业政策中涉及健身休闲产业政策的研究数量也有增加趋势，但是并没有专门系统研究健身休闲产业政策的成果。

(三) 健身休闲产业及相关政策理论背景

休闲产业理论是健身休闲产业研究的基础理论。在20世纪八九十年代，我国开始了休闲产业的研究。截至目前，国内关于休闲产业研究的期刊、报纸、硕博论文、会议论文等有2900多篇，主要有休闲行业的基本概念、特点、分类、市场定位、发展模式等基本理论研究；还有不同业态的休闲产业研究，包括体育休闲产业、旅游休闲产业、健身休闲产业等；另外还有20多部关于休闲产业的专著。这些理论为健身休闲产业及相关政策的进一步研究奠定了良好的理论基础。截至目前，关于健身休闲产业的研究成果并不多，但是提出的观点辐射面较大。关于健身休闲产业的理论研究主要表现在经营组织连锁化、产品多元化、服务个性化、健身设备数字化、健身保险一体化等诸多方面。很多专家认为健身休闲产业的市场规模呈逐渐扩大趋势，健身服务多元化趋势明显；认为影响健身休闲产业发展的原因主要为居民健身意识薄弱、有效需求与有效供给不足、健身休闲产业发展不平衡、统计体系及市场法规不健全等；提出政府应当给予健身休闲产业政策优惠，加快体育健身休闲产业统计体系建设，推进体育健身休闲产业结构调整等政策性建议。

健身娱乐业的研究是健身休闲产业研究的基础，主要有经营状况和市场状况的分析、供求关系和顾客行为的研究、服务质量体系的研究、地方性健身娱乐业发展的研究和某一健身娱乐项目的研究。多数研究成果表明，我国健身娱乐市场发展迅速、投资格局多元化、服务体系多样化，但是健身娱乐市场的供求有偏差，健身娱乐市场准入、推出制度不完善，政府应该在健身娱乐市场中发挥促进消费、优化市场环境的功能。有些专家从健身娱乐业内部经营发展的视角（比如对北京、上海和广州健身娱乐业的服务质量研究），认为会员对俱乐部的服务态度、技术水平、服务承诺兑现以及服务理解能力期望较高，健身娱乐业应提高交互服务质量、有形服务质量和员工技能服务质量。

在健身休闲产业的研究成果中，有一些对健身休闲产业或者健身休闲产业政策的涉及，但是并不多。其他一些健身休闲产业政策的理论主要分布在体育产业政策研究成果中，但只是粗略地提出我国健身休闲产业政策在内容方面的问题，提出应该完善健身休闲产业政策给予税收优惠、改革体育管理体制等若干建议，并没有系统论述提出这些建议的理论和实践依据。尽管如此，前期的健身休闲产业或健身娱乐业相关政策的研究成果依然对当前的研究具有借鉴意义。

第二节 研究目的与意义

一 研究目的

加快发展健身休闲产业是推动体育产业发展的强劲引擎,是增强人民体质、实现全民健身和全民健康深度融合的必然要求,是建设体育强国的重要内容,对挖掘和释放消费潜力、保障和改善民生、增强经济增长新动力具有重要意义。但是我国健身休闲产业发展面临着不少困难和问题,如健身休闲产业总体规模小、有效供给不足、大众消费力度小、基础设施建设滞后等。同时,我国关于健身休闲产业的政策难以满足我国健身休闲产业的需求,在形式和内容上均存在不足,特别是在落实过程中与政策目标偏差较大;关于健身休闲产业政策的研究也比较滞后,尽管当前针对体育产业政策的研究较多,但针对健身休闲产业这一具体领域的政策研究极少。

基于此,本书首先以我国健身休闲产业和健身休闲产业政策研究为对象,以体育强国建设为背景,基于健身休闲产业政策内容、政策执行、政策效果等现实状况,综合运用文献资料、问卷调查、专家访谈等研究方法,在对健身休闲产业分析的基础上,全面总结和梳理我国健身休闲产业政策的现状以及存在的若干问题,并针对问题以及这些问题存在的主要原因,总结我国健身休闲产业的实际政策需求。其次,基于我国健身休闲产业发展的政策需求,在我国现有的经济、文化、政治和法治环境下,研究并提出体育强国建设中我国健身休闲产业的政策设计和落实方案,为政府制定和执行健身休闲产业政策提供参考和依据。

通过梳理和分析我国健身休闲产业政策的设计过程、发展历程、表现形式、执行过程,总结我国健身休闲产业相关政策存在的不足和科学合理之处，提出继承和发展建议。

二 研究意义

健身休闲产业是体育产业的核心，健身休闲产业应当在体育产业中发挥主导作用。健身休闲产业在调整产业结构、促进经济发展和丰富人们的文化生活方面体现出越来越重要的作用。健身休闲产业在我国体育服务产业中的增加值比重较大，从业人数也相对较多，2007年全国体育及相关产业统计中，体育服务产业增加值占25.67%，其中增加值最大的体育组织管理活动占7.06%，体育健身休闲活动占4.65%，位居第二[1]；2008年我国健身休闲活动从业人员15.03万人，实现增加值74.49亿元，按可比价比上年增长24.10%；2015年健身休闲产业增加值达129.4亿元，比2008年增长57.6%，但是在体育服务产业中的比例有所下降，退居第三位[2]。从我国健身休闲产业产值状况看，健身休闲产业发展速度较快，但是产生的经济效益与其他体育产业类型以及国外发达国家还有较大差距。通过对我国健身休闲产业经营状况进行调查发现，其中还存在很多管理问题和经营问题，如市场秩序混乱、政策落实不到位、经营风险大、与全民健身衔接程度差等。国家虽然一直通过政策强调要重点发展健身休闲产业，如1992年《中共中央、国务院关于加快发展第三产业的决定》提出要发展健康和休闲产业，2007年《国务院关于加快发展服务业的若干意见》又强调了加快发展健身休闲产业的重要性，一些文化产业政策和旅游产业政策也提出要发展健身休闲产业。2010年《国务院办公厅关于加快发展体育产业的指导意见》将"大力发展体育健身市场"作为发展体

---

[1] 国家体育总局、国家统计局：《2006—2008年全国体育及相关产业统计公报》，国家统计局网，http://www.stats.gov.cn。

[2] 国家体育总局、国家统计局：《2015年国家体育产业规模及增加值数据的公告》，国家体育总局，http://www.sport.gov.cn/。

育产业的首要任务。但是这些健身休闲产业政策所起的作用并不理想，健身休闲产业也没有在体育强国建设中发挥应有的主导作用。

政策是促进某一产业快速发展的"催化剂"。研究健身休闲产业政策优化的方案，进而促进我国健身休闲产业的发展非常必要。2016年10月，国家出台了专门促进健身休闲产业发展的政策文件，即《关于加快发展健身休闲产业的指导意见》，其政策内容主要体现在宏观指导方面，政策目标的实现、政策内容的落实有待于相关配套政策以及地方政策的跟进和实施。通过前期对我国健身休闲产业相关政策及其落实状况的研究发现，我国健身休闲产业政策并不完善，在政策方案的设计、政策内容的确定、政策表现形式、政策执行过程等若干环节存在不足。政府的缺位、越位和不到位状况依然存在。相关政策在健身休闲产业发展过程中的整体效果并不理想，政策执行效果的评价和监督也比较缺乏。总之，健身休闲产业相关政策在促进健身休闲产业发展方面的力度不够，是导致健身休闲产业在体育强国建设中不能充分发挥作用的主要原因之一。

本书在体育强国建设这一特定任务中对健身休闲产业政策进行系统研究，对体育强国理论、健身休闲产业发展理论、体育产业政策理论和体育政策理论具有重要补充作用。此外，对我国健身休闲产业政策供给状况和实际发挥的作用进行分析，结合我国健身休闲产业对政策的实际需求提出政策优化方案，是提高我国健身休闲产业政策效果和完善政策体系的重要参考依据，完善后的政策对健身休闲产业的快速发展和体育强国建设具有重要意义。

第三节 研究思路与方法

一 研究思路

一方面，通过文献资料、专家访谈、实地考察等论证我国体育产业应该发挥的作用,通过评价量表判断我国健身休闲产业政策的执行效果,分析政策在落实过程中存在的各种问题,并针对这些问题提出优化方案。另一方面,从我国健身休闲产业发展的实际状况分析我国健身休闲产业存在的各种问题,比如经营风险大、健身会所倒闭频繁、高尔夫球场违规严重、民族传统体育健身休闲产业发展规模小等。根据这些问题确定我国健身休闲产业对相关政策的具体需求;通过德尔菲法设计我国健身休闲产业政策的具体优化方案(见图1-3)。

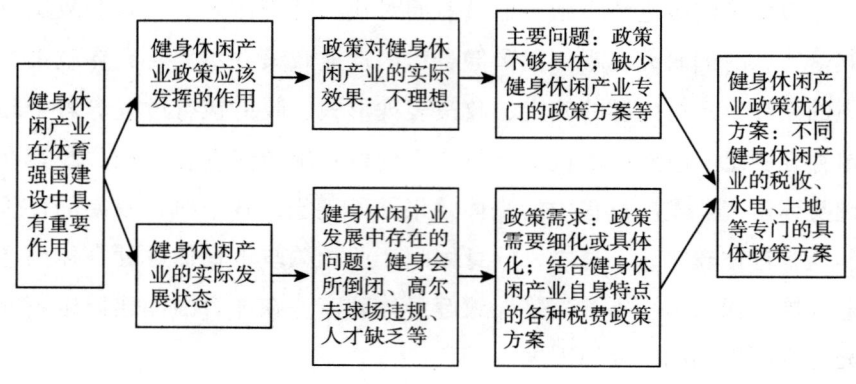

图1-3

在研究整体健身休闲产业发展问题和健身休闲产业政策的过程中,分别对若干省份和若干项目的健身休闲产业政策进行研究,通过个案研究试图找到对优化我国健身休闲产业政策更具有借鉴意义的政策建议(见图1-4、图1-5)。

二 研究方法

(一) 文献资料法

本书在选题阶段、研究设计阶段、研究实施阶段与研究总结阶段充分应用文献资料方法,利用各种渠道对文献资料进行搜集与应用并获得间接理论知识。首先,把文献完整地保存下来,并通过做卡片、写读书摘记、做笔记、做标记等方式,采集文献中与本书相关的部分。

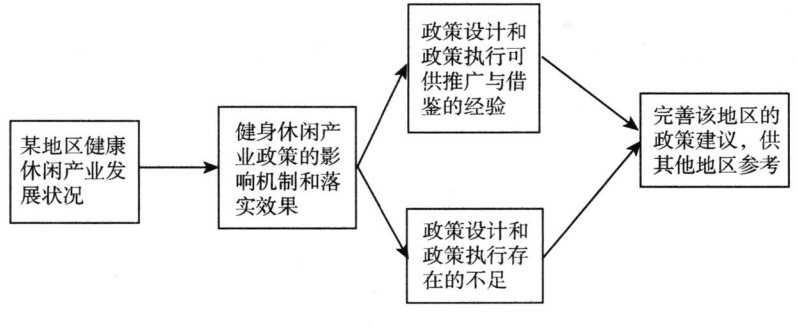

图 1-4

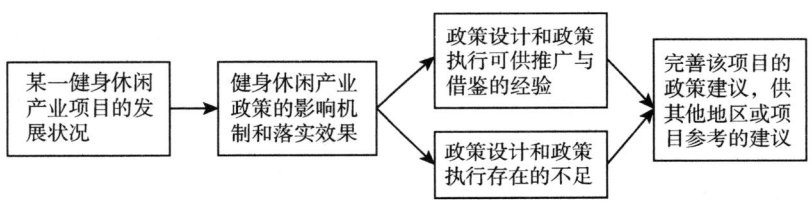

图 1-5

其次,通过期刊、报纸、网络、结题报告等各种途径检索、收集、整理和记录相关信息,主要了解我国体育强国建设的主要内容,把握我国健身休闲产业在体育强国建设中的重要角色、相关政策对健身休闲产业的影响机制、对健身休闲产业实际发挥的作用以及健身休闲产业政策存在的若干问题和存在的不足。

收集产业经济学、体育产业、健身休闲产业在内的相关学术专著80余本。利用中国知网查询,截至2016年年底,以"体育休闲"(806篇)、"休闲体育"(3384篇)、"休闲体育产业"(316篇)"休闲产业"(1165篇)、"健身休闲"(542篇)、"健身娱乐"(401篇)、"体育休闲娱乐"(125篇)、"健身休闲产业"(47篇)、"健身娱乐业"(103篇)为关键词精确搜索。在1994—2016年,以"产业政策"和"体育产业政策"为关键词,精确搜索的成果分别为6754篇和78篇;以

"健身休闲产业政策"为关键词,精确搜索的成果为 0 篇,以"健身休闲产业政策"为关键词,精确搜索的成果为 0 篇,模糊搜索的成果为 5 篇。以"体育强国"为关键词,精确搜索的成果为 189 篇。从检索的文献可以看出,关于我国健身休闲产业的研究比较丰富,对相关政策有一定涉及,但是对相关政策的系统全面研究比较欠缺,涉及体育强国建设的论文有近 20 篇,但结合体育强国建设对健身休闲产业和相关政策进行的分析或讨论非常少。

通过几家比较权威的国际英文数据库进行健身休闲产业政策检索时发现,检索到的英文文献非常有限,几乎查阅不到专门的健身休闲产业政策研究。但是,有很多文献涉及健身休闲的服务质量、消费需求、相关政策的执行和落实等,关于健身休闲产业政策相关的研究时间比中国早,涉及健身休闲产业政策的相关研究多基于微观视角,在政策的执行效果和政策的监督方面具有一定的参考价值。

(二)观察法

本书组织调研员到健身休闲产业经营企业中进行深入调研,主要通过做健身休闲志愿服务、直接参观或者参与健身休闲消费、与相关经营者和消费群体进行交谈、收集与我国健身休闲产业政策发挥的效果和健身休闲产业的政策需求等相关的材料。在全国范围内选取分布在若干省份具有代表性的 210 家健身休闲产业实体作为研究对象,主要包括健身会所、高尔夫球场、体育休闲度假区、户外运动、球类健身休闲场所、马术俱乐部、台球馆、保龄球馆、攀岩馆、游泳馆、水上娱乐中心等。在江苏、上海、浙江、四川、北京、安徽、河南、河北等省份选取了 50 名体育专业在校研究生和本科生对当地健身休闲企业进行观察和咨询并收集相关信息,主要包括在相关政策影响下企业经营的成功经验、教训以及政策需求。

(三)案例研究法

案例研究法是结合实际并以典型案例为素材,具体分析、解剖特定的社会活动。案例选择的标准与研究的对象、目的和任务有关。案例研究法可以使用一个案例或包含多个案例。本书一方面对我国某一具体省份的健身休闲产业政策进行研究,另一方面以我国较具典型性的若干健身休闲产业类型为案例(比如健身休闲会所、保龄球产业、民族传统体育健身休闲产业、公共体育场馆健身休闲的经营等),并进行访谈、实地考察、参与性观察、问卷调查等,分析健身休闲产业受政策的实际影响状况和政策需求状况。同时,以某一具体健身休闲产业项目及相关政策为研究对象,分析该产业类型或者产业项目的兴起、发展和现状,在发展过程中受政策干预的情况以及对政策的需求状况;对某一项具有代表性的政策文件或者具体的政策方案进行分析和研究,分析政策文件的制定背景、政策目标设定的依据、政策目标实现的路径、政策落实方案、政策的实施效果以及不同地区对政策出台和实施的反应等。

(四) 问卷调查法

问卷调查法是目前国内外社会调查中较为广泛使用的一种方法,是研究者用这种控制式的测量对所研究的问题进行度量,从而搜集到可靠的资料的一种方法。本书问卷所设计的题目包括28个问题,其中第1—4题是个人基本信息问题;第5—19题是全国及东、中、西部地区健身休闲产业状况及相关效果发挥状况的问题;第20—23题是影响健身休闲产业政策效果发挥的影响因素问题;第24—27题是健身休闲产业的具体政策需求。

在若干省份选取5—10家企业、5—10位学术专家、5—10位行政机构专家进行初步问卷调查,然后从每个领域选取70名对健身休闲产业及相关政策较熟悉的专家对其进行问卷调查。问卷设计内容主要包括健身休闲产业政策的执行效果、影响健身休闲政策执行效果的因素和我国健身休闲产业政策完善的各种建议。在全国范围内选取专家60名,其中科研人员30名,行政人员18名,企业人员12名,所占比例分别是50%、30%、20%（见表1-2）；年龄范围为26岁及以上，年龄分布情况为26—30岁的有13人，31—40岁的有17人，41—50岁的有22人，51—60岁的有7人，60岁以上的有1人，所占比例分别为21.67%、28.33%、36.67%、11.67%、1.67%（见表1-3）。有效问卷数量比较多的专家分布在北京、湖南、云南、江苏和山西（见表1-4）。

表1-2　　　　　有效问卷填写人员职业状况一览表

职业类型	人数（人）	比例（%）
科研人员	30	50
行政人员	18	30
企业人员	12	20

表1-3　　　　　有效问卷填写人员年龄状况一览表

年龄分布	人数（人）	比例（%）
26—30岁	13	21.67
31—40岁	17	28.33
41—50岁	22	36.67
51—60岁	7	11.67
60岁以上	1	1.67

注：表中数据经过四舍五入处理，合计可能不等于100%。

表1-4　　　　　　有效问卷填写人员省份分布

省份	人数（人）	比例（%）
安徽	3	5.00
北京	10	16.67
重庆	1	1.67
福建	3	5.00
甘肃	1	1.67
广东	3	5.00

续表

省份	人数（人）	比例（%）
广西	0	0
贵州	1	1.67
海南	0	0
河北	1	1.67
黑龙江	0	0
河南	1	1.67
湖北	3	5.00
湖南	5	8.33
江苏	4	6.67
江西	0	0
吉林	1	1.67
辽宁	1	1.67
内蒙古	0	0
宁夏	0	0
青海	0	0
山东	1	1.67
上海	1	1.67
山西	4	6.67
陕西	1	1.67
四川	1	1.67
天津	2	3.33
新疆	2	3.33
西藏	1	1.67
云南	7	11.67
浙江	2	3.33

注：本书的调研对象为上述31个省份。表中数据经过四舍五入处理，合计可能不等于100%。

（五）专家访谈法

专家访谈法又称晤谈法，是指通过访谈员和受访人面对面地交谈来了解受访人的观点或行为的基本研究方法。专家访谈法能够简单而迅速地收集多方面的资料，因而深受人们的青睐。在若干省份分别选择具有代表性的研究人员、行政人员和企业主管人员各 2—3 名进行深入访谈，主要听取各省份健身休闲产业政策对当地健身休闲产业的促进作用以及在体育强国建设中健身休闲产业政策的需求和改进健身休闲产业政策的建议。访谈方式主要采取面对面访谈、微信语音访谈、QQ 语音访谈、电话访谈四种途径。

在专家访谈中，根据访谈内容、访谈对象和访谈环境的不同，采取多种访谈形式。针对复杂的问题，努力设置较安静的访谈环境和较充足的访谈时间；面对一些时间比较宽裕、经验比较丰富的专家时，进行深度访谈；面对一些时间紧张、工作繁忙的调研对象，采取结构性访谈，以提高访谈效率；面对专家比较集中的某一组织机构时，采取小型会议的访谈方式。在专家访谈过程中，努力提取与健身休闲产业政策相关的复杂问题的解决方案，对优化健身休闲产业政策执行效果提供借鉴。

（六）德尔菲法

德尔菲法本质上是一种反馈匿名函询法。其大致流程是：在对所要预测的问题征得专家的意见之后进行整理、归纳、统计，再匿名反馈给各专家，再次征求意见，再集中，再反馈，直至得到一致的意见。本书在使用德尔菲法时，选取政界、业界和学界三类专家组成专家小组；然后经过三轮意见的汇总和征询，最终确定满足健身休闲产业需要的，在具体税收、水电、融资等方面比较一致的健身休闲产业政策优化方案。

第四节　研究内容与结构

为了能够为我国健身休闲产业政策的制定和实施提供科学、合理的理论依据和现实依据，本书通过文献综述和分析，厘清健身休闲产业的相关概念、相关业态的分类和特征、相互关系等若干理论问题；通过对我国健身休闲产业政策现状的回顾与梳理，归纳和总结我国健身休闲产业政策存在的问题；基于文献搜集、专家访谈和实地调研，分析我国健身休闲产业的发展现状和发展趋势，结合我国体育强国建设背景，提出我国健身休闲产业政策的发展路径；在借鉴国外健身休闲产业相关政策经验的基础上，结合中国实际国情，针对不同区域、不同健身休闲产业类别分别提出体育强国建设中我国健身休闲产业政策选择的思路。因此，本书研究内容和结构如下。

第一章为绪论。首先，阐释体育强国和我国健身休闲产业政策的历史发展脉络和背景，包括理论背景、现实背景；其次，分别就体育强国和我国健身休闲产业政策的研究目的与意义、研究思路与方法、研究内容与结构等进行阐述；再次，对体育强国、体育强国建设、健身休闲产业、健身休闲产业政策等相关概念进行界定；最后，对相关文献进行梳理和分析，界定健身休闲产业的业态性质、业态构成并对体育强国和健身休闲产业的相关研究进行整理和分析。

第二章为健身休闲产业发展现状。主要分析和讨论我国体育强国建设中的健身休闲产业状况、健身休闲产业与体育强国建设的逻辑关系以及我国健身休闲产业存在的主要问题。

第三章为我国健身休闲产业政策内容。分析我国健身休闲产业政策的内容分布状况以及政策文件所体现的健身休闲产业政策的性质、特点、功能和作用。

第四章为体育强国与健身休闲产业政策。分析和讨论体育强国建设中的体育发展政策、健身休闲产业政策以及不同的健身休闲产业政策在体育强国建设和健身休闲产业发展中所发挥的不同作用。

第五章为健身休闲产业政策执行效果评价。分析健身休闲产业政策的执行过程，评价健身休闲产业政策的执行效果，讨论健身休闲产业政策执行效果及影响因素，对影响因素进行回归分析。

第六章为体育强国建设中我国健身休闲产业政策优化建议。针对健身休闲产业政策的执行效果和影响因素，提出健身休闲产业政策内容方面和政策执行方面的建议。

第七章为我国不同类别健身休闲产业政策状况。主要分析我国不同类别健身休闲产业发展状况以及存在的各种问题，同时分析相应的政策状况和问题，并针对不同类型提出政策优化建议。

第八章为不同区域健身休闲产业政策。分析和研究我国不同区域健身休闲产业政策及产业状况，分析不同区域健身休闲产业及相关政策存在的问题并提出对策和建议。

第九章为结论与展望。提炼本书的主要结论和创新点，分析研究存在的不足，对未来研究提出展望。

第五节　相关概念界定

一　体育强国与体育强国建设

刘鹏同志在 2010 年全国体育局长会议上的讲话中认为，体育强国具有丰富的内涵、鲜明的特征，涉及体育事业和社会的各个方面，比如政治、经济、医疗、养老、文化和教育等。他指出，体育强国建设是一个全面的系统工程，需要社会的各个部门和机构以及社会各种力量共同发挥作用，以实现体育强国的建设目标。体育事业通常被分为社会体育、学校体育和竞技体育三大部分。体育产业也是体育事业发展的重要组成部分。但是近十年，社会体育和竞技体育的产业化发展也成为体育强国建设的重要措施和手段[①]。健身休闲产业作为社会体育和体育产业的融合，在体育强国中发挥着越来越重要的作用。

在已有的相关文献中还没有对体育强国和体育强国建设进行专门区分和界定，但对体育强国的界定相对较多，主要有两种观点。一种

---

① 罗超毅：《论体育强国建设背景下全民健身与竞技体育的和谐发展》，《北京体育大学学报》2013 年第 2 期。

认为体育强国是一个国家体育发展的状态，是指竞技体育、群众体育、体育产业等达到比较发达的水平；另一种则认为体育强国是一个动态过程，即体育各项事业又好又快地持续发展的过程。王智慧、池建在提出，体育强国是一个综合性的概念，是一个包含体育软硬实力的集合体，体育强国不仅包含竞技体育实力，而且包含群众体育、体育产业、体育科技以及体育教育等领域。体育强国是国家体育综合实力的集中体现，是国家综合实力的一部分。① 徐本力认为体育强国是指以竞技体育和大众体育为主的体育事业的整个结构的发展水平。体育强国是指在以社会体育为基础、竞技体育为先导的体育事业发展各个领域的总体发展水平在世界上处于一流或前列的国家，这些领域不仅包括竞技体育和大众体育，还包括体育科技、体育教育、体育文化、体育场地、体育产业等。② 但是，在"体育强国建设"一词被提出时，体育强国倾向于静态解释。《体育强国建设中的文化安全命题》认为体育强国建设包括内涵与外延两大方面，内涵方面是指将体育融入国民的生命实践之中，促进国家意识形态与国民精神之间、国家利益与国民生活之间的和谐；外延方面是指追求在大赛成绩、国民体质、体育物质条件等指标上相对于其他国家的比较优势。本书提出的体育强国以静态含义为主，是为了达到体育强国目标而采取的各种行动或行为，比如为实现体育强国目标而进行的资金、政策、人力等资源的投入。

二 体育休闲、健身休闲、体育休闲产业、健身休闲产业

20世纪末，人类物质生产能力已经远远超出人类的需求，越来越多的国家面临一个共同的问题：如果保持传统的工作时间和工作模式，

---

① 王智慧、池建：《体育强国的指标评价体系研究》，《北京体育大学学报》2014年第11期。

② 徐本力：《体育强国、竞技体育强国、大众体育强国内涵的诠释与评析》，《天津体育学院学报》2009年第2期。

将有更多的人失业；如果通过减少工作时间，倡导人们积极休闲，则是经济持续发展的良好选择。休闲成为社会关注的热点，休闲很可能成为下一个时代的特征。进入 21 世纪，人类迎来了休闲时代，人类社会休闲时代的来临对体育提出了新的需求，使体育的休闲娱乐化成为不可逆转的趋势。体育休闲娱乐活动发展速度惊人，自发参加体育活动的人不计其数。随着工作时间的不断缩短，多种公共性的、私人非营利性的、商业性的休闲场所和设施日益增多，使人们能参与各种各样的休闲活动，体育休闲在人们的休闲生活中占据越来越多的比重。

体育休闲是指以体育元素为内容的休闲方式，包括直接参与的休闲方式和观赏性的休闲方式。直接参与的体育休闲方式有参加体育球类活动、各种户外体育休闲活动、健身会所的各种健身休闲活动等。观赏性体育休闲主要是指现场或者非现场观看体育比赛、体育表演、体育专题报道等各种休闲行为。体育休闲产业则是指提供体育休闲服务的行为或者企业的集合。我国大多数学者对体育休闲和体育休闲产业的概念保持一致，游松辉等对体育休闲和体育休闲产业的概念进行了界定，体育休闲提法来源于西方的"Leisure Sports"，因休闲学和休闲产业研究需要，体育成为休闲的生活方式之一，提出体育休闲以区别于其他休闲方式。体育休闲的逻辑起点是休闲，即体育休闲是下位概念，从属于休闲学，两者是"种属关系"。而体育休闲产业也应属于休闲产业的一个分支。[1] 张森指出体育休闲产业是社会各部门提供的以各类体育休闲项目为中介，以满足人们休闲需求为目的，与人们休闲行为直接相关的所有产业活动的集合。[2]

体育健身休闲或健身休闲是指通过直接参加体育活动达到健身休闲目的的各种活动。体育健身休闲属于体育休闲之一。健身休闲产业

---

[1] 游松辉等：《体育休闲产业与城市发展的互动关系》，《上海体育学院学报》2011 年第 1 期。

[2] 张森：《中美两国体育休闲产业比较分析研究》，博士学位论文，苏州大学，2013 年。

也称体育健身休闲产业，是提供各类健身休闲服务的行为或者企业的集合，同时也是体育休闲产业的类型之一。张林等认为体育健身休闲产业是指以非实物形式向社会提供体育健身、休闲服务产品经营单位的集合，需要满足人民群众日益增长的健身、康复、休闲、娱乐等方面的需求和消费。

三 体育政策、体育产业政策、健身休闲产业政策

体育政策是指国家各级各类行政机关制定的以发展体育事业为目的的政策，包括竞技体育、学校体育、社会体育、体育产业等诸多方面。国家行政机关、地方诸多行政机关均可以制定体育政策，包括国家政府和体育总局、地方政府和地方体育局、相关职能机构等，其中以体育行政机关为主。我国学者对体育政策的解释有三种观点：一是将体育政策理解为党和国家制定的体育方面的行为准则，认为体育政策是国家为实现一定历史时期的体育路线和目标而制定的行动准则；二是将体育政策理解为党和国家在体育方面的原则、策略、措施和办法的总和，认为政策是国家为了保证和促进社会发展所做出的重要原则和措施；三是将体育政策理解为一个利益分配与实现的过程，认为公共体育政策可以被理解为公共体育资源在社会不同群体之间的分配和公众健康利益实现的过程。

体育产业政策是各类行政机关制定的以发展体育产业为目的的政策。有专门发展体育产业的政策文件，也有体育政策文件中的体育产业发展规定，在一些服务业政策、文化产业政策、旅游产业政策等文件中也有体育产业政策内容。20 世纪 90 年代，国内一些学者借助产业政策的一般理论，对体育产业政策进行了宏观领域的研究。周小洪等认为体育产业政策是干预体育产业发展的一种经济政策。[①] 赵炳璞、

---

① 周小洪等：《体育产业结构政策初探》，《武汉体育学院学报》1994 年第 1 期。

鲍明晓等认为体育产业政策是国家为实现一定历史时期的体育产业路线而制定的行动准则。① 进入 21 世纪，对于体育产业政策的研究进入了一个新的阶段，吴超林在《体育产业经济学》中认为体育产业政策是一国政府为了体育产业的整体发展和长远利益而实施的以影响体育产业的结构、行为及其成果为直接目的的一种产业政策。

健身休闲产业政策是以发展健身休闲为目的的政策，截至目前，我国有一份专门关于健身休闲产业政策的文件，即 2016 年 10 月 28 日国务院办公厅颁布的《关于加快发展健身休闲产业的指导意见》。在此之前，我国健身休闲产业政策内容均分布在体育政策、体育产业政策或者服务业政策文件中，在文化产业和旅游产业政策文件中也有所涉及。

四 政策执行效果、政策执行效果评价、健身休闲产业政策执行效果、健身休闲产业政策执行效果评价

政策执行效果是指政策对实施对象产生的影响和作用。比较狭义的政策执行效果指完成政策目标的程度。政策干预结果与政策目标越接近说明政策效果越好。但是目前，政策执行效果更趋向于综合性解释，不仅包括政策目标的完成状况，还包括政策的非目标的影响状况，比如政策投入绩效、政策对象的满意度等。

政策执行效果评价是对政策实施效果进行的判断或评估。截至目前，理论界已经形成了多种政策效果评价模式。政策执行效果评价首先需要建立科学、客观、公正的政策评估机制；政策执行效果评价不仅是检验过去改革成效的重要手段，而且也是推进和完善政府相关工作的重要基础。在进行评价时，要明确政策评价指标体系的内容、评价的主要对象、评价的方式和途径等。相关理论和实践表明，政策目

---

① 赵炳璞等：《体育产业政策体系研究》，《体育科学》1997 年第 4 期。

标具有可度量性，政策目标能否实现以及能够在多大程度上实现有一系列的可操作化指标加以度量。

健身休闲产业政策执行效果是为了促进健身休闲产业发展的政策文件对健身休闲产业的影响状况。一方面体现在对健身休闲产业企业数量、企业服务质量、就业人数、消费程度等指标上；另一方面体现在对不同产业类别或不同项目的影响程度上，比如对高尔夫、台球、健身会所等产业类别的影响状况。

对健身休闲产业政策执行效果的评价即对健身休闲产业政策对健身休闲产业的影响状况进行判断或者评估。对健身休闲产业政策执行效果的评价需要判断其对健身休闲产业具体业态的影响程度。可以从健身休闲产业的整体规模方面进行评价，也可以从健身休闲产业业态或类别方面进行评价。在一些具体的指标上体现为健身休闲企业的数量是否增加、企业品牌价值是否提高、服务质量是否提高、就业人口是否增加、消费水平是否提高等。

第六节　国内外研究现状评述

健身休闲产业主要指以健身房、高尔夫球场、保龄球馆、台球房、轮滑场、水上乐园、游泳池、体育馆等各种健身休闲设施为基础的健身休闲经营活动或者经营组织的总称。健身休闲产业是以参与体验性为主、为实现全民身心健康发展而展开的各种相关经济活动的多种类产业聚合体。随着社会经济的发展和人民群众体育健身消费需求的增加，健身休闲产业与全民健身、全民健康、消费娱乐、健康养老等关系越来越密切，健身休闲活动已经成为增强体质、促进身心和谐发展、提高健康意识、促进体育消费、带动经济和社会发展的重要手段。健身休闲产业在体育产业中也愈发占据基础与核心地位。健身休闲所包罗的经营项目呈不断增加趋势。在很多发达国家，健身休闲产业不仅是满足国民不同体育需求的行业，还是对经济发展具有强劲拉动力的行业。

　　健身休闲产业是以体育运动为载体，以参与体验为主要形式，以促进身心健康为目的，向大众提供相关产品和服务的一系列经济活动，涵盖健身服务、设施建设、器材装备制造等业态。我国健身休闲产业经历了长期的发展过程，优惠政策不断出台。随着消费需求的升级，各类健身休闲产业类型也处在更新迭代的变化过程中。截至目前，健身休闲与旅游、文化、民俗、赛事、商场、购物中心、产业基地、体育小镇、体育之乡、美丽乡村、电子竞技、科技创新、虚拟空间、概念性消费等越来越多的社会实体和社会元素有机结合，形成了纷繁多样的健身休闲方式，而且健身休闲产业正处于前所未有的发展机遇中。理论和实践都证明，健身休闲产业政策对健身休闲产业的发展具有重要推动作用，健身休闲产业政策的研究成果对健身休闲产业政策的发展具有良好的指导作用。

　　截至目前，我国有80多部政策文件涉及体育产业内容，其中有20多部政策文件旨在专门发展体育产业，也有近20部政策文件提到了发展健身休闲产业或者健身娱乐业。伴随中国大健康时代的来临，健身休闲产业必将获得全面发展并成为国民经济的支柱产业。为了了解这一产业的市场结构、市场规模、产业布局、产业形态、人才特征和人才培养，必须深刻地了解我国健身休闲产业的宏观政策。关于健身休闲产业政策的专门研究比较少，关于健身休闲产业政策的研究主要体现在健身休闲产业的相关研究和体育产业政策的相关研究中。由于健身休闲产业内部结构的复杂性，不管是在国内还是在国外，虽然关于健身休闲产业的相关研究很多，但是几乎没有将健身休闲产业政策作为一个专门的课题进行独立研究。我国健身休闲产业对体育强国建设的作用非常关键，同时也面临许多问题。通过政策干预促进健身休闲产业发展的手段普遍受到认可。体育产业的良性发展需在体育市场和政府之间找到平衡，体育产业政策实际上是实现这一平衡的重要工具。国际经验表明，根据发展战略和自身状况制定相应的产业政策，并根据形式变化适时进行调整已经成为一种普遍的做法。本书主要从产业发展、社会公共服务、体育服务产业与体育服务产业政策发展、健身休闲产业的自身发展、健身休闲产业的政策运行等角度分别对健身休闲产业政策进行研究，对健身休闲产业的发展具有更好的实践意义。体育产业政策应以改善产业的总体商业环境和市场运营机制为核心，结合特定的产业、部门、技术和任务的结构调整，着力克服产业发展中的瓶颈约束，增强产业创新力、国际竞争力和可持续发展能力，促进体育资源的配置效率和社会体育发展水平的提高。精简选择性政策，兼顾政策协调性，实现国际化共赢，这对健身休闲产业政策的发展和优化更具有指导意义。

一 产业发展视角下的健身休闲产业政策研究

国外很多专家认为，健身休闲产业消费是人们满足了基本生活需求后进行的消费，健身休闲产业是经济发展到一定阶段的产物，健身休闲产业不仅仅是人们在闲暇时间进行的健身和娱乐活动，还是吸纳一定的就业人口和增加国家 GDP 的重要途径，健身休闲产业对拉动国家经济发展和优化国家经济结构具有重要意义，可以提高身体质量、培养人的优秀品质、建立良好的社会关系、减少犯罪率和稳定社会秩序等，这些对国家经济和社会的发展都具有良好的改善作用，因此，应该从政策上引导居民进行体育健身消费。此外，国家的一些经济政策或者财政政策对体育健身娱乐，特别是高档型健身休闲产业的发展也有较明显的影响作用，国家实行宽松型经济政策时，会引起较多健身娱乐消费；当国家实行紧缩型财政政策时，会缩减健身娱乐消费。

从国际视角看，各个国家的经济体制、发展战略、发展阶段、产业重点不同，休闲体育产业政策的目标、范围、着力点、政策工具也不同。各国健身休闲产业相关政策实施的侧重点也不是一成不变的，而是根据健身休闲产业发展的形式和经济体制状况适时做出调整和转型的。实践中各国健身休闲产业政策作用效果也不相同，在政策符合健身休闲产业发展需求且政策执行方式科学时，政策会发挥较好的执行效果；如果政策内容不适应发展需求，或者政策执行过程不通畅，则会影响政策效果发挥，导致相关政策在实施过程中无效或产生副作用。其中，有许多经验和教训值得中国健身休闲产业政策借鉴。由于各国不同政策环境的差异，不同的国家对健身休闲产业政策的内容设计和目标设置也不尽相同，例如从20世纪初到20世纪中后期，英国一直面临经济衰退的压力，该国产业政策的研究主要集中在采取有效的措施提高国家生产率。由于英国人口数量降低导致消费下降，从而影响到经济增长，而休闲性的体育健身休闲产业成为新的消费类型和经济增长类型，并因此通过制定相关政策引导体育休闲产业的发展。日本在20世纪70年代初提出产业政策的三个目标，其中第二个是最大限度利用市场机制。截至2005年，日本的健身休闲产业的总产值是3615亿美元，占GDP的11%，在日本十大产业中排行第6位。韩国的健身休闲产业政策在20世纪80年代明显向功能性转型，有效地推动了健身休闲产业的转型升级，韩国的数字休闲娱乐产业的增长高达40%，网络游戏成为韩国的支柱产业。2002年，韩国的体育文化产业规模达157亿美元，海外出口5亿美元，占世界市场份额的1.5%。欧美健身休闲产业的起步较早，美国人1/3的时间用于休闲，1/3的土地用于休闲。20世纪80年代，英国国民的月平均休闲支出由初期的16.82英镑增加到1991年的41.14英镑，休闲项目增加了250%。20世纪90年代以来，英国平均每个家庭的休闲支出占总支出的1/5左右。国外有关健身休闲产业政策研究也较为成熟，较多集中于对产业政策目标的设置和政策干预手段的研究，对政策的执行效果比较重视。

我国健身休闲产业的经济是随着我国经济发展的需求、产业结构调整的需求不断出现的。长期以来，我国经济发展水平保持持续较快增长，一方面，人们有空闲时间参加体育健身娱乐活动；但是另一方面，生产力水平的提高引起了我国劳动力过剩的现象和第三产业成分过低的现象。因此健身休闲产业不仅是人们健身娱乐消费的需求，还是调整我国产业结构、增加就业岗位、加快国家整体经济发展的需求。我国很多研究一致认为健身休闲产业的发展对提高一个国家的劳动生产力水平、降低劳动力成本和增强国家的综合经济实力具有重要作用。在当前的历史条件下，我国发展进入新常态，经济增长动力、产业发展模式、政府和市场的关系都发生了重大改变，经济发展中也出现了许多新的约束因素，在这种背景下，国家要想取得健身休闲产业的升级和提高，拓展新的发展空间，就应该积极鼓励和支持健身休闲产业的发展，建立良好的市场秩序和提供较好的政策资源。健身休闲产业在体育产业中具有主导作用，对体育用品业和其他体育服务产业具有强烈的拉动作用，应该确立优先发展健身休闲产业的政策地位，应该增加健身休闲产业发展的政策投入。与发达国家相比，我国的健身休闲产业的经济发展水平显著提高，有很大的增长空间，与发达国家的差距也在不断缩小。实际上，改革开放以来的很长一段时间中国的工业比重高，而服务业比重低，导致中国的产业结构与发达国家有很大的差距，可以说健身休闲产业经济与国家的经济基础是息息相关的、相互影响的。

受我国传统文化和生活习惯的影响，人们的体育健身休闲的有偿消费意识依然比较差，能主动花钱进行有规律性的健身娱乐消费的人群非常有限，因此，应该通过政策培育健身休闲产业的经营主体和消费群体，提高市场主体进行体育健身娱乐经营的积极性，积极宣传体育健身的好处，增加基础性体育健身场地设施，通过各种政策鼓励和引导体育健身，以增加群众的体育消费。

二 公共服务视角下的健身休闲产业政策研究

2016年,国务院办公厅颁布了《关于加快发展健身休闲产业的指导意见》,明确指出加快发展健身休闲产业是增强人民体质、实现全民健身和全民健康深度融合的必然要求,是建设"健康中国"的重要内容,对培育新的经济增长点、增强经济增长新动能具有重要意义。这部专门发展健身休闲产业的政策在进一步促进健身休闲产业的发展的同时,在根本目的上体现出公共性。健身休闲产业政策可以从总体上提高我国国民的身体素质、健康水平、体育文化生活质量,也在很大程度上体现出政府促进全民健身和全民健康的力度。公共体育服务具有公益性、普遍性、基本性和文化性四个方面的基本特征,往往也被称为体育公共服务。此外,几乎所有的国家都把国民的身体质量或者身体健康状况视为国家的基本职责,国家也会对公益性的体育健身设施给予直接投资,以满足国民的体育健身需求。

体育公共服务在体育事业发展中具有非常重要的作用,一方面要保证人民基本的健身休闲活动,尤其是一些特殊群体拥有基本体育活动保障,比如青少年、残疾人、老年人等低收入群体;另一方面,可以通过市场化的手段使更多人享受更多体育服务,尤其是健身休闲服务。不管从哪个方面来看,健身休闲和健身休闲产业在公共服务当中均有着非常重要的作用。随着经济的快速发展、人们生活水平的不断提高以及人们对健康和休闲的高度需求,居民对于不断增长的体育文化与服务需求同落后的体育公共服务之间的矛盾日益突出。人们对体育健身休闲的需求更加突出,这就需要政府给予健身休闲产业更多的关注。国家应该对一些基础性体育健身娱乐的经营者或者新开业者给予优惠政策,给予青少年、学生和老年人健身消费上的优惠和便利政策。一些国家对经济条件困难的青少年的健身娱乐进行资助,并对资助效果进行评价。国外很多专家提出国家健康部门或者卫生发展部门应该提出鼓励青少年参加体力性的体育活动,并培养青少年进入健身房锻炼的政策。在一些以获得健康为主、休闲成分相对较小的健身休闲产业中,或者含有公益性成分的健身休闲产业类型中,如果经营者面临经营困难时,政府应该及时采取救助措施。美国对这些健身休闲产业给予政策支持是因为体育经营者从事的既是一项公益性较强的事业,又是以培育体育消费或者体育经营主体为主要任务,最终达到主要靠市场协调体育服务产业运营中的各种关系。美国政府中没有专门负责体育管理的部门,但是美国的健身休闲公共体育服务非常普遍和丰富,首先,隶属于公园管理结构的公共体育健身休闲服务不仅可以提供充足的免费使用的公共体育场地设施,还有一些体育健身休闲课程服务,这些服务主要依靠社会力量来完成。其次,一些政府投资建设的为社会提供比赛的场馆管理机构,他们通过场馆的运营和管理,极大程度地为社会提供健身休闲服务,也为青少年或成人提供培训服务。最后,学校体育场地设施对外开放,学校体育场地设施的对外开放主要是大学体育场地设施。美国大学体育场地设施非常丰富,这些场地设施在建设之初,就有为当地居民提供免费健身休闲服务的目的。美国很多高校专门设置部分体育场地设施,这些场地设施并不为学校的体育课或者比赛服务,而专门为公寓区学生和当地居民提供业余健身休闲服务。

很多以健身为主的体育健身娱乐活动属于公共服务或者体育公共服务的范畴。德国联邦政府专门制定联邦财政均衡法案,保障包括体育公共服务在内的公共服务财政支出能力基本均衡,保障体育公共服务均衡发展。美国大量居民愿意在健身休闲方面支出和消费,但美国还是在体育公共健身休闲方面提供很多支持。美国不仅从政府的固定税收中提出健身公共服务设施的经费,而且具有非常强的募集资金的能力,美国很多公共体育设施是通过政府拨款和社会募集获得的。很多家族企业为体育场馆捐款,一些体育设施或者场馆也常以他们的名字命名。他们不仅资助社会公共体育场地设施建设，还资助一些高校体育场地设施，以捐赠方命名的体育场馆非常多。另外，美国还有一些社会非营利机构拥有自己的体育场地设施，也主要以免费的方式为社会提供服务，这些体育场地设施一般也主要由政府和社会募捐资金建设，非营利机构负责管理和运营。英国政府通常通过公私合作模式修建或者维修体育设施以满足公众的体育需求。在政府的资助资金中，也对部分经济比较落后的地区给予一定的补贴。澳大利亚在"有活力的澳大利亚计划"中提出，各州可以根据自身的实际情况自行确定体育公共服务的标准、水平和内容。其中对健身休闲产业的刺激和促进作用非常大，一些高品质、高水准的体育健身休闲服务借助公共体育场地设施，通过市场化的手段得到了充分发展。英国是实行公共体育外包政策的先驱者，国家在体育事业发展中建设了大量的体育场馆，在进行市场化运作时规定这些场馆必须向公众开放，且收费必须低廉。在运营的过程中，严格受到相关行政机构、社会组织、个人等主体的监督。在一些通过高度商业化健身娱乐运营的收益中，必须有重新投入大众健身休闲产业的份额。美国对健身休闲产业支持政策首先考虑到经营者从事的是一项具有公共服务职能的事业；其次考虑到用于健身娱乐为主的体育场馆很难收益或者收益很慢、收益很小，美国采取通过义务债券来融资的政策，由政府税收资金负担绝大部分还本付息，以达到体育场馆能够更多运用于健身休闲产业的可能。1965年，美国通过了《土地与水资源保护法》，联邦政府每年拨款7.8亿美元用于大众体育设施建设。美国政府对社区体育的财政支持培育出了极大的体育消费群体，美国的社区公共体育场地设施主要指比较大的社区范围，通常指一个镇区，而不是一个住宅社区。这些社区体育场馆设施的经营者只有一部分依赖政府的拨款，他们会通过各种途径获得发展资金，从而保证体育场地设施的充足性，持续提高参与人群的数量。美国这些社区体育的内容是以基础性健身休闲产业为主，但是在很多情况下一些社会体育组织可以借此进行商业开发活动。据统计，隶属美国联邦政府的健身休闲活动面积约为2.6亿英亩，隶属于各州和市（县）的体育健身休闲场地面积约4200万英亩和1000万英亩。其中包括海滩、森林、丘陵、平原和沙漠，可以进行登山、漂流、游泳、野营、徒步、骑行、划船、滑翔、钓鱼等多种多样的休闲和健身活动。学校体育场地设施，尤其是高校体育场地设施是美国体育健身休闲的重要场所。学校为当地居民提供体育健身休闲服务的规定在20世纪30年代就被确定了下来，目前全美大、中、小学的体育馆有30000多个。大部分学校的体育设施在周末和工作日下午5点以后对外免费或者低费用开放。绝大多数学校在节假日和业余时间都可以免费停车。部分学校还专门为居民提供不限时的体育服务场所。这些免费开放的场地多为室外场地，而一些设施条件较好的室内综合体育馆一般会收取费用，采取市场化方式来运营。通常情况下，这些场馆对本校教师、教师家属和学生的收费非常低，对校外人员的收费则比较高。收取的费用主要用于场馆的管理、维护和保养。美国学校体育场馆设施在美国健身休闲活动中扮演着非常重要的角色。

从目前国内外健身休闲产业的研究成果看，有些专家认为健身休闲产业是一个特殊的行业，具有很大的公益性，应该从政策上鼓励和支持体育健身休闲产业的发展，他们认为中国健身休闲产业的税负偏高，应该降低税负。一方面，政府应该提高公共体育产品的资金投入，应采取诱导性的手段和价格控制、经济补贴、减少税收等经济杠杆和体育产业政策的制定和引导来激活体育健身娱乐消费等。同时，在消费群体层面，应该引导群众进行体育消费，在青少年、老年人和残疾人体育健身娱乐消费方面给予一定的优惠。另一方面，中国体育公共服务也越来越趋向于通过产业化的手段来满足不同阶层体育消费的需求。随着国外研究成果和国外公共体育服务理念的引进，中国公共体育的产业化运作提上了日程，如目前提出的全民健身产业就是以公共体育服务为基础的健身休闲产业的体现。此外,将全民健身服务业作为健身休闲产业的产业类型进行研究和探讨,并分析和研究其相关的政策问题。单独依靠体育场馆经营的健身休闲产业远远不能弥补场馆建设和维修的成本,必须允许其他高端健身休闲产业形态来缩小成本收益差距,同时需要政府对场馆维修给予补贴,或者是以政府购买的形式开展健身休闲服务。从公共经济学的视角来看,健身休闲产业的产出具有公共服务属性,从某种意义上讲,健身休闲产业是一种提高人们生命质量、提高国家健康水平、提升国民素质的重要事业。目前,国家对全民健身高度重视,"体育强国"已经被国家纳入重点工作任务当中。体育发展"十二五"规划和"十三五"规划都对加强公共体育服务建设、推动群众体育发展做出了要求。加强体育公共服务建设,不仅符合社会历史发展的趋势,而且也是贯彻落实全民健身国家战略的重要内容,这对于提高全民身体素质、全面建成小康社会起着非常重要的作用。也有少数专家认为健身休闲产业应该靠市场机制来调节,政府不应该过多干预,政策内容应该以建立平等的市场秩序为职责。

三 体育服务产业和体育服务产业政策视角下的政策研究

体育服务产业是指除体育用品业和体育建筑业以外的体育产业类型,即体育产业核心层产业和相关层产业。国内外很多专家都认为健身休闲产业是体育产业或者体育服务产业的核心构成部分。国内外专家对体育服务产业本身和体育服务产业政策的研究很多,对健身休闲产业和健身休闲产业政策具有一定的辐射力。在国外体育产业发展和体育产业政策中,健身休闲产业作为体育产业的核心构成部分,健身休闲产业发展的相关政策主要基于健身休闲产业的公共服务功能设计。另外,很多专家认为在体育服务产业中健身休闲产业属于低端产业,如果企业获得良好的利润的话,必须与其他行业联合发展,或者通过政府补贴弥补亏损。

截至目前，美国一直保持着对体育公共服务持续的资金投入，这些投入主要来自政府的税收。美国的税收种类和数量主要由州政府通过立法来设置，税收的实际执行部门主要是美国大大小小的州和市，或者县级。美国税收种类多样，通常情况下，每个州都设计了从固定税收当中提出一定比例的税收额度进行公共设施和体育公共设施的建设，或者一些维修、扩大和提升服务功能的建设。在公共体育设施方面主要资助青少年体育健身服务中心、体育场馆或场地的建设和维修以及社区体育公共设施的建设。现代体育公共服务也实现了产业化运作，为群众体育需求提供了良好的低收费服务，既满足了广大群众的体育需求，又节省了国家财政支出。

我国目前已经有大量关于体育产业和体育产业政策的研究，虽然之前还没有出台专门的健身休闲产业政策文件，但是在探讨体育产业政策时，通常将健身休闲产业作为体育产业政策的调整对象之一来进行分析和探讨。早在2002年，石培华就提出，发展体育产业更需要政策支持，体育产业发展需要财税性政策，重点开发和培育体育竞赛表演市场与体育健身娱乐市场，制定政策要考虑地区不平衡和人口不平衡，要注重全面健身。[①] 陈林祥基于体育产业发展状况调查提出，在体育产业结构政策中，应将健身休闲产业作为主导产业。[②]

健身休闲产业政策基本理论、规律和发展状况的研究主要集中在体育产业政策研究中。如赵炳璞等将体育产业政策分为体育产业的一般经济政策、体育本体产业政策、体育相关产业政策和体育内部产业政策。[③][④] 鲍明晓提出了体育产业政策的原则要适应社会的发展、要全

[①] 石培华：《发展体育产业更需政策扶持》，《中国国情国力》2002年第7期。
[②] 陈林祥：《我国体育产业结构与产业布局政策选择的研究》，《体育科学》2007年第3期。
[③] 赵炳璞等：《体育产业政策体系研究》，《体育科学》1997年第4期。
[④] 刘春华：《我国体育产业政策演进与效果评价》，《山东体育学院学报》2020年第1期。

面系统、要突出重点和协调发展、要采取多样化手段、要因地制宜；体育产业政策制定的准则以及我国体育产业布局政策的原则和理论依据要符合我国体育产业发展的需求和体育产业政策的特点。[①]

我国地域面积大且经济发展不平衡，研究成果中有一些关于区域性体育产业和体育产业政策的研究。又由于地区经济发展和体育产业发展基础与发展水平的差异，不同地区对健身休闲产业的辐射程度也有所不同。北京是最先推行体育产业政策的城市，2006年北京市委、市政府在《北京市国民经济和社会发展第十一个五年规划纲要》中提出首都经济发展战略、建设新型城市战略以及奥运带动战略。基于此，专家提出要加快对奥林匹克中心区、龙潭湖体育产业园等八大体育产业功能区的开发、推介和项目招商，构建全市"南北有大型体育主题公园，东西有特色体育健身园区"的基本格局，提出"高产出、高效益、高辐射力"的体育产业发展政策，设立体育产业发展专项资金、打造国际级大型品牌赛事的体育产业发展政策，提出以发展体育创意产业为主导的发展方向。虽然没有专门的健身休闲产业发展政策的研究，也没有突出健身休闲产业的位置，但是健身休闲产业是项目建设的重要内容之一。在我国很多公共体育服务产业政策研究中，体现了将健身休闲产业发展为体育产业发展的重要任务这一观点。关于福建、浙江、广东、哈尔滨、陕西等不同省份体育产业或体育产业政策的研究分别从不同程度或不同角度提出了适合本地健身休闲产业的发展政策。

四 健身休闲产业发展视角下的政策研究

健身休闲产业是一个多种类、多层次和多功能的产业类型，有基础性健身项目，如跑步、篮球、羽毛球等；有中低档和中高档的室内场馆健身项目，如有氧健身、网球、游泳等；还有高档的健身项目，

[①] 鲍明晓：《体育产业：下一个中国经济超预期增长的行业》，《成都体育学院学报》2012年第7期。

如高尔夫、滑雪等。通常情况下，国家会根据国家的经济发展状况、人口密集程度、人们的消费偏好以及国家的地理环境和气候等合理规划本国健身休闲产业的发展。韩国土地资源少，在公园周围、公路两旁建造塑胶跑道，为人们提供健身休闲机会；韩国根据本国国民对高尔夫的热爱和痴迷状况，鼓励和允许在无法进行农林作业的丘陵和山地建造小型高尔夫球场，还采取宽松的政策允许体育教师或者教练进行社区内的有偿培训。美国的国土面积大，人均土地占有量高，进行健身休闲体育活动的基础资源丰富。美国的体育健身休闲主要开始于18世纪后期工业发展和经济发展快速增长期。当时的体育健身休闲活动主要集中在聚集财富比较多的上层社会人群，这些人群不仅有足够的时间，而且有足够的经济实力消费，比较流行的体育健身休闲项目主要有高尔夫、骑马、网球、打猎、钓鱼等。当时美国的体育公园也逐渐开始流行，越来越多的地区在公园设置体育设施以及提供相关体育服务。随着美国体育公园的建设，美国具有闲暇时间的人群也越来越多，体育公园成为人们健身休闲活动的重要场所，甚至一些大型的体育公园所在地成为人们休闲度假、养生的重要场所。美国早期对高尔夫球场的建设没有太多限制，而且鼓励社会各类群体参与到高尔夫活动中。但是土地资源紧张的日本对高尔夫球场的建设限制非常严格。① 德国早期的健身休闲产业救助计划扶持了德国早期体育健身娱乐部的生存危机，之后德国健身休闲行业与养生相互结合，不断扩大健身休闲产业的生存空间。② 除一些特殊的健身休闲产业和特殊时期有相关扶持政策外，很多健身休闲类产业均有比较规范的市场秩序和税费制度，但是税率普遍小于其他商业税。与此同时，有很多非营利机构可以经营健身休闲产业项目，而且不需要交营业税或者商业税。

---

① 环球时报：《高尔夫腐败成各国通病，中国打球费用远超欧洲》，中国财经新闻网，http://www.prcfe.com。

② 包蕾蕾：《中德健身业对比和发展趋势新探》，《首都体育学院学报》2009年第2期。

通常情况下，非营利机构的健身休闲服务水平较低，商业性健身休闲经营服务水平较高，而且专业性强。

中国健身休闲产业在经历了 20 世纪 80 年代的缓慢发展、90 年代初的快速发展、21 世纪前后的急剧扩张期后，目前已经进入了现阶段的整合发展期。与国外发达国家相比，中国健身休闲产业的发展在更短的时间内经历了从极低水平向较高水平发展的过程，在发展中出现的各种问题也比发达国家更多、更复杂。通过政策解决健身休闲产业发展问题成为健身休闲产业高质量发展的重要途径。在关于健身休闲产业的研究中，很多内容涉及健身休闲产业政策的研究。在一些体育产业政策和体育服务产业政策的研究中大量涉及健身休闲产业政策。

随着我国经济的快速发展，人们的生活水平不断提高，闲暇时间越来越多，自身的健康意识不断提升，生活品质越来越高，对体育健身休闲的需求也越来越高。因此，国家为人们提供公共体育健身休闲服务的压力越来越大。人们对体育健身休闲的需求不再只是为了满足身体的健康，而是对休闲娱乐、文化内涵、身心修养等诸多方面有了更高的要求。国家提供的体育健身休闲服务越来越不能满足大众的体育需求。人们对体育健身休闲的需求种类越来越多，对健康的投资方式也多种多样，对健康的投资也越来越重视。人们对体育健身休闲的种类、品质和数量的需求必须通过市场化的手段满足。经过我国健身休闲产业多年的发展可以看出，尽管我国健身休闲产业取得了很大的成绩，在总产值和就业人数方面持续增长，但是我国体育健身休闲服务的市场供给和人民的消费需求之间依然有一定偏差。目前，我国体育低端健身休闲服务数量供给过剩但高端供给不足、居民消费欲望高但缺少相应服务供给的矛盾依然存在。因此，为群众提供满意且具有强烈需求的体育健身休闲服务，缩小人们不喜欢、不愿意消费的劣质服务，提升我国体育健身休闲服务的质量水平，是提高我国体育健身休闲产业发展水平的途径。

从专门性健身休闲产业发展角度的研究成果中可以看出,涉及健身休闲产业政策的研究主要体现在以下几个方面。首先,在健身休闲产业自身发展状况方面,很多研究提出了我国健身休闲产业发展存在的各种问题,并从解决问题和促进健身休闲产业发展的角度提出与健身休闲产业相关的政策建议,如我国健身休闲产业赖以生存的环境和制度不够完善,缺乏市场标准和运作规范,提出应从政策制定和实施方面健全健身休闲产业管理体制,政府应适当在健身休闲产业方面进行投资。其次,在很多研究中体现出健身休闲产业对政策的强烈需求,如我国健身休闲企业市场定位随意和盲目,很多健身娱乐经营者只是凭感觉进行开发、经营和管理,导致经济效益下降,经营困难。提出政府应该建立良好的健身休闲产业信息资源共享机制,通过市场信息引导企业确定正确的经营方向,规范企业的市场行为,保证体育健身市场的可持续发展。很多健身俱乐部如果经营有方、效益可观,就继续发展;如经营无方、效益低下或亏损,只能被迫关闭。政府应该协助企业拓展体育市场,引导企业科学经营,尽快解决体育健身娱乐消费有效需求过低和有效供给不足的问题。另外还有专家提出,随着我国国家综合实力的不断推进,在职工作人员的闲暇时间有缩减态势,我国应该制定适合健身休闲产业健康发展的特别政策,建议以法律形式给予在职社会群体有效的健身休闲时间,并提供形式多样、内容健康且适合各类职工的健身休闲内容。

还有研究认为我国系统内健身休闲产业发展不够合理;认为政府参与体育健身市场存在很大弊端,责、权、利不明确;认为市场有自身的运行方式,市场竞争与优胜劣汰是必然的,政府对体育市场的管理应当坚持责、权、利分明,业主有充分的经营自主权。政府对国有企业健身休闲产业的管理应该是宏观的、导向性的,应该避免政府的计划经济思维定式,要为企业建立良好的健身休闲产业生存环境和发展空间,应制定专门的政策优化健身休闲产业市场发展环境。

研究成果显示，在一些高档健身休闲项目和新兴的时尚运动项目方面，市场规模与其他体育产业类型相比，其规模小、品质低。体育人才队伍的发展水平和体育服务的品质内涵方面都处于较低水平。我国健身休闲产业专业人才比较短缺，整个体育健身休闲服务行业的就业人员的学历相对偏低，在专业的体育健身和体育康复知识方面比较欠缺，而且从业者对自身职业体系和职业生涯的认识程度不足，对自身从事的事业没有信心。

我国体育健身休闲市场的管理也不够规范，在很多地方存在多头管理和缺位管理并存的现象。随着社会的发展，健身休闲市场不断发展壮大，我国健身休闲企业获得快速发展的有利条件、有利环境主要源于国家政策的扶持、人们生活消费水平的提高、健身休闲各种功能的体现等因素。健身休闲企业要得到高质量发展必须重视政策因素，把握政策方向，并争取从政府获得政策扶持，如体育主管部门对健身休闲产业的布局、经营形式等方面的指导和监督；从投资、财政和基础建设上给予企业扶持，落实相应的配套政策。还有一些研究表明，我国过度竞争的市场影响到健身休闲产业的健康发展并造成有限体育资源的浪费，导致产业绩效低下。面临这些问题，需要政府的规划、指导和扶持。健身娱乐企业自身也应该客观分析我国健身休闲的现实需求和发展环境，有效利用促进健身休闲产业发展的各种政策，不断创新经营内容和经营模式。健身休闲企业之间应该建立合作组织或协会，共同学习和利用政策文件，防止企业之间的不良竞争。

五 健身休闲产业政策运行的研究

健身休闲产业政策的运行是指健身休闲产业政策文件的制定、执行、评价和调整这一动态过程。虽然2016年以前健身休闲产业政策没有作为一项专门的政策文件颁布，但是在体育服务产业政策或者体育产业政策中都有健身休闲产业的重要成分或内容。健身休闲产业政策在制定过程中同样经过政策议程、政策规划和政策合法化三大关键环节。在健身休闲产业政策的执行过程中，要先制定政策的落实细则，确定专职的机构。当体育产业政策的执行机构确定后，相关资源配合落实，继而采取行动，使政策落地。健身休闲产业政策的执行过程是一个动态过程，在政策发挥作用的过程中，需要根据政策效果状况和投入的资源消耗程度做出执行方案的调整。在这些相关政策的制定和执行过程中，需要对政策执行效果不断进行评价，把握政策实施效果，进而根据政策的实施效果和影响因素对政策进行调整。

健身休闲产业政策的科学制定、有效实施和监督等对健身休闲产业的发展具有重要促进作用。国外很多专家认为，政策在制定和实施过程中涉及许多部门，政治、经济、文化、财政等部门都应该配合体育产业政策的制定和实施。在政策制定方面，国外专家认为行政官员的体育意识和政策认知对政策实施方式和实施效果具有直接的影响作用，一般认为相关政策对健身休闲产业发展的推动作用需要通过评价来证实；认为政府的许多部门在政策内容方面通过制定行业规范和服务标准，切实保障经营者和消费者的合法利益。发达国家对健身娱乐政策的评价研究较多，注重健身休闲产业政策实际效果的发挥。在健身休闲产业政策的评价研究中，政府投入或者补贴的公益性质的政策偏多，以促进公益性政策的实施效果和提高政策投入的效益。国外一些健身休闲行业的政策常常委托非政府组织研究、制定、发布和推行，一般具有较强的专业性，如健身休闲产业关于健身的诊断和测试等。

很多研究表明，中国健身休闲产业政策处于供给不平衡状态，经济水平较高的地区的相关政策偏多，欠发达地区政策偏少。国内外很多权威人士预测：在2015年前后，世界主要发达国家进入以休闲生活为主的时代，中国的体育产业和中国的健身休闲产业将会与西方发达国家一样繁荣，体育健身休闲、体育赛事观赏以及其他各种各样的体育消费将成为中国老百姓消费的主要内容，也将成为拉动中国经济发展的重要引擎。从我国健身休闲产业发展状况看，体育旅游、体育健身休闲、体育文化传播等已经成为我国体育休闲生活的重要元素，并优先在我国东部经济发达地区兴起，然后逐步过渡到中部地区，乃至西部地区。东部地区与健身休闲产业相关的政策文件也相对较多，体现出大力发展健身休闲产业的目标和规划。由于各地自然环境和社会环境的差异，我国不同地区健身休闲产业发展的侧重点也有所不同，经济发展水平较高的地区一般以发展高科技、高品质健身休闲产业为重点，欠发达地区常以区域性传统体育健身休闲产业发展为重点。关于少数民族民间体育健身休闲产业发展政策不仅在全民健身政策和体育产业政策中有所涉及，在非物质文化保护政策研究中也有所涉及，一些具有非物质文化遗产价值的民间健身休闲产业也可以享受一定的政策优惠，但是政策支持力度相对较小。

到目前为止，我国几乎没有关于健身休闲产业政策评价过程的系统研究。如今，有关休闲产业的开发、休闲产品的营销、休闲文化的商业化趋势正向每一个城市和乡村扩展，休闲产业在我国兴起的历史虽短，但其势头十分强劲，尤其近几年在推动社会经济发展、丰富人们闲暇生活等方面做出了重要贡献。我国是一个多民族国家，又是一个由计划经济体制向市场经济体制过渡、推行非均衡协调发展战略机制的国家，由此产生了多种文化、多种社会群体、多种社会生活习惯等社会现象，人们对于休闲消费也因此出现多元化、多层次、高品位等方面的需求。基于这些产业发展的需求，相关的政策执行和执行效果的评价研究也很受关注。但是很多相关研究提出：我国体育政策的执行效果比较差，缺少政策执行投入；我国健身休闲产业需要加强行业标准政策的制定和实施，目前我国健身休闲产业政策标准不健全是我国健身休闲产业发展不规范的重要原因之一。我国应该通过制定行业规范和服务标准，通过有效的实施途径，切实保障经营者和消费者的合法利益。与此同时，各地也正在探索、谋划体育事业协调发展，一些时尚健身休闲产业不断展示给人们，供人们体验和消费。比如在北京奥林匹克森林公园西侧，一座室外旱雪场让酷暑滑雪不再是梦。这块由北京市体育局、北京市奥林匹克森林公园和星奥科技股份有限公司合作打造的室外旱雪场占地 20000 平方米，是目前亚洲面积最大的室外旱雪场之一。但是在健身休闲产业政策发展中可以看出，这还无法满足我国快速发展的健身休闲产业的需求。我国体育服务产业政策制定中包含了健身休闲产业政策的制定，相关的规范政策和扶持政策比较明显，但是在制定阶段缺少充分听取社会各界的意见这一环节，导致一些健身休闲产业政策内容不能在实际健身休闲产业中有效发挥作用。在执行过程中，亦缺少地方可操作性的配套政策或者实施细则。我国整体健身休闲产业的政策执行投入偏小，几乎没有政策执行效果的评价。

六　体育强国建设视角下的健身休闲产业政策研究

2008—2011 年，学术界围绕体育强国基本内涵、建设体育强国的根本目标与主要任务等问题进行了大量研究和探索，研究视角较为丰富，研究方法也趋向多元，就体育强国问题形成了一些基本共识。

2008 年北京奥运会的 51 枚金牌和 100 枚奖牌的骄人战绩，使学者开始深入思考我国体育强国的建设。北京奥运会结束后，为进一步推动我国由体育大国向体育强国迈进，理论界掀起了对体育强国研究的一股热潮，大量研究成果不断涌现，不少机构还组织了体育强国建设主题的研讨会。体育强国建设已经成为我国长期的体育事业发展任务，在各种重要的体育规划中不断强调我国体育强国建设的目标和任务。2017 年第 13 届全运会开幕之际，习近平总书记指出，加快建设体育强国是实现中国梦的重要路径之一，对我国体育强国建设和体育健身休闲注入了更加丰富的内涵。要让体育事业成为全心全意为人民服务的重要内容，要不断促进人的发展，不断提高人民的健康水平和生活质量。要切切实实地做好为人们提供更全面、更丰富、更有文化、更有品质的体育健身休闲服务。体育强国的建设还要体现出中华民族的优秀精神文明，要坚定自信、努力拼搏，在取得体育成绩的同时为发展提供正能量。习近平总书记还强调要加快建设体育强国，就要高质量筹办 2022 年北京冬奥会，全力做好各项筹办工作，特别是要做好备战工作，加快冰雪运动的普及和提高，努力举办一届精彩、非凡、卓越的奥运盛会。当前，以此为背景的体育政策的研究更加多样与全面，体育与社会文化、经济的融合更加牢靠，政策方面的研究也越来越成熟和丰富。

截至 2016 年 11 月 14 日，在中国知网上搜索题目含有"体育强国"关键词的期刊论文、硕博论文、会议论文、报纸文章等有 940 篇；然后在搜索结果中继续搜索含有"健身休闲"关键词的文章，共计 148 篇；接着继续搜索含有"体育产业"关键词的文章，有 125 篇；最后继续搜索含有"政策"关键词的文章，有 89 篇。其中的研究脉络体现为：体育健身休闲、健身休闲产业和健身休闲产业政策分别是体育强国的建设内容，在体育强国建设指标体系中占据重要位置；健身休闲产业政策是促进健身休闲产业发展的重要保障和途径；以健康为中心，推动全民健身和全民健康深度融合，是我国健身休闲产业和相关政策的重要任务。党中央提出全民健身与全民健康深度融合，是我国体育理念的一次深刻认识和理论创新，健康中国为全民健身注入新的内涵，对体育工作和体育强国建设提出了新的要求。开展全民健身不能画地为牢、条块分割，不能仅仅以拿金牌、修场地和搞活动为目的，而应注重群众幸福指数和体育民生。面对体育新理念、新要求，让更多群众主动健身、便捷健身、科学建设，必须树立"大体育观"、形成多部门协作合力的高质量体育公共服务体系。补齐群众体育短板和体育产业短板的政策与机制创新正在加快实施，《关于加快发展体育产业促进体育消费的若干意见》《全民健身计划（2016—2020年）》相继出台；国家体育总局推出《全民健身指南》，全运会引入群众项目；社会资本不断进入体育产业，一批体育特色小镇相继建成并融入大量健身休闲产业元素。

根据众多体育强国的研究文献梳理出体育强国建设的一级指标可以分为竞技体育、学校体育、群众体育、体育产业。那么，健身休闲及相关政策则属于群众体育的二级指标，健身休闲产业及相关产业政策则属于体育产业的二级指标。这两组二级指标之间具有较大的正相关性，而且与某些竞技体育建设指标之间也有一定的正相关性。因此，在体育强国建设中，健身休闲产业政策对我国健身休闲产业、群众体育、国家体育政策等若干方面都具有非常重要的作用。深化体育改革，更新体育理念，推动群众体育、竞技体育、体育产业协调发展是加快实现体育强国梦的必由之路，必将为实现"两个一百年"奋斗目标、实现中华民族伟大复兴的中国梦筑牢健康基石。

国内外健身休闲产业政策的前期研究，一方面为我国健身休闲产业政策的进一步研究和指导健身休闲产业政策的科学发展建立了一定的理论基础；另一方面，对我国健身休闲产业政策的制定和实施起到了一定的指导作用。2010年《国务院办公厅关于加快发展体育产业的指导意见》、2011年《体育事业发展"十二五"规划》、2011年《体育产业"十二五"规划》和2016年《体育产业发展"十三五"规划》等政策中关于健身休闲产业的发展政策的内容与前期的相关研究成果密切相关。国内外研究成果中提出的健身休闲产业政策要重视体育服务产业的公益性、积极使用财税优惠政策、紧密与国家体育事业发展相融合、紧密与国家经济发展相结合等核心思想也在近期政策文件中有所体现。

国外发达国家健身休闲产业发展水平较高，相关的政策数量少，但比较成熟和稳定，政策的执行效果也较好。关于健身休闲产业政策的研究数量不多，但是执行实践中的微观研究非常细致，较多集中在政策的实施效果和政策评价、健身休闲产业的经营和消费方面的政策需求方面。而在我国健身休闲产业快速发展的同时，又伴随着体育体制的不断改革，我国健身休闲产业政策的研究显得比较滞后，不能满足健身休闲产业发展的要求。在健身休闲产业政策内容确定方面依然比较粗略，关于健身休闲产业的研究水平也比较低，关于健身休闲产业政策的内容设计、实施效果以及监督和评价的研究比较欠缺。

  国外对健身休闲政策的研究多集中在健身休闲产业具体项目上，但是我国在这些方面比较欠缺。我国健身休闲产业中的很多经营项目发展政策的制定和实施都需要更加深入和细致的调查与研究，如我国健身会所的频繁倒闭现象、高尔夫球场的违规建设和经营、高危体育健身项目的预防和伤害事故的处理等。健身休闲产业类别之间由于项目差别而导致产业运营差异性强，但是我国体育产业政策还没有明显的项目间的差异性，需要相关健身休闲产业政策的跟进。又由于健身休闲产业的涉及面越来越广，政策设计的相关部门也越来越多，健身休闲产业政策的制定、实施和监督都面临各种比较复杂的环节。目前我国健身休闲产业政策的研究是体育产业政策研究的薄弱领域，健身休闲产业政策的研究明显滞后于健身休闲产业的政策需求。

  在研究我国健身休闲产业政策时，除研究不同地区之间健身休闲产业的发展区别和差异性外，也必须承认不同健身休闲产业之间存在的差距，特别是基层健身休闲和高档健身休闲项目之间的差异，它们在体育功能的发挥和在体育产业中的地位都有很大差别。通过我国一系列政策出台和落实的情况可以看出，这在一定程度上完善了体育健康休闲服务体系并推出了各种时尚户外运动、特色运动、"互联网+"健身休闲等。有关文件指出，一方面要制定健身休闲重点运动项目目录，以户外运动为重点，支持具有消费引领性的健身休闲项目发展。另一方面，从目前的相关研究成果中可以看出，存在政策发展滞后和无法满足健身休闲产业发展的需求等脱离现实需求的情况，关于健身休闲产业政策的研究必须紧密跟踪健身休闲产业发展状况和现有政策的运行情况，从而进行及时、准确和科学的研究；必须加强我国健身休闲产业政策执行过程和执行效果评价的研究。目前国家层面已经制定出相关健身休闲产业发展政策，但是政策在地方的实施情况并不清楚，存在地区差异大、政策阻滞、配套薄弱等普遍问题，如何提高政策在地方的执行力度和执行效果，需要进行全面而细致的研究。

第二章　健身休闲产业发展现状

第一节　体育强国建设中的健身休闲产业

一　体育强国建设内容

北京奥运会后，我国已成为名副其实的"世界竞技体育强国"之一，但还称不上是名副其实的"体育强国"和"大众体育强国"。体育强国的综合实力主要包括大众体育实力、竞技体育实力、体育科教实力、体育产业实力、体育文化实力、组织执行实力六个实力要素，其中既有资源性实力，也有操作性实力。体育强国是指体育事业的总体发展水平在世界上处于一流或前列的国家，周爱光认为现阶段成为世界体育强国至少应当满足三个必要条件：在群众体育方面，年满20岁的成年人中体育人口占45%以上；在竞技体育方面，奥运会的奖牌数和成绩名次进入前八名；在体育产业方面，GDSP占GDP的比重为1.5%以上。有专家对体育强国进行指标体系的研究，从竞技体育、群众体育、体育产业三个方面构建了体育强国建设的综合指标体系，还提出了"体育强国"的横向指标体系和纵向指标体系，横向指标包含群众体育、竞技体育、学校体育三个一级指标；纵向指标包含体育资源、体育科技、体育传媒、体育产业、体育法规和体育管理六个一级指标。

体育强国代表的是一个整体，它不仅包含竞技体育，还应当包括群众体育、学校体育，包含一个国家的体育人口、体育法制、体育场馆设施、体育人才素质、体育科研水平、体育经费、国民体质和体育媒体的技术含量与素质等。体育强国其实并不是一个具体、确切的概念，它只是一个相对的、动态的、综合的概念。我国体育强国的建设应该包括两个维度。一是体育自身的维度，即在全球比较视野下的一国体育发展水平。从这个角度看，所谓的体育强国就是由体育基础实力（体育基础设施、经常参加体育活动的人数、体育人才的数量和质量、体育教育科技和文化的发展水平、体育市场和体育消费的规模和水平等）和核心表现（在国际重大综合性和单项比赛中的竞赛成绩、具有国际声誉的体育明星数量、品牌赛事和品牌俱乐部的数量、在国际体育组织中的影响力）组成的；二是体育发展的外部性维度。凡是一国体育发展能融入并全面促进本国的政治、经济、社会、文化和人的发展，即体育发展正的外部溢出效应大而强的国家就是体育强国。从这一视角出发，所谓的体育强国就是能融入并塑造民族精神的体育，是一个能参与经济生活并创造财富的体育，是一个能沟通人际、亲和社会、培育积极健康的生活方式的体育。

二 全面建设体育强国的目标与任务

我国体育强国建设目标是中国体育必须努力完成以下主要工作任务：全面完成中国特色体育发展道路的创建工作，为世界体育发展提供中国经验；全面建成以人为本，融入国民积极、健康生活方式的群众体育工作体系；全面建设基础扎实、发展均衡、核心表现突出的竞技体育新格局；全面打造实力雄厚、门类齐全、具有国际影响力的体育产业；全面建设充满活力、独具魅力的中华体育文化；全面提升中国体育的国际影响力。

我国群众体育强国建设的目标实际上是从群众体育大国到体育强国的过渡。首先，应该确保群众体育的发展和全民健身计划的推行要和国家经济、社会、文化以及学校体育、体育产业和竞技体育等诸多发展相互协调；其次，要建立多元的全民健身服务体系，不仅在体育健身的场地、器材等硬件条件的供给方面，在人才水平、社会组织、政府监管、政策运行等诸多方面也达到较高的发展水平；再次，要缩小城乡差距，建立城乡一体化、均等化的健身服务网络；最后，要完善各种法规制度，形成群众体育法规体系，提高体育法规意识，建立起有规模、有质量、有水平的全民体育健身休闲网络。在体育强国建设的群众体育领域，全社会应该有大量的群体热爱体育，积极关注和参与体育。除此之外，还要建立全面覆盖城乡的全民健身服务体系，不断使群众的体育意识增强，在城乡居民中形成浓厚的体育氛围，使体育成为重要的生活方式之一。广大青少年受到良好的体育教育，体质普遍增强，在校内外形成良好的体育参与习惯，对体育产生浓厚的兴趣，能掌握2—3项体育技能。使群众体育的政府投入、组织化水平、科学化水平、社会化水平、经常参加体育活动的人口比例、人均占有体育场地面积、社会体育指导员的数量和质量等项指标达到或超过中等发达国家水平。

在竞技体育领域，我国体育强国的任务要继续在国际重要体育赛事中取得优异成绩，能持续不断地体现中国地位，能不断向世界展示中国实力。在21世纪的历届夏季奥运会上，我国竞技运动总体保持世界一流水平，并已经确立了竞技体育强国的地位。的确，我国有很多优势体育项目，但同时也有很多劣势体育项目，在以后的竞技体育强国的建设任务中需要对这些项目进行调整，建设好有重点、有目标的、全面发展的竞技体育强国。竞技体育强国的建设是国家历史发展的必然需求，我国竞技体育的强大对我国国际地位的提高和国家自信的提升有着非常重要的作用，而且在我国经济体育水平提高的同时，群众体育和体育产业以及其他相关产业都得到了大幅度提高。在我国竞技体育水平较高的情况下，我们需要继续保持自己的优势，不仅要在优势项目上面保持一定的水平，而且还要在弱势项目方面取得快速发展；不仅要在夏季奥运会项目上保持较高的水平，还要力争在冬季奥运会项目上取得突破发展。在我国竞技体育水平持续稳定提高的情况下，我们还要提高竞技体育组织管理水平，不断提升管理方面的各类人才，要形成既能体现一流管理水平，又能体现中国特色的竞技体育发展模式。

在体育产业领域，首先，要做好体育产业与竞技体育、群众体育、体育场馆经营管理等诸多方面协调发展，发挥体育产业为其他体育事业助力的作用；要提高竞技体育、群众体育、体育场馆管理、体育培训、体育旅游、体育创新、体育文化等在社会主义市场经济中的活跃度。其次，在体育产业内部，要持续解决体育用品业与体育服务业发展不平衡的状况，在体育用品业方面实现品质提高、品牌升值、开拓国际市场、科研创新等，以提高体育用品的国际竞争力；在体育服务业方面，要提高健身休闲产业的份额、体育场馆的利用率、体育服务综合体的效能，使体育产业有效渗透到人们的生活中，为人们提供更全面、更广泛、更贴心的各种各样的体育服务。最后，要使体育产业一方面能够更好地为人们提供满意的体育服务，另一方面成为吸纳就业、拉动内需、推动国民经济增长的强劲动力。

体育强国建设是一个漫长的历史过程。中国的诸多领域都面临着由大到强的转变，对于体育强国的建设，如同中国特色社会主义现代化建设一样，必将是一个长期的过程，是一项重要的任务和重大的历史使命。随着世界经济和社会发展的变迁，体育强国的基本内涵将呈现动态变化，以适应不同历史时期的经济和社会发展。首先，体育强国必须做到以人为本，以最大能力提高人们参与体育的机会。要通过各种手段和措施为人们提供体育健身和设施，通过各种方式为人们提供各种各样的体育服务。要把体育事业发展与国家的经济发展相融合，使体育事业的发展对国家经济发展和国家经济结构的调整起到较好的促进作用。其次，体育强国必须保证体育产业、群众体育和竞技体育的协调发展，在发展中起到相互协调、共同促进的作用。最后，体育强国必须实现以量到质的突破，我国在体育事业发展的产值上也应该有较大的提高。体育强国的建设是一个国家整体体育事业向高水平、高质量发展的过程，包括各类体育事业发展内容。2011年，《体育事业发展"十二五"规划》明确指出，"十二五"时期既是我国社会实现科学发展、和谐发展的关键五年，也是建设体育强国、推进体育事业实现新发展、新跨越的重要阶段。2016年，《体育发展"十三五"规划》又指出，"十三五"时期是全面建成小康社会的关键，是实现中华民族伟大复兴、实现中国梦的重要时期，也是体育发展重要战略时期，促进我国体育全面协调可持续发展，努力实现建设体育强国目标的重要保障。①

三　我国体育强国建设的薄弱环节

根据当前体育强国建设状况可以看出，我国体育强国建设水平与发达国家存在一定的差距。从整体上看，竞技体育相对较强，群众体育、学校体育和体育产业发展相对薄弱。这些领域相互交叉，互相影响，需要将我国各项体育事业全盘考虑、综合发展。在竞技体育领域方面表现出竞技体育项目发展不平衡、与市场衔接不均衡、相关的产业化运作水平有待提高；在群众体育领域表现为公共体育健身服务无法满足人们多样化、个性化的需求。而一些能够为群众提供健身休闲服务的企业同时存在供给过剩和供给不足的双重矛盾；在体育产业发展领域表现为体育用品业、健身休闲产业、体育中介、体育场馆管理等体育产业类型之间发展的不平衡。另外，在每一个体育事业发展领

---

① 国家体育总局：《体育发展"十三五"规划》，国家体育总局网，http：//www.sport.gov.cn。

域也都存在着各种各样的更细致的问题，比如我国体育产业发展中的品牌价值不高，我国民族传统体育健身休闲项目的产业化水平低，我国体育用品业的品牌在国际上的份额还不够高；我国群众体育健身场地受限，人均体育场地更小，农村体育健身休闲设施简陋；我国青少年体育健康水平低，学校体育场地设施利用不充分等。这一系列的问题都是我国体育强国建设的薄弱环节。

当前和今后相当长的时期内，人民群众日益增长的多样化、个性化、更多更广泛的体育需求与社会所能提供的体育服务之间的矛盾长期存在，这是我国体育事业发展的重要任务。我国的人均体育场地、人均体育消费与发达国家相比仍处在较低水平，经常参加体育锻炼的人口比重仅为28.2%，远低于发达国家。首先，群众体育仍然是体育事业的基础性薄弱环节和短板，这是建设体育强国必须着力解决的突出问题。要针对我国体育服务公共产品总量不足、投入不足、分配不均衡的问题，做强体育设施、体育组织、体育科技服务，加强体育体制转型、体育政策倾斜、体育资源开放工作，完善体育公共服务体系建设。其次，我国建设体育强国的差距主要体现在竞技体育的发展结构、群众体育的服务质量、政府职能的发挥效率以及体育的市场化程度等方面，而政府效率的改善和提高是基本前提，应该牢固确立其引导作用。

四　体育强国对健身休闲产业的发展要求

健身休闲产业是体育强国建设的重要内容，是社会发展和人类文明进步的重要标志，是综合国力和社会文明程度的重要体现。优化健身休闲产业发展水平是我国进行体育强国建设、发展体育事业的重要任务。健身休闲产业在体育强国建设目标和任务中具有重要的影响作用。体育界通常将体育工作分为全民健身、竞技体育和体育产业等重要部分。健身休闲产业不仅是体育产业的重要内容，也是全民健身的重要内容，健身休闲产业的发展不仅能激活体育产业发展，也能为竞技体育注入发展动力，而且国家也越来越重视健身休闲产业与其他体育事业的融合发展。

2010年，《国务院办公厅关于加快发展体育产业的指导意见》提出要"大力发展体育健身市场。在不断加大投入，加强城乡居民基本体育服务的基础上，积极培育体育健身市场，培养群众体育健身意识，引导大众体育消费"。该文件提出两个很重要的发展方向，一是要注重全民健身，二是要重视大众体育消费这个大市场。2016年国务院办公厅又制定了专门发展健身休闲产业的政策文件，即《关于加快发展健身休闲产业的指导意见》。由此可以看出，在体育强国建设中发展健身休闲产业的重要任务。

健身休闲产业在体育强国建设中具有重要作用。健身休闲产业的发展不仅对我国体育产业有一定的促进作用，而且为我国群众体育提供更好、更多、更全面的体育健身服务的重要措施和手段。随着我国经济发展水平的提高，人们对健康的要求也越来越高，通过体育健身休闲活动增强人的身体健康是人们选择的主要手段。目前我国的健康水平虽然比以前有了较大提高，比世界上很多国家的健康水平也高，但是与欧美一些发达国家还有很大的差距。目前我国很多居民，特别是青年人，并没有养成经常参加体育活动的习惯，而是更喜欢看电影、唱歌、玩网络游戏、饲养宠物等。在我国体育强国建设中，为社会各类群众提供优质的、具有吸引力的健身休闲服务是提高人们体育参与程度的重要手段。

体育强国对我国健身休闲产业发展的需求是多维度的、高品质的、具有文化内涵的高级产业类型。我国健身休闲产业既要在群众体育和全民健身工程方面发挥积极作用，还要在增加就业岗位、增加体育产业GDP、发扬文化内涵、传承民族传统体育文化方面发挥重要作用。此外，体育强国要求我国健身休闲产业具有较强的国际竞争力，能够有效带动体育赛事产业、体育用品业、体育旅游业、体育文化产业等诸多方面的发展。

五 我国健身休闲产业发展概况

健身休闲是一项以身体参与为主的比较普遍的社会体育活动,在不同国家和不同历史发展时期,人们均有健身休闲的需求。由于受到经济发展水平和生活习惯的影响,人们的健身休闲方式和参与程度有所不同。当健身休闲成为许多人参与且有一定数量的人提供服务并从中获得劳动报酬时,便形成一种体育产业类型。经营健身休闲产业的机构包括主营或兼营体育健身休闲活动的组织与机构,如健身会所,健身俱乐部,高尔夫会所,户外运动机构,体质测试、健康评估及健身康复所等以营利为目的、独立核算的企业法人单位;三星级及以上宾馆饭店中提供体育健身休闲服务的部门;向社会开放的高校体育场馆等。健身休闲产业主要以提供健身休闲服务为主要活动内容,以满足社会大众对较高品质的健身休闲的购买需求为目的,是体育服务业的核心产业。随着我国经济实力和人们生活水平的提高以及人们生活理念的改变,尽管与发达国家有较大差距,但是健身休闲活动已经成为社会大众广泛接受和积极参与的社会活动。与此同时,我国健身休闲产业的发展规模逐渐壮大,健身休闲企业和从业人员的数量也日益增多,加上国家各种健身休闲产业政策的促进作用,我国健身休闲产业正处于快速发展期,但是其中存在的问题也多种多样,需要采取一定的措施以保证健身休闲产业又好又快发展。

在我国经济发展水平较低时,健身休闲产业种类较少,人们参加健身休闲活动的时间也比较有限,主要以传统体育休闲项目和普通的球类项目为主要的健身休闲方式。以这些健身休闲活动为经营内容的经营主体也非常少,加上受我国计划经济体制的影响,健身休闲产业的产值非常低。随着我国经济发展水平的提高,人们对健身休闲的需求越来越高，参加健身休闲活动的种类和数量也越来越多，我国健身休闲产业的投入和产出量越来越客观，增长速度也非常快。截至目前，我国已经形成了健身休闲产业种类多、经营管理模式多样、各类项目的主要功能和特点各具特色的健身休闲产业发展状况。由于地理环境和地域经济文化发展状况的差异，也形成了各地区不同的健身休闲产业发展状况。

健身休闲产业永远是体育产业的核心产业，健身休闲产业应当在体育产业中发挥主导作用。美国大众健身休闲产业占本国体育产业的32%。健身休闲产业在我国体育服务产业中的增加值比重较大，从业人数也相对较多，2006年全国体育健身休闲活动从业人员为11.78万人，实现增加值46.98亿元；2007年体育健身休闲活动从业人员为13.32万人，实现增加值58.79亿元，按可比价比上年增长21.85%；2008年体育健身休闲活动从业人员为15.03万人，实现增加值74.49亿元，按可比价比上年增长24.10%。2007年全国体育及相关产业统计中，体育服务产业增加值占25.67%，其中增加值最大的体育组织管理活动占7.06%，体育健身休闲活动占4.65%，位居第二。截至2017年，健身休闲产业一直在体育服务业中保持较高的比重和较快的增加速度。

据统计局网站消息（见表2-1），经核算，2015年国家体育产业总产出（总规模）为17107.0万亿元，增加值为5494.4亿元，占同期国内生产总值的0.8%。从国家体育产业的11个大类看，体育用品及相关产品制造总产出和增加值最大，分别为11238.2亿元和2755.5亿元，分别占国家体育产业总产出和增加值的65.7%和50.2%；体育服务业（除体育用品及相关产品制造、体育场地设施建设外的其他9个大类）总产出和增加值分别为5713.6亿元和2703.6亿元，占比分别为33.4%和49.2%。由于统计和测算采取了新的标准——体育产业核算分类采用《国家体育产业统计分类》（中华人民共和国国家统计局令2015年第17号），健身休闲产业成分有所提高，根据我国健身休闲产业产值状况和相关数据的计算，尽管我国健身休闲产业自身增长速度很快，但是并不及其他诸多体育产业类型增长速度快，其产生的经济效益与国外发达国家还有很大差距。我国健身休闲产业依然存在市场秩序不完善、政策落实不到位、经营风险大、与全民健身衔接程度差等问题。也正因如此，国家在近几年新的政策中频繁体现出对健身休闲产业重视程度的提高。

表 2-1 　　　　　2015 年国家体育产业生产总值和增加值

体育产业类别名称	总量（亿元）		结构（%）	
	总产出	增加值	总产出	增加值
国家体育产业	17107.0	5494.4	100.0	100.0
体育管理活动	229.1	115.0	1.3	2.1
体育竞赛表演活动	149.5	52.6	0.9	1.0
体育健身休闲活动	276.9	129.4	1.6	2.4
体育场馆服务	856.2	458.1	5.0	8.3
体育中介服务	47.0	14.0	0.3	0.3
体育培训与教育	247.6	191.8	1.4	3.5
体育传媒与信息服务	100.0	40.8	0.6	0.7
其他与体育相关服务	299.0	139.6	1.7	2.5
体育用品及相关产品制造	11238.2	2755.5	65.7	50.2
体育用品及相关产品销售、贸易代理与出租	3508.3	1562.4	20.5	28.4
体育场地设施建设	155.2	35.3	0.9	0.6

注：若总量与分量合计尾数不等，是因数值修的误差所致，未做机械调整。
资料来源：国家体育总局、国家统计局：《2015 年国家体育产业规模及增加值数据的公告》，国家体育总局网，http://www.sport.gov.cn。

第二节　我国健身休闲产业存在的主要问题

尽管我国健身休闲产业随着我国经济发展水平的不断提高和人们体育消费意识的不断增强，发展速度很快，健身休闲产业供给水平和消费能力都有了较大提高，但是目前依然存在很多不足，主要体现在市场秩序不完善、相关法规政策落实不到位、经营管理水平低、经营风险普遍存在、与全民健身不能有效衔接、与体育赛事的融合性低、体育产业基地健身休闲产业内容开发偏少、体育特色小镇健身休闲产业发展速度慢等诸多方面。

一　市场秩序不完善

尽管我国健身休闲产业已经发展到一定程度，近几年来也取得了一定的成绩，在调整产业结构和丰富人们的业余生活方面都起到了较为显著的作用，健身休闲产业的发展也因此越来越受到政府的重视。但是，我国健身休闲产业市场秩序并不完善，我国各类健身休闲产业的扶持力度和税率落实缺少统一性和规范性，比如我国健身休闲产业的营业税是偏重体育文化事业类的3%，还是处于休闲业类的5%—20%，还是归为服务业类的5%，常常取决于地方政府对健身休闲产业的归类和认定。由于对健身休闲产业的归类和认定方式不同，甚至在同一地区的同一类健身休闲产业所适用的营业税也不同。健身休闲产业在土地使用、市场准入、市场监管和市场标准化方面也存在很多问题。我国高尔夫球场的数量从2000年开始每年增加10%—15%，2009已超过400个。面临目前膨胀的高尔夫市场，国家早期就采取了限制性政策，旨在控制高尔夫球场的数量。但是从2004年开始，国家对高尔夫的禁令众多，但其违规建设仍未停止。全国违法占地、违规建设高尔夫球场的问题扩展势头明显，而且从沿海地区向东、中、西部地区全面蔓延。由于健身产业退出机制缺失、价格恶性竞争严重等问题的存在，目前我国健身会所普遍存在的先交钱后消费的预付款方式，使商家在经营出现危机时，为了把自己的损失降到最低，不顾消费者的损失而一走了之的现象普遍存在。目前还有很多高危险性健身休闲项目的管理方式不明确，国家强制性标准的监管措施不到位。在健身休闲经营活动中，一些体育高危险性经营活动的规范、公开、透明的安全监管依然没有有效落实，健身休闲产业服务意识和专业水平有待提高，体育服务质量认证制度很不完善。

二 相关法规政策落实不到位

我国健身休闲产业在促进经济增长、增加就业和调整产业结构等方面发挥着越来越重要的作用，我国已经出台的相关政策在一定程度上推动了健身休闲产业的发展。但是长期以来却遇到了很多发展瓶颈，其中主要是民营企业的税费压力大、房产成本过高、土地审批困难等棘手问题。许多法规政策涉及健身休闲产业的发展或者对健身休闲产业的若干规定，但是落实效果并不理想。一些早期的政策已经过时或者失效，已经不再起作用。近几年来，一些法规政策起到了一定的促进作用，但是所起的作用比较有限，并没有完全达到既有的政策目标。2010年《国务院办公厅关于加快发展体育产业的指导意见》从颁布以来就在健身休闲产业方面发挥了比较明显的效果，首先是对加快发展健身休闲产业的规定更加明确；其次是该政策的权威性很高，充分受到各级政府的重视；最后是其中的内容迎合了我国健身休闲产业发展的需求，提出民营企业方面的很多税费优惠方式，但执行效果并不理想。政策在不同地区发挥的效果有所不同，从目前的执行效果看，在经济发展水平较高和地方政府对体育产业重视程度较高的极少数地区执行效果好。由于地区差异性的存在，不同地区政策落实情况也有所不同，有些地区健身休闲产业的水电和税费压力依然很大，也有些地区难免在财政补贴方面存在一些腐败行为。

三 经营管理水平低

我国健身休闲产业是从20世纪90年代初开始兴起的，逐渐发展成为需求大于供给的市场发展状况，但长期以来一直按照一种粗放型的发展模式发展。近几年来，健身休闲供给增长水平已经超过了需求水平，原有经营管理水平虽然有了一定提高，但是相对于其他行业来说还显得比较滞后，许多经营管理水平较低的企业开始被淘汰。近几年的健身会所的倒闭现象，一方面是我国健身休闲产业重新整合的体现，另一方面是我国健身休闲产业管理能力不足的结果。我国健身休闲产业的管理水平还处在发展过程中，许多健身休闲产业主体通过各种途径提高自己的管理水平，同时也存在一些管理能力难以提高的企业被淘汰的现象。通过走访我国各地健身休闲场所发现，依然有很多中小规模的健身会所过于注重会员的数量发展和营销健身卡的技术，忽略对会员的服务和维护，导致我国大量健身会所的会员流失严重，忠实会员较少。另外，一些球类健身休闲场地的配套设施非常简易，专业服务人员和技术指导人员非常少，产生的经济效益比较有限。一些休闲度假区、高档酒店宾馆等兼营健身休闲产业的经营主体经营管理理念和服务理念较强，但是体育技术能力比较欠缺，难以形成健身休闲产业的规模效应。

四 经营风险普遍存在

截至目前，我国健身休闲产业形成了种类广、层次多、不同地区各有特色的发展局面，并建立了不同类型的体育产业发展基地，但是依然存在一些棘手问题难以解决，比如健身会所经营危机、高尔夫球场经营审批问题、保龄球馆萎靡不振问题和台球馆频繁倒闭问题等。而且健身休闲业投入成本越来越大、劳务费用越来越多、场租租金越来越高、退出机制缺失、价格恶性竞争严重等问题导致各地频频出现健身房倒闭的情况。

健身休闲产业是一种人们通过花钱获得体育锻炼的服务业类型，对人们的经济收入水平要求较高。而且健身休闲的替代活动非常多，一些基本生活行为和个别工作方式都可以代替体育锻炼，如公园社区的跑步、骑自行车上班、做家务，都能在一定程度上起到锻炼身体的效果。因此在经济紧缩时，人们很可能首先缩减的是该项消费的投入。2008年国际金融危机波及中国时，我国大批健身会所随即萧条，出现大量健身会所倒闭，这充分体现了经营健身休闲产业的脆弱性。

再者，我国经济发展状况也决定了健身休闲产业所需的经营成本越来越高，房地产市场的变化形成了过高的健身休闲场所的租赁成本。健身休闲产业不同于其他服务业，主要以身体活动为主要手段，对场地要求较高，必须有足够的场地才能进行经营和运转。一旦场地使用协商不定，将面临非常尴尬的局面，要么忍受高额的房租，继续经营；要么选择廉价的房租，遭受搬离和处理器械的成本。与此同时，我国健身会所的价格竞争激烈，一些具有一定规模的健身会所或者为了占领市场，或者为了获得眼前的利益，或者为了生存而采取的大幅降价行为，无形当中增加了其他健身休闲经营者，特别是一些新开业的健身休闲产业经营者的经营风险，此类情况在健身会所经营领域尤其明显。一些普通球类健身休闲的经营风险依然存在，在我国公共体育场馆使用方式多样性的情况下，在许多责权不够明确的现实状况下，经营者的利益常常得不到保障，体育场馆不能合理保护或者体育场馆不能有效利用。在现实生活中，体育场馆资源浪费的现象一直比较严重，直到现在依然有一些大型室内篮球馆、排球馆由于开放成本太大而无法对外开放，在一定程度上影响了大型球类健身休闲项目的开展。我国学校体育场馆节假日对外经营与开放在一定程度上促进了一些健身休闲活动的开展，但出现的问题也不计其数，如场馆经营影响学校体育课的正常进行，场馆经营收入分配意见不统一甚至去向不明等。

另外，我国在制定和落实各种促进健身休闲产业发展的政策时，采取了各种手段和方法促进健身休闲产业发展，比如税费减免、水电优惠、财政补贴等。在这些方案落实的过程中，常常是一些对政策非常熟悉、积极钻研政策思路的企业能够得到更多的实惠，其他一些经营困难的企业的生存环境反而更加恶劣。

五 与全民健身不能有效衔接

健身休闲产业不仅仅是一项产业,也是一项体育事业。健身休闲产业是我国全民健身工程的一部分,对增加体育参与程度和提高体育参与质量都具有非常重要的作用,也是满足不同人群的不同体育消费需求的重要手段。2009 年的《全民健身条例》已经把健身休闲产业作为发展全民健身工程的重要手段和措施写进法律,截至目前,现实中的健身休闲产业并没有与全民健身工程有效衔接。在实际调查中发现,绝大多数健身休闲产业经营者认为我国群众体育参与程度和体育意识都很弱,希望群众体育相关行政机构大力宣传,提高人们参与体育的积极性,进而带动更多的人进行有偿性的体育消费。经过对各级体育行政机关调查后发现,我国群众体育相关机构与体育产业机构的条块划分依然比较严重,工作界限划分过于清晰。群众体育相关行政机构的工作重点依然是为市民免费提供体育公共服务,在一些公共体育场馆提供低价有偿体育服务。群众体育部门坚持认为以营利为目的的健身休闲产业不属于他们的业务范围,倒闭破产现象属于市场规律,他们无法干预,也不应该干预。2010 年《国务院办公厅关于加快发展体育产业的指导意见》出台之后,个别省份进行了引导资金的支持,但是主要以形成规模经济和提高国际竞争力为主要目的,主要对具有市场潜力的健身休闲产业进行资助,而且资助了很多体育用品企业,对全民健身的贡献程度给予资金支持的力度依然很小。而在国外,不少发达国家会基于营利性健身休闲产业的全民健身功能,在企业经营出现困难或者危机时,给予各种支持和帮助。

一些公共性体育基础设施对提高人们参加体育休闲活动具有重要的意义,公共体育基础设施可以通过提供无偿或者有偿的体育健身活动,培养人们的健身休闲兴趣,进而形成人们对健身休闲的稳定消费。

通过调查和走访发现，我国一些中小城市的体育场馆供给严重不足，不仅体现在各种球类健身场馆方面，还体现在综合健身馆、游泳馆和游泳池等方面。中小城市的体育场地设施不足问题已经制约了人们的健身休闲活动，而且很多中小城市依然缺少扩建体育场馆的积极性；相反，个别中小城市的体育馆过于宏大，导致使用率低，难以落实各种健身休闲的管理与运营。

六 与体育赛事的融合性低

我国体育服务产业除健身休闲产业之外，还包括体育中介、体育培训、体育赛事等产业类型。健身休闲产业与体育赛事具有密切联系，某一项体育赛事的市场开发水平与该项目的群众参与程度息息相关。丁俊晖在斯诺克赛事上的高度影响力以及中国频繁举办的斯诺克赛事的影响，斯诺克一跃成为中国人倍受关注的体育项目之一。2012年中国举办世界职业巡回赛将近一半赛事的时候，极其平淡的斯诺克健身休闲市场迅速在中国火热起来。截至2016年，上海网球大师赛已经成功举办了10届，上海还举办了大师赛的"副产品"——全国业余大师赛。上海在办好世界台联的比赛的同时，还举办全国民间赛事，体现出让看客成为参与者的理念。中国网球公开赛和上海大师杯网球赛对中国网球的带动作用非常大。据相关人士统计，观看网球赛事80%以上的观众是网球运动的直接参与者，网球赛事真正带动了网球健身休闲产业。

但是目前我国健身休闲与赛事能够良好衔接、共同促进的体育项目仅仅限于斯诺克、网球、羽毛球、篮球等几个项目。足球、排球、健身操以及众多民族传统项目的衔接非常少。目前我国健身休闲产业与体育赛事的相关性依然偏少，难以形成相互促进的整体发展形态，这也是健身休闲产业机构生存能力偏低的重要原因。我国很多健身会所、高尔夫、保龄球户外运动等健身休闲体育项目的经营与管理常常只提供健身休闲服务，很少组织开展相关的体育比赛活动，导致很多健身休闲项目本身产生的经济效益比较有限，难以产生附加值比较大的体育产业效益。即使有一些健身休闲经营机构开展一些体育赛事，但是体育赛事的规模和影响力都非常小，难以形成较可观的市场价值。一些体育赛事机构也仅仅以运作或开发体育竞赛为主要业务内容，较少关注体育赛事项目的健身休闲参与状况，导致很多体育赛事的忠实观众较少，有很多观众看体育、侃体育，但并不参与体育。

七　体育产业基地健身休闲产业内容开发偏少

体育产业基地是基于我国已有的体育产业基础不断扩大、升级和转型而产生的，以形成良好的集聚效应，是我国加快体育产业发展的重要手段和措施。2006年以来，经过十余年的努力，国家体育产业基地的发展已初具规模。2006年首先在深圳成立国家体育产业基地；到2010年，成都温江、福建晋江、北京龙潭湖、杭州富阳、山东乐陵陆续获得"国家体育产业基地"称号；2012年，引入了"示范单位"的概念；截至2015年，共命名了14家体育产业基地；2016年，成立11个体育产业示范基地，22个体育产业示范单位，16个国家体育产业示范项目；2017年，成立11个国家体育产业示范基地，22个国家体育产业示范单位，16个国家体育产业示范项目。除此之外，一些省份还设立了省级或市级体育产业基地。

通过分析我国现有的体育产业示范基地的内容可以看出，健身休闲产业内容的比例非常小，主要以体育用品的制造和销售为主；少数以健身休闲产业命名的体育产业基地也依然以原来的体育用品的制造和销售为基础而形成体育产业规模；有极少数以健身休闲产业为主题的基地，但其发展状况都不容乐观，不得不与体育旅游和体育赛事融合发展，而现实中融合的效果也不理想，健身休闲产业的成分依然很少，比如土地资源浪费、资金投入不足、企业入住积极性低，很难形成真正意义上的健身休闲产业基地。现实中健身休闲企业很难在基地扎根发展。在以后的体育产业基地发展过程中，建议加大健身休闲产业的示范单位数量和健身休闲产业的示范项目数量；弱化健身休闲产业的集聚效果，有效发展健身休闲产业的扩散效应，对示范单位和示范项目给予政策倾斜。

八　体育特色小镇健身休闲产业发展速度慢

我国体育特色小镇是体育产业基地发展模式之后，以乡镇为单位，在更大区域范围产生集聚效应和规模效应的体育产业发展模式。但是根据目前我国体育特色小镇的发展状况，八成以上的体育特色小镇健身休闲产业建设缓慢，很多基础设施建设难以到位。国家对体育特色小镇命名后，对建设要求非常高，在资金注入、规模形成、品质提高等诸多方面都有很高的要求。一些体育特色小镇的规划设计也非常豪华，但是实施起来非常困难，政府政策不充分、企业资金不到位、体育健身休闲消费动力不足等许多问题普遍存在，甚至有人怀疑体育特色小镇的提出与建设是否与实践脱离，体育特色小镇的审批是否科学，体育特色小镇的健身休闲产业是否能够发展和繁荣。

从我国体育强国对健身休闲产业发展的实际需求可以看出我国健身休闲产业的重要性，从我国健身休闲产业存在的各种问题可以看出我国健身休闲市场存在一定的市场失灵，需要通过政府的合理干预达到优化健身休闲产业的效果；但同时也存在一定的政策失灵，需要对政策的制定、实施、监督等环节进行评价和研究。在我国政治、经济、文化等现实国情下，不能只通过刻板的政策内容优化健身休闲产业发展，还要实时调整政策方案，以适应我国健身休闲产业发展的需求。因此，需要分析和研究我国健身休闲产业政策的内容、实际的执行效果以及影响效果发挥的因素，同时还要分析健身休闲产业政策的发展历程、发展趋势、发展规律以及如何有效设计新的政策内容、如何使政策内容更有效发挥作用等。

第三节　具体地域具体健身休闲产业存在的问题
——以江苏滑雪场运营为例

随着我国综合国力的不断增强和人们生活水平的持续提高，人们对健身休闲的需求也逐渐有了更高的要求，比如滑雪、马术、击剑等一些相对比较高端的小众项目逐渐进入人们的休闲生活中。这些高端体育休闲项目的扩散在一定程度上顺应和加速了我国体育强国的建设。但是通过相关调研发现，这些项目在普及的过程中也同样存在一定的问题，而且从这些问题中可以看出政策在干预健身休闲产业的必要性和紧迫性。从江苏滑雪场经营状况可以看出南方滑雪产业经营中存在的问题。

2016年11月，国家体育总局先后出台《冰雪运动发展规划（2016—2025年）》和《全国冰雪场地设施建设规划（2016—2022年）》等冰雪产业发展政策，提出以筹办2022年冬奥会为契机，大力发展冰雪产业，提出"三亿人上冰雪"的产业发展目标。我国滑雪产业涉及多个领域，包括滑雪制造业、滑雪销售业、滑雪健身休闲业、滑雪赛事产业等。江苏作为全国体育产业发展强省，积极响应国家政策，近几年江苏社会资本投资滑雪产业积极性高，滑雪产业发展速度非常快。

一　江苏滑雪场基本状况

1996年我国滑雪产业开始兴起，雪场数量和规模不断扩增，滑雪人次不断上涨。据相关数据统计，2016年我国滑雪总人次达1510万，预计到2017年滑雪人次将达到2000万，滑雪场新增646家。由于滑雪运动受场地规模和地理差异限制，从全国范围看，东北地区与华北地区是滑雪场建设的主要区域。我国发展比较完善的北方地区，如新疆、东北各省、河北、内蒙古等地滑雪场将加强赛事营销，承办各类国际标准滑雪体育赛事；不具备自然发展条件的南方地区，如江苏大多积极开发山地资源与开发造雪系统，通过建设室内滑雪场普及滑雪运动。另外，政府也出台政策扶持欠发达地区建设滑雪场，从而促进滑雪旅游、商业餐饮、交通枢纽等管理产业的发展，进一步刺激滑雪消费，拉动内需，延长滑雪产业链。

截至2016年年底，江苏共有18个滑雪场（见表2-2），其中苏北16个，均为普及型室外滑雪场。分别分布于徐州（泉山森林公园滑雪场、督公山滑雪乐园、大景山滑雪场、汉王纳帕溪谷滑雪场、山水滑雪场）、宿迁（沭阳官墩山滑雪场和沐阳新河生态滑雪场、宿豫运河湾生态园滑雪场）、连云港（东海县湖西生态滑雪场、连岛大沙湾滑雪场、连云区白龙潭生态滑雪场）、淮安（青浦区古淮河滑雪场、淮安铁山寺滑雪场、淮阴区古运河滑雪场）、盐城（盐都区杨侍滑雪场、阜宁县金沙湖滑雪场）5个城市。而苏南仅有无锡（宜兴梅园滑雪场）和常州（常州龙凤谷四季滑雪场）2个城市建有滑雪场。从时间维度看，2008年江苏建立第一个沭阳官墩山滑雪场，2014年后江苏滑雪场数量增长迅速，截至2016年年底，江苏已建成18个滑雪场；从地区分布情况看，江苏88%以上的滑雪场都集中在苏北地区，呈现以苏北地区为中心向周围辐射发展的态势。造成滑雪场"南少北多"发展态势的因素有：一方面，江苏省地理面积呈现东西跨度短、南北跨度长的特点，造成两地域间气候差异较大；另一方面，开发商考虑到建设经营成本因素，多将滑雪场建在徐州、连云港等气温相对较低的多山地段，既满足了经营者较低的投资成本需求，也有利于当地居民致富。从地域差异看，滑雪场可分为山岳型滑雪场和室内型滑雪场，江苏凭借有利的地理优势以建设山岳型滑雪场为主，室内型滑雪场则建在以平原为主、气候适宜的苏南地区。从滑雪场规模和发展层次看，苏北地区滑雪场设施简陋，发展层次较低，以面向中低端消费群体为主，如徐州泉山森林公园滑雪场利用草坪设计滑雪雪道，为附近居民创造了便利的滑雪场地；苏南地区滑雪场设备精良，档次较高，发展层次面向高端消费群体，如常州龙凤谷四季滑雪场和无锡的宜兴梅园滑雪场，拥有多功能滑雪道，其中设有初、中、高级滑雪道、教学道和娱雪道，并引进国外多种高科技人工降雪系统等。江苏地理位置的差异性以及滑雪本身的特殊性形成了"苏南少且精，苏北多且简"的滑雪场发展格局。

表 2-2　　　　　　　　　江苏滑雪场基本情况

序列	名称	地点	开业年份	雪道长度（米）	雪场总面积（万平方米）	接待能力（人次）
1	宜兴梅园滑雪场	无锡宜兴	2016	258	3.0	2000
2	常州龙凤谷四季滑雪场	常州武进	2014	280	2.7	未知
3	大景山滑雪场	徐州贾汪	2014	1000	8.0	2000
4	汉王纳帕溪谷滑雪场	徐州铜山	2014	数据缺失	10.0	未知
5	泉山森林公园滑雪场	徐州泉山	2009	300	3.0	2000
6	山水滑雪场	徐州贾汪	2014	1200	6.0	3000
7	督公山滑雪乐园	徐州铜山	2013	1100	8.0	3000
8	沭阳官墩山滑雪场	宿迁沭阳	2008	数据缺失	0.8	数据缺失
9	沭阳新河生态滑雪场	宿迁沭阳	2014	数据缺失	3.3	1000
10	宿豫运河湾生态滑雪场	宿迁宿豫	2015	数据缺失	10.0	2000
11	东海县湖西生态滑雪场	连云港	2013	数据缺失	1.5	1000
12	连云区白龙潭生态滑雪场	连云港	2012	数据缺失	4.0	数据缺失
13	连岛大沙湾滑雪场	连云港	2012	120	1.2	1000
14	淮安铁山寺滑雪场	淮安盱眙	2016	800	4.0	数据缺失
15	青浦区古淮河滑雪场	淮安青浦	2015	数据缺失	3.3	1000
16	淮阴区古运河滑雪场	淮安淮阴	2015	120	3.3	1500
17	盐都区杨侍滑雪场	盐城盐都	2015	300	5.0	2000
18	阜宁县金沙湖滑雪场	盐城阜宁	2015	200	5.0	数据缺失

二 经营模式

江苏省滑雪场类型分为目的地度假型、旅游体验型、城郊学习型。调查显示，目的地度假型滑雪场占3%；75%的滑雪场是旅游体验型滑雪场，也是江苏滑雪场的重要组成部分；22%的滑雪场是城郊学习型滑雪场，主要为滑雪爱好者提供技术进阶的练习场地。目前江苏滑雪场以普及滑雪运动为目的的旅游体验型滑雪场为主，虽然这种滑雪类型在前期耗资巨大，但作为南方地区比较稀缺但新型的运动项目，其本身拥有强大的魅力，加上与旅游融合经营的优势，项目比较容易产生规模性消费，经营者投资的积极性也比较高。

三 消费状况

调查发现（见表2-3），江苏省滑雪场消费人群中月收入在3000元及以下的滑雪人口仅占3.33%，月收入10000元以上的滑雪人口约占26.66%，无固定收入滑雪人口约为17.79%。江苏滑雪消费人口以中高收入人群及无固定收入人群为主。中高收入人群主要为企业白领，他们热衷于追求高端、刺激的运动项目，其滑雪目的在于享受生活，为消费的稳定人群；无固定收入人群主要为学生群体及儿童群体，他们更加注重滑雪项目的多元性及娱乐性，其滑雪目的主要是锻炼身体和愉悦心情；而月收入在3000元及以下的滑雪人群主要为附近居民，这部分人对于单次滑雪费用的开销略显奢侈，他们仅作为体验者和旅游参观的角色，为不稳定消费人群。

表2-3　　　　江苏若干滑雪消费者收入状况（n=90）

收入（元）	3000及以下	3001—5000	5001—8000	8001—10000	10000以上	无固定收入
人数（人）	3	13	15	19	24	16

续表

收入（元）	3000及以下	3001—5000	5001—8000	8001—10000	10000以上	无固定收入
百分比（%）	3.33	14.44	16.66	21.11	26.66	17.79

注：因四舍五入处理，其百分比结果不等于100%。

江苏滑雪人口年龄主要集中在40岁以下，其中男性多于女性（如表2-4）。这与滑雪运动的特点有关，滑雪运动作为一种风险高、刺激性强、成本高的"三高"运动项目，要求目标对象具有一定的经济实力和良好的身体素质。表2-5调查数据显示，江苏滑雪消费频次中整个冬季为1—2次的有58人，占比为64.4%；滑雪频次在5—6次及6次以上的低于15.0%。由此可见，江苏滑雪运动由于受到气候环境和生活习惯的影响，滑雪者多以旅游性、体验性为主，高频次的滑雪消费核心人口缺乏。另外，由于江苏大部分区域地处南方地区，缺乏开展滑雪运动优势，滑雪运动文化氛围欠缺，体现出江苏滑雪产业核心消费人口较少、体验性消费人口居多的现象。据国外不完全统计，当人均GDP达到3000—10000美元时，滑雪人口达到高速增长期。当人均GDP达到10000美元后对滑雪人口和滑雪人次的影响变小，对滑雪运动的贡献更多体现在每次滑雪的消费能力的提高上。江苏人均GDP水平已经超出10000美元水平，但是目前江苏在滑雪人口、滑雪频次及滑雪消费能力指标上仍处于较低水平。

表2-4　　　　江苏若干滑雪消费者的性别、年龄结构（n=90）

	年龄				性别	
	20岁以下	20—29岁	30—39岁	40岁及以上	男	女
人数（人）	22	50	12	6	68	22
百分比（%）	24.44	55.5	13.33	6.66	75.55	24.44

注：因四舍五入处理，其百分比结果不等于100%。

表 2-5　　　　　江苏若干滑雪消费者冬季滑雪频次（n=90）

频次	6次以上	5—6次	3—4次	1—2次
人数（人）	5	8	19	58
百分比（%）	5.56	8.89	21.11	64.44

注：因四舍五入处理，其百分比结果不等于100%。

四　存在的问题

第一，滑雪场经营模式单一，小型滑雪场盈利状况良好，大型雪场收益不佳。

通过对江苏滑雪场管理部门以及客户消费情况的实际调研发现，虽然各滑雪场在建设和升级滑雪产品时都着重突显自身特色，增加市场竞争力，但并未形成独有的经营理念，在经营模式上依然为单一的自主经营模式。滑雪场的收入主要来源于场地、器材的出租，教练员技术的传授等，缺少住宿、休闲娱乐、购物等滑雪产业链的深度开发。全部盈利都来自于短期的冬季时间，人工以临时员工为主，在一定程度上出现了经营管理混乱的现象。比如场地教练员索要小费、学具用品及餐饮价格过高、设备质量偏低、现场卫生环境差等问题。这种单一化的经营模式在经营初期能够迅速获得经济效益，但中长期经济效益并不理想。季节性因素是制约江苏滑雪市场经营模式的主要因素。江苏可供给消费者滑雪的季节为12月下旬至次年2月中旬，苏南地区滑雪场的营业时间更短，对雪场收益造成严重影响。江苏滑雪场的经营困难不仅与地理位置和气候环境有关，还与单一化的经营模式有关。从经营收入看，雪季收入主要以滑雪场滑雪收入为主，相关的文化、餐饮、住宿收入极少。江苏年收入盈利较大的滑雪场仅1—2个，多为中小型滑雪场。而大型滑雪场多数经营效益不佳，有的甚至负债经营。大型滑雪场经营主体设备费用高、植被培育成本大、雪场水电系统耗费多，高昂的设施投入和维护成本以及较长的经营回报周期使大型雪场短期经济效益欠佳。

第二，经济环境和政策环境良好，社会环境欠佳。

根据联合国贸易和发展会议的数据显示，当一国人均GDP突破5000美元时，享受型、发展型消费上升；2016年江苏生产总值（GDP）为76086.17亿元，人均GDP已达95390.31元，健身休闲产业也呈飞速发展态势，为滑雪产业发展提供了良好的经济环境。国家先后出台了《关于加快发展体育产业促进体育消费的若干意见》《冰雪运动发展规划（2016—2025年）》等滑雪产业相关政策，要求地方政府制定滑雪设施规划，引导社会力量积极参与建设滑雪场，促进冰雪运动繁荣发展，形成新的体育消费热点。随后江苏积极响应国家号召，出台了《江苏省冬季运动产业的长期发展规划》《江苏体育发展"十三五"规划》等多项直接或者间接规定冰雪产业发展的政策，切实落实国家冰雪产业发展战略。国家及江苏系列政策的制定，为江苏滑雪场发展提供了良好的政策环境。在冬奥会筹办之际，在"三亿人上冰雪"的政府号召下，全国各省份均投身于冰雪场地的设施建设中。江苏滑雪场的建设飞速发展，具备较好滑雪气候的徐州、连云港等地滑雪场建设迅速，苏南地区的无锡、镇江等也在因地制宜进行滑雪场建设。如镇江大型冰雪乐园的建设，各教育部门开展校园滑雪运动等。以上举措加深了群众对滑雪运动的认识，激发了群众参与滑雪运动的热情，为江苏滑雪运动的开展营造了良好社会氛围。

江苏冰雪运动开展的经济环境、政策环境良好，但江苏存在天然冰雪资源短缺的自然环境劣势，尤其在全球变暖的气候影响下，江苏户外滑雪场经营难度大，尽管大多数滑雪场分布在苏北地区，但苏北地区场地设施配备简陋，无法满足群众接触、了解和参与滑雪运动的综合性、多元化、高质量的需求。在气候温暖的苏南地区，绝大多数群众没有体验过滑雪运动，群众对滑雪运动的认知仅仅停留在观看比赛及媒体报道中，整个江苏滑雪运动的群众基础还很薄弱，参与滑雪运动的社会文化氛围尚未形成。

第三，场地设施简陋、人才缺乏、准入机制失控、经营目标不明确。

滑雪运动项目对场地设施要求较高，苏南地区滑雪设备精良，投资大，消费高，不利于滑雪运动的普及；苏北地区滑雪场设施简陋，投资小，性能差，对于苏北一些经济欠发展地区，如宿迁、淮安等城市，场地设施不达标，已经阻碍了群众参与滑雪运动的热情。

江苏滑雪场管理人才严重匮乏，各滑雪场教练员的知识和专业技术水平普遍较低，滑雪场规划、设计和设施维护人才匮乏，这些都严重阻碍了江苏滑雪产业的发展水平。从黑龙江、新疆、吉林等地引进的滑雪场管理人才经常出现"水土不服"的状况，对南方地区滑雪场管理经验不足，滑雪场管理服务水平偏低，加之滑雪者缺少必要的技能及合理的指导，导致滑雪场安全事故频繁发生。

江苏滑雪场的建设虽已划入各级政府部门的规范及管辖范围，但由于滑雪产业处于发展的初期阶段，市场发展不稳定，滑雪场数量未形成规模，政府尚未建立健全的滑雪市场准入机制，缺少统一的规划和管理，相关法律规范执行不力。个别滑雪场经营者无视政府的监管和规范，在经济利益的驱使下不考虑地市需求、地域情况，盲目选址，大肆建设劣质滑雪场，这样不仅不利于自身利益的发展，还影响滑雪者优质的滑雪体验，进而造成资源环境恶化。

在江苏省政府大力号召发展滑雪运动的契机下，滑雪场经营者对本地区域特征、消费人群特点考察不精确，有盲目建设滑雪场的现象，导致城市周边低档滑雪场增加，同时存在区域内同质化竞争现象；省内滑雪场经营者多注重滑雪场地、滑雪用品、滑雪教练员等单一化经营，忽视餐饮、住宿、娱乐休闲等滑雪产业链的深度开发。除此之外，滑雪场在经营过程中实行混合式管理，给极少数持有会员的滑雪群体带来强大冲击。每年参与滑雪体验的消费人口占比最大，加之没有会籍约束，难以形成固定的消费滑雪人口，导致滑雪场收支不平衡。这些不良现象很大程度上与滑雪场模糊的经营目标相关。

五 滑雪场经营政策需求

作为南方滑雪代表的江苏滑雪产业对推动江苏经济及其相关产业发展起了非常积极的影响作用。尽管江苏经济水平高、消费能力强，健身休闲产业实力和相关政策体系的完善性也较好。但是由于受滑雪自然环境的限制，经营环境并不理想，相关政策的引导和扶持力度并不大。受地方政府体育产业政策的非理性扩散特征及其导致的潜在政策风险影响，政府在执行过程中仅仅局限于在国家政策框架下传递作用，缺乏符合江苏地方特色的滑雪场发展的省级或市级政策体系，也缺乏对滑雪产业独有的特色引领。此外，开发品牌滑雪产业，尤其是南方地区滑雪品牌产业，是一项涉及面广、周期长、过程复杂的大规模系列过程，需要在国家政策框架下结合地方相关政策体系，发挥政策对滑雪产业的引导和规范作用。

第三章　我国健身休闲产业政策内容

随着人们对健身休闲产业认识的不断深入，"健身休闲产业"一词逐渐被广泛使用，在我国一些政策文件中也频繁出现关于健身休闲产业的内容。我国健身休闲产业主要指在我国社会主义市场经济条件下的各种健身休闲经济行为的总和或各种经营健身休闲产业主体的集合。健身休闲产业不仅包括以健身娱乐为主要目的的健身娱乐业，如健身会所、球类运动等，还包括很多其他以运动休闲为主要目的的户外体育运动，如攀岩、漂流、极限运动等。国内很多学者认为健身娱乐业属于健身休闲产业范围，也有专家认为健身娱乐业可以等同于健身休闲产业，是我国健身休闲产业早期的代名词。健身休闲产业政策对健身休闲产业的良性发展具有重要的影响作用，以往的研究成果对我国健身休闲产业理论和实践的发展起到了一定的促进作用。截至目前，关于健身休闲产业政策的研究依然存在较多不足，主要集中在体育政策或体育产业政策范围内，与旅游产业政策和文化产业政策的结合较少；较多侧重于分析政策现状，较少对政策效果和政策需求进行结合研究；也较少从政策动态发展的角度进行研究。我国健身休闲产业政策是指以引导和规范健身休闲产业发展为目的的政策内容，主要指1992年我国市场经济制度确定以来所规定的直接或间接促进我国健身休闲产业发展的政策内容。它们不仅指全国性政策，还包括一些地方机关制定的地方性政策。地方性健身休闲产业政策一般指地方政策制定机关以全国性相关体育法规和政策为依据,针对地方健身休闲产业发展需求而制定的具有地方特色的健身休闲政策,也常常被称为落实全国性政策的执行政策。这些政策制定机关主要为省级、副省级、市级政策制定机关,个别区、县也会有相关政策的制定。另外,我国每隔5年的体育行业、服务行业以及其他相关行业的常规性政策文件中也有关于健身休闲政策的内容,这些政策内容也属于健身休闲产业政策。这些常规性政策主要以当时现有的政策内容为依据制定未来五年的发展目标和发展任务,对强化落实健身休闲政策也具有重要作用。在体育五年发展规划和体育产业五年发展规划中包含的健身休闲产业内容相对较多。随着政府部门对健身休闲产业认识的加深,在旅游产业、文化产业和服务业五年常规性政策中出现健身休闲的内容不断增多。

  我国健身休闲产业政策内容一直以来主要分布在宏观体育政策文件、体育产业政策文件、群众体育政策文件以及其他相关政策文件中。尽管在2016年之前我国没有专门的健身休闲产业政策文件,但是之前的一些相关政策文件对健身休闲产业发展的规定在很多方面确定了健身休闲产业的发展思路和发展方案,比较突出地体现在健身休闲产业市场准入的放开政策、税收减免政策、水电优惠政策、财政补贴政策。一些地方性健身休闲产业政策内容对促进健身休闲产业的发展同样起到了非常重要的作用。体育事业五年规划主要以全面系统发展体育事业为主,健身休闲产业作为体育事业发展的一部分,在其中多次被专门提出,体现出我国健身休闲产业在体育事业发展中的重要历史作用。体育产业五年规划提出的健身休闲产业发展设计更具体,内容也比较多,这些规划内容通常提出预计发展目标、发展思路和一些实施规划。这些五年规划通常与国家其他相关政策文件协调和统一,将当时正在实施的政策思想或者内容体现在规划里,通常会和其他政策文件一起对健身休闲产业起到促进发展的作用。

第一节　我国健身休闲产业政策分布

健身休闲产业包括的项目种类繁多，经营方式也复杂多样。从国内外政策基本状况看，很少有专门制定一部发展健身休闲产业的政策文件。我国健身休闲产业的政策主要分布在体育政策与第三产业和服务业政策中（见表3-1），其中，体育政策是包括健身休闲产业政策内容最多的政策，主要包括宏观体育政策、群众体育政策、体育产业政策和体育项目政策。从政策发布机关和发布时间看，体育政策对健身休闲产业政策的规定较早，最早的政策是1993年由国家体委颁布的《国家体委关于深化体育改革的意见》，其次是国家体委1995年的《体育产业发展纲要（1995—2010年）》，以及1994年颁布的对健身休闲产业具有规范和管制功能的《关于加强体育市场管理的通知》和1996年的《关于进一步加强体育经营活动管理的通知》。随着时间的推移，颁布政策的机构级别不断提高，如2010年《国务院办公厅关于加快发展体育产业的指导意见》中关于健身休闲产业的规定。由此可以看出，加快健身休闲产业发展不仅仅是体育部门的任务，已经受到了国家机关的高度重视。国家政府政策规定健身休闲产业内容，不仅体现了对健身休闲产业的重视，也是确保健身休闲产业政策执行力的保证。体育政策中也有为规范我国特殊健身休闲项目而专门制定的政策，如《财政部、国家税务总局关于调减台球保龄球营业税税率的通知》。

在一些特殊的健身休闲项目方面也会针对某一问题制定专门的政策文件，如与射击、保龄球、台球和高尔夫等相关的特殊税率规定，高尔夫的特殊土地使用政策，射击高危险性的政策等。从时间分布上看，1992年的《中共中央国务院关于加快发展第三产业的决定》开始有与健身休闲产业相关的政策内容，之后陆续在不同的政策文件中或多或少地被涉及或规定。随着我国健身休闲产业发展和其社会环境的不断变化，健身休闲产业政策所涉及的政策文件越来越多，所在政策文件的级别也不断提高。从中也可以看出，我国健身休闲产业在人们生活和社会发展中的地位越来越高，政府对健身休闲产业的重视程度不断提高。

表 3-1　　我国全国性健身休闲产业政策分布状况一览表

（五年规划性政策除外）

政策类别		主要政策文件	发布机关和发布年份
体育政策	宏观体育政策	《国家体委关于深化体育改革的意见》	国家体委，1993
		《"健康中国2030"规划纲要》	国务院，2016
	群众体育政策	《全民健身计划纲要》	国务院，1995
		《全民健身条例》	国务院，2009
	体育产业政策	《关于加强体育市场管理的通知》	国家体委，1994
		《体育产业发展纲要（1995—2010年）》	国家体委，1995
		《关于进一步加强体育经营活动管理的通知》（已清除）	国家体委，1996
		《国务院办公厅关于加快发展体育产业的指导意见》	国务院办公厅，2010
	体育项目政策	《财政部、国家税务总局关于调减台球保龄球营业税税率的通知》	财政部、国家税务总局，2004
专门健身休闲产业政策		《关于加快发展健身休闲产业的指导意见》	国务院办公厅，2016
第三产业和服务业政策		《中共中央、国务院关于加快发展第三产业的决定》	国务院，1992
		《国务院关于加快发展服务业的若干意见》	国务院，2007
		《国务院关于加快培育和发展战略性新兴产业的决定》	国务院，2010
其他单体政策		《文化产业振兴规划》	国务院，2009
		《国务院关于加快发展旅游业的意见》	国务院，2009

续表

政策类别	主要政策文件	发布机关和发布年份
财税政策	《财政部、国家税务总局关于调整部分娱乐业营业税税率的通知》	财政部、国家税务局，2001
	《中华人民共和国营业税暂行条例》	国务院，2008
土地政策	《关于进一步加强土地管理切实保护耕地的通知》	中共中央、国务院，1997
	《关于报国务院批准的土地开发用地审查报批工作有关问题的通知》	国土资源部，2002
	《国务院关于深化改革严格土地管理的决定》	国务院，2004
	《2007年全国土地利用计划》	国土资源部，2007
	《国土资源部关于严格建设用地管理 促进批而未用土地利用的通知》	国土资源部，2009

健身休闲产业政策在第三产业政策和服务业政策中的分布内容较少，但是起到的作用却很大，它们是确定我国市场经济发展脉络和发展方向的核心政策，直接确定了健身休闲产业的发展模式。不仅对引导健身休闲产业发展具有指导作用，还是制定健身休闲产业政策的依据，如《中共中央、国务院关于加快发展第三产业的决定》确定了我国体育事业属于第三产业的内容，《国务院关于加快发展服务业的若干意见》是目前我国设计健身休闲产业政策内容的重要依据。其他包含健身休闲产业的单体产业政策主要指旅游政策和文化产业政策，这些政策把健身休闲纳为本产业发展的内容，如2009年《文化产业振兴规划》、2009年《国务院关于加快发展旅游业的意见》。这些政策出台时间较晚，主要是随着我国产业结构转型和产业升级的发展促成的产业融合现象而产生的，对发展健身休闲产业具有重要作用。财税政策是一种干预性非常强的政策，2001年《财政部、国家税务总局关于调整部分娱乐业营业税税率的通知》、2008年《中华人民共和国营业税暂行条例》对我国健身休闲产业相关税率都做了较具体和明确的规

定,对我国健身休闲产业产生了较大影响。而涉及健身休闲产业的土地政策主要是对高尔夫球场的规定,《关于进一步加强土地管理切实保护耕地的通知》《国务院关于深化改革严格土地管理的决定》等都具体规定了高尔夫球场的审批和使用方法。

第二节　我国健身休闲产业一般政策内容

一　体育政策方面

体育政策文件所规定的健身休闲政策内容主要体现在宏观体育政策文件、群众体育政策文件和体育产业政策文件中。如1993年的《国家体委关于深化体育改革的意见》中提出"大力开拓体育健身娱乐市场,积极引导和鼓励社会各行各业兴办各类健身娱乐俱乐部,适当发展高档次俱乐部,为群众开展体育活动提供场地、设施和技术辅导等各种优质服务;以满足消费者对体育健身娱乐不同层次的需求"。2016年10月中共中央、国务院印发了《"健康中国2030"规划纲要》,其中第六篇专门提出发展健康产业,并在第十九章专门提出要积极发展健身休闲运动产业,提出了要进一步优化市场环境,培育多元主体,引导社会力量参与健身休闲设施建设运营。同时,推动体育项目协会改革和体育场馆资源所有权、经营权分离改革,加快开放体育资源,创新健身休闲运动项目推广普及方式,进一步健全政府购买体育公共服务的体制机制,打造健身休闲综合服务体。鼓励发展多种形式的体育健身俱乐部,丰富业余体育赛事,积极培育冰雪、山地、水上、汽摩、航空、极限、马术等具有消费引领特征的时尚休闲运动项目,打造具有区域特色的健身休闲示范区、健身休闲产业带。从提高我国居民健康水平的视角,较系统、宏观地规定了加快发展我国健身休闲产业的策略和方案,对我国未来健身休闲产业的发展有较积极的影响。

1995年《全民健身计划纲要》提出："在20世纪末，初步建立适应社会主义市场经济体制的全民健身管理体制，建立起社会化、科学化、产业化和法制化的全民健身体系的基本框架"。关于规范我国体育市场的两部政策，即1994年《关于加强体育市场管理的通知》和1996年《关于进一步加强体育经营活动管理的通知》在健身休闲产业政策方面的主要内容为从事体育健身、体育娱乐等体育市场活动的经营主体必须具有相应的资格条件，并得到体育行政机构的审批方可开展经营活动，在当时主要起到了规范健身市场的作用，但同时也存在管制过严的隐患。2004年《财政部、国家税务总局关于调减台球保龄球营业税税率的通知》是关于专门调整台球和保龄球税率的政策，其本质也属于税费政策范畴，其内容规定："经国务院批准对台球、保龄球减按5%的税率征收营业税，税目仍属于娱乐业"。该规定主要目的是从调整税率的角度鼓励我国台球和保龄球的发展，而且首次对我国健身休闲产业采取降税优惠政策，体现了对健身休闲产业放松管制的开始。

2009年《全民健身条例》规定县级以上地方人民政府应当将全民健身事业纳入本级国民经济和社会发展规划；支持、鼓励、推动与人民群众生活水平相适应的体育消费以及体育产业的发展，并鼓励各种群众性体育组织开展全民健身活动，从中可以看出我国健身娱乐业或健身休闲产业政策分公共性和非公共性两大类型，且两者可以共同发展、互相促进。《全民健身条例》还规定经营高危险性体育项目的，应当符合具体的标准条件，并向县级以上人民政府体育主管部门提出申请，其中虽然没有规定具体的审批办法，但是在一定程度上填补了2003年《中华人民共和国行政许可法》颁布以来高危险经营项目监管的空白。2010年的《国务院办公厅关于加快发展体育产业的指导意见》中规定了大量的健身休闲发展目标、发展任务和发展措施，如明确规定要大力发展和积极培育体育健身市场，培养群众体育健身意识，引导大众体育消费；积极稳妥开展新兴的户外运动、极限运动等项目的经营活动，因地制宜地开发和培育具有地方特色的体育健身项目，加强民族民间传统体育项目的市场开发、推广。由此可以看出，尽管我国当时没有出台健身休闲产业专门的发展政策，但是我国健身休闲产业政策内容越来越具体，也更具有开放性、广泛性和时代性。

2016年我国出台了专门发展健身休闲产业政策的文件，即《关于加快发展健身休闲产业的指导意见》（以下简称《意见》），《意见》指出，加快发展健身休闲产业是推动体育产业向纵深发展的强劲引擎，是增强人民体质、实现全民健身与全民健康深度融合的必然要求，是建设"健康中国"的重要内容，对挖掘和释放消费潜力、保障和改善民生、培育新的经济增长点、增强经济增长新动能具有重要意义；提出要坚持"市场主导、创新驱动，转变职能、优化环境，分类推进、融合发展，重点突破、力求实效"的原则，推进健身休闲产业供给侧结构性改革，提高发展质量和效益，培育壮大各类市场主体，丰富产品和服务供给，不断满足大众多层次多样化的健身休闲需求；提出到2025年，基本形成布局合理、功能完善、门类齐全的健身休闲产业发展格局，产业总规模达到3万亿元。针对健身休闲产业发展现状和问题，《意见》提出了六个方面的主要任务和政策举措。一是完善健身休闲服务体系。推广普及日常健身，发展冰雪、山地、水上、航空、汽车、摩托车等户外运动，发展时尚、民族等特色运动，促进产业互动融合，推动"互联网+健身休闲"。二是培育健身休闲市场主体。支持各类健身休闲企业发展，壮大体育社会组织，鼓励创业创新。三是优化健身休闲产业结构和布局。提升服务业比重，改善健身休闲产业结构，支持各地打造各具特色的健身休闲产业。四是加强健身休闲设施建设。完善健身休闲基础设施网络，盘活用好现有体育场馆资源，加强特色健身休闲设施建设。五是提升健身休闲器材装备研发制造能力。增强自主创新能力，加强品牌建设，推动产业实现转型升级。六是改善健身休闲消费环境。深挖消费潜力，完善消费政策，引导健康消费理念。为确保相关政策落实到位，《意见》从持续推动"放管服"改革、优化和规划土地利用政策、完善投入机制、加强人才保障、完善标准和统计制度、健全工作机制、强化督察落实七个方面，明确了组织实施责任。《意见》要求，要建立体育、旅游等多部门合作的工作协调机制，落实好惠及健身休闲产业的各项政策。各地要把发展健身休闲产业纳入国民经济和社会发展规划中；各级体育行政部门要加强职能建设，充实体育产业工作力量。截至目前，《意见》最直接、最细致、最具体地提出了加快我国健身休闲产业的目标、任务、方案和手段，对下一步我国健身休闲产业的快速发展具有重要的促进作用。

二 第三产业和服务业政策方面

1992年《中共中央、国务院关于加快发展第三产业的决定》是调整我国产业结构不合理的主要政策文件，指出人们在文化娱乐、广播影视、图书出版、体育康复、旅游等精神生活方面提出更多、更高的要求，只有加快发展第三产业，才能适应人民群众日益增长的物质和文化生活的需要。虽然没有直接提出发展健身休闲产业，但是确定了我国应该加快健身休闲产业发展的思想路线。在当时体育政策文件还没有对体育产业有所涉及时，是健身休闲产业发展唯一能够参考的政策依据，也是制定体育类健身休闲政策的重要依据，如1993年的《国家体委关于深化体育改革的意见》就是在该内容的基础上制定的。

第三产业包括流通业和服务业。在优化我国产业结构的历史过程中，国家提出了重点发展服务业的政策，而健身休闲产业就是典型的服务业类型。2007年《国务院关于加快发展服务业的若干意见》提出："围绕小康社会建设目标和消费结构转型升级的要求，大力发展旅游、文化、体育和休闲娱乐等服务业，优化服务消费结构，丰富人民群众精神文化生活。服务业是今后我国扩大就业的主要渠道，要着重发展就业容量大的服务业，鼓励其他服务业更多吸纳就业，充分挖掘服务业安置就业的巨大潜力。"这些内容在很大程度上体现了发展健身休闲产业的重要性和必要性，体现了健身休闲产业在优化产业结构和促进国家经济发展中的重要作用。另外诸如"积极推进国有服务企业改革，对竞争性领域的国有服务企业实行股份制改造，建立现代企业制度，促使其成为真正的市场竞争主体"，"建立公开、平等、规范的服务业准入制度。鼓励社会资金投入服务业，大力发展非公有制服务企业，提高非公有制经济在服务业中的比重"等内容都为健身休闲产业的发展提供了良好的政策环境。2010 年《国务院关于加快培育和发展战略性新兴产业的决定》提出要全面建设小康社会、实现可持续发展，大力发展战略性新兴产业，加快形成新的经济增长点，创造更多的就业岗位，更好地满足人民群众日益增长的物质文化需求，促进资源节约型和环境友好型社会建设。这些内容强化了健身休闲产业在国民经济发展中的重要作用，对健身休闲产业的发展具有重要的推动作用。

三 其他单体产业政策方面

目前涉及我国健身休闲产业内容的主要单体产业政策文件是文化产业政策和旅游产业政策，这也是健身休闲产业与其他行业融合和交叉的结果与体现。由于行业的发展特点不同，所涉及内容的多少和体现的方式也有所不同。文化产业是一类交叉性强、涉及面比较广的产业类型，与体育的融合性也很强，很多群众性的或者娱乐性的体育活动常被列为文化活动范畴。2003 年的《公共文化体育设施条例》将各级人民政府举办或者社会力量举办的，向公众开放用于开展文化体育活动的公益性的图书馆、博物馆、纪念馆、美术馆、文化馆（站）、体育场（馆）、青少年宫、工人文化宫等的建筑物、场地和设备共同列为公共文化体育设施的范畴，并规定开放方式和收费方案。2019

年,在我国《文化产业振兴计划》中规定了开发与文化结合的教育培训、健身、旅游、休闲等服务性消费,带动相关产业发展。

健身休闲和旅游休闲有着天然的衔接,在很多旅游景区适合开发各种体育休闲项目,如高尔夫、露营、登山等。2009年《国务院关于加快发展旅游业的意见》规定了大量的体育休闲项目属于健身休闲产业的内容,如"把旅游房车、邮轮游艇、景区索道、游乐设施和数字导览设施等旅游装备制造业纳入国家鼓励类产业目录"。在云南、福建、浙江等很多省份也出台了地方性加快发展旅游产业的政策,其中的健身休闲产业常常作为目前拉动经济增长的主要内容被确定下来,并制定了各种配套性的税费政策内容,为促进健身休闲产业的发展提供了保障。健身休闲性的体育项目和旅游景区的有机结合已经体现出强劲的发展动力,国家和地方的相关政策内容可能会在一定时期内大力推动我国健身休闲产业的发展。一些地方性的旅游政策文件可能会越来越多地涉及健身休闲产业的相关内容。

四 税费政策方面

健身休闲产业具体的税费政策是调整、规范或促进健身休闲产业的关键政策,常常被称为"真正的政策""政策干货",如非营利性组织的经营、服务业和文化产业所规定的税费优惠税率,都是健身休闲产业可以享受优惠的政策依据。这些政策主要由专门的税费政策文件、土地政策文件体现,包括上文提到的《财政部、国家税务总局关于调减台球保龄球营业税税率的通知》。我国早期体育休闲产业实行较高的娱乐业税率,如在2001年《财政部、国家税务总局关于调整部分娱乐业营业税税率的通知》中规定射击、狩猎、高尔夫、保龄球、台球等娱乐行为的营业税统一按20%的税率执行。随着经济机构调整的需求,体育娱乐业处于降税趋势,2004年《财政部、国家税务总局关于调减台球保龄球营业税税率的通知》对台球、保龄球按5%的税率征收营业税。再如2008年《中华人民共和国营业税暂行条例》明确规定体育文化业的营业税税率是3%，娱乐业的营业税税率是5%—20%，服务业的营业税税率是5%。随着我国区域经济发展政策的推进，地方政府对地方经济发展的自主权不断增强，2008年《中华人民共和国营业税暂行条例》将娱乐业营业税部分税率设置权下放到了地方政府，规定纳税人经营娱乐业具体适用的税率由省、自治区、直辖市人民政府在本条例规定的幅度内决定。[①] 因此，我国一些健身休闲产业在不同地区可能会有不同的营业税，比如从2009年1月1日起，湖南高尔夫营业税的适用税率暂按10%执行；江苏从2010年1月1日起，高尔夫适用10%的营业税税率；而上海在2012年1月才将20%高尔夫的营业税税率降低到10%；不少地区的高尔夫练习场的营业税税率只有5%。

由于体育健身休闲经营对场馆或场地的要求较高，必然涉及房产税，房产税对一些在场馆中经营的健身休闲产业的影响比较大。长期以来，专家、学者、场馆管理者和健身休闲产业经营者一直呼吁降低体育场馆的房产税，在过去的十多年里取得了一定成效，但是到目前为止，依然有很多需要改进的空间。当前，我国依然以1986年的《中华人民共和国房产税暂行条例》为基础缴纳房产税，其中规定房产税依照房产原值一次减除10%—30%后的余值计算缴纳。具体减除幅度，由省、自治区、直辖市人民政府规定。没有房产原值作为依据的，由房产所在地税务机关参考同类房产核定。房产出租的，以房产租金收入为房产税的计税依据。房产税的税率，依照房产余值计算缴纳的，税率为1.2%；依照房产租金收入计算缴纳的，税率为12%。多数地方政府在后期陆续制定了地方性房产税细则，规范了地方房产税的税率和实施方式。随着我国各项事业的不断发展，一

---

① 国务中华人民共和国国务院：《中华人民共和国营业税暂行条例》（1993），《中华人民共和国营业税暂行条例》（2008），中华人民共和国人民政府网，http://www.gov.cn。

些后续的政策法规对我国房产税进行了规范和调整，或者采取补贴和退税制度。

五 土地政策方面

我国关于健身休闲产业政策的土地政策主要体现在高尔夫球场方面。由于高尔夫球场占地资源大，容易造成国有资产流失，相关土地政策与之息息相关。1997年中共中央、国务院下发《关于进一步加强土地管理切实保护耕地的通知》，明令暂停新的高尔夫球场建设审批；1999年国土资源部出台的《划拨用地目录》，高尔夫球场被列为限制用地；2002年国土资源部《关于报国务院批准的土地开发用地审查报批工作有关问题的通知》规定停止审批高尔夫球场建设项目；2004年《国务院关于深化改革严格土地管理的决定》继续停止审批高尔夫球场，并对各地高尔夫球场项目进行清查；《2007年全国土地利用计划》禁止高尔夫球场项目用地；2009年9月《国土资源部关于严格建设用地管理 促进批而未用土地利用的通知》要求地方政府必须采取强力措施，严肃查处违反土地管理法律法规的高尔夫球场项目用地；2009年12月《国务院关于加快发展旅游业的意见》提出积极发展休闲度假旅游，引导城市周边休闲度假带建设，有序推进国家旅游度假区发展，规范发展高尔夫球场、大型主题公园等，对高尔夫球场采取了放开政策。

第三节 规划类健身休闲产业政策内容

我国的"五年规划"是中国国民经济计划的一部分，主要是对全国重大建设项目、生产力分布和国民经济重要比例关系等做出规划，为国民经济发展规定目标和方向。从1953年开始，中国编制第一个"五年计划"，2005年之后改为"五年规划"。截至2017年，已经发展到第十三个五年规划，而且我国编制"五年规划"的合理性和科学性不断提高，在国家经济社会发展中所起到的作用也越来越显著。随着我国各项事业的不断发展，一些具体行业或者具体省份陆续开始编制五年发展规划。具体行业或领域的五年发展规划对某一具体行业的发展目标、方向、手段和措施等方面做出了一定的布局，对促进各项事业的发展起到了重要的促进作用。地方性五年规划对地方各项事业的发展也起到了非常重要的作用。"十一五"时期我国开始编制全国体育事业五年发展规划。在"十五"时期已经有一些省份或地区开始有体育事业发展五年规划。2006年国家体育总局制定并公布了《体育事业发展"十一五"规划》，同时公布了《体育产业"十一五"规划》。进入"十二五"时期、"十三五"时期又分别编制了体育发展的"十二五"规划和"十三五"规划。其中关于健身休闲产业的政策内容主要分布在体育事业发展规划和体育产业发展规划中。

体育事业发展五年规划从全面系统的角度规划未来五年体育事业发展目标和宏观策略。从"十一五"时期、"十二五"时期和"十三五"时期的体育事业发展规划中分别可以看出，其主要涉及群众体育、竞技体育和体育产业三个方面，健身休闲产业有一定涉及，但是主要分布在群众体育和体育产业方面，这些内容主要体现了在未来五年健身休闲产业发展的目标或任务，并没有具体的实施方案。但是，在加快健身休闲产业发展方面具有一定的指导作用，是省市级体育行政机关落实健身休闲产业发展任务的依据，也为健身休闲企业发展指引了方向。

从这三次的体育事业发展五年规划中的健身休闲产业政策内容可以看出，每一次强调的健身休闲发展内容都有所不同，"十一五"时期主要强调发展非奥运项目和新兴体育项目的研究和推广，同时从引导体育消费、培育市场的角度大力发展健身休闲市场。"十二五"时期从体育产业结构调整的角度提出重点发展健身休闲产业。"十三五"时期明确提出了发展大众冰雪健身休闲项目,扶持滑冰、冰球和雪上等有潜力的冰雪健身休闲项目快速发展。这些健身休闲产业发展规划的设计与当时的历史背景相吻合,是当时社会健身休闲产业发展的需要。

体育事业发展规划中的健身休闲产业政策内容除以直接发展健身休闲产业为主要目的和内容外,还有不少从体育设施建设、体育场馆开放、体育服务组织建设、体育市场规范化、体育科技化、体育人才培养等诸多方面对健身休闲产业产生辐射作用。体育事业发展规划不仅对确定健身休闲产业的地位有重要作用,对优化健身休闲产业发展的政策环境也具有重要作用。

体育事业发展五年规划主要以全面系统发展体育事业为主,健身休闲产业作为体育事业发展的一部分,通常会被提及,如表 3-2 所示,《体育事业发展"十一五"规划》《体育事业发展"十二五"规划》和《体育发展"十三五"规划》都分别涉及发展健身休闲产业的条目或者内容。而且在不同的历史背景下,所提出的发展健身休闲产业的项目以及相关措施也有所不同。

"十二五"时期国家重视公共服务体系的战略部署,为体育事业发展提供了重要机遇和广阔空间。《体育事业发展"十二五"规划》指出:目前广大人民群众日益增长的体育需求和社会体育资源相对不足,仍然是我国体育事业发展中的主要矛盾。2011 年《体育产业"十二五"规划》也提出"以发展体育健身休闲业为先导,要加大扶持力度,完善产业政策体系,实现可持续发展"。这些内容在一定程度上强调了扶持健身休闲产业发展是解决政府公共体育服务不足的重要途径;强调了发展我国健身休闲产业的重要性和给予扶持发展的必要性。《体育产业"十二五"规划》和《体育产业发展"十三五"规划》对健身休闲产业的规定更多、更细致,对五年内健身休闲产业的发展具有重要的部署意义,而且《体育产业发展"十三五"规划》更详细,它对冬季运动项目的健身休闲产业重视程度更高，专门提出开发冬季健身休闲产业。

表3-2　　　　体育事业发展五年规划中健身休闲产业政策内容

政策文件和发布时间	主要政策条目和内容	历史背景
《体育事业发展"十一五"规划》（2006年）	二、（14）发展非奥运项目和民族民间传统体育项目。加强政策指导和扶持，加强对非奥运项目和新兴的健身休闲体育项目的研究和推广 三、（29）积极引导体育消费，培育体育市场。大力发展体育健身休闲市场，为群众提供多元化、多层次的体育健身服务	北京奥运会筹备时期 健身消费动力不足
《体育事业发展"十二五"规划》（2011年）	（三十三）进一步优化体育产业结构。适应城镇化发展和居民消费结构升级的新形势，重点发展体育健身休闲、体育竞赛表演、体育中介等体育服务业	北京奥运会举办结束 体育产业与竞技体育不协调
《体育发展"十三五"规划》（2016年）	（二十六）大力普及冰雪运动项目研制并实施《群众冬季运动推广普及计划》，大力发展大众冰雪健身休闲项目，扶持滑冰、冰球和雪上等有潜力的冰雪健身休闲项目快速发展	冬奥会申办成功 备战奥运会时期

由表3-3体育产业发展五年规划健身休闲产业政策内容可以看出，"十一五"时期是我国社会、经济发展的重要历史阶段，也是我国体育产业发展的重要战略机遇期。建设小康社会的战略部署和构建和谐社会的目标为体育产业发展营造了良好的外部环境；人民生活水平的不断提高、消费结构的升级，为体育产业发展提供了强大动力；2008年北京奥运会为体育产业发展带来了难得的历史机遇。"十二五"时期是我国实现经济发展方式转变、经济结构战略性调整、消费结构不断升级、现代服务业快速发展的重大机遇期，体育日益成为人民群众的重要生活方式，并为体育产业发展提供了广阔的空间。作为国民经济和社会发展中不可或缺的有机组成，我国体育产业已进入快速成长阶段，将迎来前所未有的发展机遇。"十三五"时期，我国体育需求将从低水平、单一化向多层次、多元化扩展，体育消费方式将从实物型消费向参与型和观赏型消费扩展，体育产业将从追求规模向提高质量和

竞争力扩展，但公民体育健身意识不强，大众体育消费激发不够。

表 3-3 体育产业发展五年规划中健身休闲产业政策内容

政策文件和发布时间	主要政策条目和内容	历史背景
《体育产业"十一五"规划》（2006年）	三、发展培育健身休闲市场 引导和鼓励社会力量兴办体育经营活动，为群众参与健身、健美、球类、游泳等喜闻乐见的体育活动提供服务和创造条件，努力满足不同人群消费者的多元需求。积极引进国外健康有益、趣味性强的健身休闲项目；在确保安全的前提下，开展新兴的户外休闲、极限运动等项目的经营活动；根据农村地区特点和农民对体育健身的实际需求，积极开发农村体育健身休闲市场，丰富广大农民的文化体育生活；鼓励面向城市社区的体育服务和指导工作；加强对民族传统体育项目的市场开发	北京奥运会时期，体育健身消费动力不足
《体育产业"十二五"规划》（2011年）	（一）促进体育产业各门类统筹发展。以体育健身休闲产业、体育竞赛表演业为先导，带动体育用品业、体育中介业等业态的联动发展，加大扶持力度，完善产业政策体系，实现可持续发展。广泛开展群众喜闻乐见的体育健身休闲项目，积极稳妥开展新兴的户外运动等项目，加强对民族民间传统体育项目的市场开发	北京奥运会举办结束 体育产业与竞技体育不协调
《体育产业发展"十三五"规划》（2016年）	（四）扩大社会供给 加强场地设施建设。统筹体育设施建设规划和合理利用，适当增加体育设施用地和配套设施配建比例。充分利用公园绿地、城市空置场所、建筑物屋顶、地下室等区域，重点建设一批便民利民的健身场地设施，形成城市15分钟健身圈。结合智慧城市、绿色出行，规划建设城市慢行体系。充分挖掘水、陆、空资源，重点建设山地户外营地、徒步骑行服务站、自驾车房车营地、运动船艇码头、航空飞行营地等健身休闲设施。 丰富体育产品市场。以足球、路跑、骑行、棋牌等为切入点，加快发展普及性广、关注度高、市场空间大的运动项目；以冰雪、山地户外、水上、汽摩、航空、电竞等运动项目为重点，引导具有消费引领性的健身休闲项目发展；以武术、龙舟、舞龙舞狮等传统体育项目为引领，大力发展少数民族传统体育项目发展。 积极推动"互联网+体育"。鼓励开发以移动互联网技术为支撑的体育服务，提升场馆预定、健身指导、交流互动、赛事参与、器材装备定制等综合服务水平。积极推动在线体育平台企业发展壮大，整合上下游企业资源，形成体育产业新生态圈	冬奥会申办成功 备战奥运会时期

"十一五"时期主要是发展培育健身休闲市场,从整体初步发展健身休闲体育产业,发展各项休闲体育项目,扩大健身休闲体育产业的规模。"十二五"时期,主要是促进体育产业各门类统筹发展。以体育健身休闲产业、体育竞赛表演业为先导,带动其他产业的发展,同时加大扶持健身休闲产业等,实现可持续发展。"十三五"时期,继续发展健身休闲体育产业,加强场地建设,丰富体育产品市场等,积极推动和互联网的结合,同时引导体育消费,激发大众的体育消费需求。从"十一五"时期到"十三五"时期,健身休闲体育产业从初步发展、政府扶持到继续得到大力扶持,各种项目飞速发展,再到紧跟时代发展,出现越来越多的项目,满足人们的多元化需求。健身休闲产业的发展与时代背景密切发展,例如"十三五"时期冬奥会的举办使各种冰雪项目发展迅速,得到政府的大力推广。

体育事业发展"五年规划"中针对健身休闲产业的政策只是从整体上发展,侧重于发展体育产业结构,与历史背景密切相关,发展与时代背景相符的各种项目。体育产业发展"五年规划"就是从微观方面规定,在不同时期具体需要怎么发展,侧重发展哪些具体健身休闲产业,比如各种项目、场地等。

第四节　地方性健身休闲产业政策内容

通常情况下,在一项新的国家政策出台后,地方政府、各个地方主管部门都可以在不违反宪法、国家法律、行政法规的前提下按照规定制定地方行政法规或者按照具体政策出台相应的地方政策文件,以达到落实国家政策的目的。有些省份对制定政策比较积极,而有些省份对制定政策体现出比较消极的态度。各地不同的健身休闲产业政策跟该地的人口数量、地域面积、经济社会发展情况以及该地人群对健身休闲产业的需求、健身休闲产业的政策制定能力等因素有关，一些地方性政策内容不仅体现出明显的地方特色，而且对落实国家政策具有非常重要的作用。

我国地方性健身休闲产业政策内容和全国性政策内容一样分布在地方性体育政策文件、第三产业和服务业政策文件、其他单体产业政策文件、税后政策文件和土地政策文件中。有些省份政策内容规定比较具体，比如江苏、浙江、北京、上海等；也有一些省份政策内容依然比较宏观，难以有效落实国家政策内容或者国家政策规划，比如山东、云南、青海。不同地区的政策内容也有较大区别，与当地政治、经济、文化等环境密切相关。比如江苏 2016 年的经济总量排名位居全国第二，江苏省政府大力发展全民健身、体育健身休闲和体育旅游。江苏与健身休闲产业政策有关的政策文件也不断出台，而且政策的执行力明显高于其他地区。2011 年江苏启动了每年不低于 6000 万元的引导资金，2013 年在体育产业引导资金的管理部门新增了奖励类支持方式，而奖励类引导资金的重点就是场馆服务业，表明了江苏省政府对省内利用闲置土地、厂房改造体育场馆的政策尤为重视，这对健身休闲产业起到了巨大促进作用。从江苏省整个体育产业政策内容可以看出，健身休闲产业政策内容在政策文件中的含量比较少，但是政府管制程度和政府扶持力度都比较明显。浙江 2016 年的经济总量全国排名第四位，数据显示，浙江体育产业政策数量排序前三位的依次为运动休闲旅游、竞赛表演、体育场地设施，反映了健身休闲产业在浙江占据较大分量，体现了运动休闲旅游是浙江体育产业发展的重点与突破点。然而，根据《"健康中国 2030"规划纲要》的精神，浙江大健康产业和体育培训业应作为今后扶持的方向。浙江健身休闲产业政策内容含量相对较多，但是政府管制和扶持力度都很小，而地方政府甚至县级政府对健身休闲产业的投入偏多，因此浙江某些区县或市县区域体育健身休闲产业发展繁荣，比如富阳、安吉、长兴等很多地区健身休闲产业发展繁荣，对当地经济、文化和生活都起到了非常积极的相互影响作用。上海具有高质量的人才资源、优越的地理位置和气候条件、广阔的市场空间，更重要的是上海处于国家经济发展战略的龙头地位，对全国的健身休闲方向和健身休闲方式以国内和国际的中心城市与枢纽城市为依托，利用国内和国际两个体育市场资源，发展上海的体育经济。上海的健身休闲产业政策内容体现出政府管制少、政府扶持力度大，健身休闲产业发展环境和发展空间相对更好的特点。通过调研山东健身休闲产业发展状况发现，山东健身休闲产业与江苏和浙江相比具有较大差距，在相关政策文件中尽管提到了要大力发展健身休闲产业，但是执行力度很弱，政府在扶持资金方面的投入非常少。山东健身休闲产业发展水平也不及江浙一带，国有资产投入成分多，经济效益不显著；其他私营企业投入小，经营水平也低于江浙地区；民营和一般性社会资本在济南市体育健身休闲市场份额偏少。山东体育健身休闲市场对社会资本的吸引力不够，其政策环境等也不够优化，还没能充分树立社会资本投资健身休闲市场的信心。山东健身休闲产业政策的内容较为宽泛，政策落实力度不够。安徽和河南的健身休闲产业发展水平均不及江苏、浙江和上海，相关政策的制定和执行力量都比较薄弱，政策投入非常小。

除我国省级健身休闲产业政策内容之外，在一些地级市乃至县市区也有健身休闲产业政策内容，比如江苏的无锡、苏州，浙江的宁波、富阳等设计了本地区健身休闲产业的政策内容。通过各地区健身休闲产业的发展状况和相关政策文件内容可以看出，在一些健身休闲产业政策内容相对较多、经济发展水平相对较高的地区，健身休闲产业发展水平较高，健身休闲产业政策执行效果也较好；该地区在健身休闲方面的消费额、就业人数、企业数量、服务质量和利润率都相对较高。而一些政策内容相对较少、经济欠发达的地区，健身休闲产业发展水平相对较低，在健身休闲产业政策执行的投入方面也偏低，进而影响到政策执行效果。

第五节 我国健身休闲产业专门政策内容

2016年10月28日，国务院办公厅发布了《关于加快发展健身休闲产业的指导意见》，这是我国唯一一部专门发展健身休闲产业的政策文件。其有力地确定了健身休闲产业的重要作用，客观分析了我国健身休闲产业存在的诸多问题，具体全面地提出了我国健身休闲产业的发展规划，甚至细化到具体的健身休闲项目。该政策的颁布是我国健身休闲产业发展的转折点，也是我国健身休闲产业政策发展过程中的里程碑，对加快我国健身休闲产业的发展起到非常关键的促进作用。

该政策内容表明健身休闲产业是体育产业的重要内容，是全面建成小康社会、建设"健康中国"的重要内容，指出了健身休闲产业总体规模不大、有效供给不足、大众消费激发不够等具体问题，认为健身休闲产业对挖掘和释放消费潜力、保障和改善民生、培育新的经济增长点、增强经济增长新动能具有重要意义。在指导思想、发展基本原则、发展目标以及相关发展方案和措施方面做出了比较具体的规定。比如提出推进健身休闲产业供给侧结构性改革，提高健身休闲产业发展质量和效益的指导思想；提出统筹协调健身休闲产业与全民健身事业，推进健身休闲与旅游、健康等产业融合互动的发展原则；提出到2025年，基本形成布局合理、功能完善、门类齐全的健身休闲产业发展格局，实现3万亿元的总体规模。

该政策在完善健身休闲服务体系、培育健身休闲市场主体、优化健身休闲产业结构和布局、提升健身休闲器材装备研发制造能力、改善健身休闲消费环境、加强组织实施六个方面提出了比较具体且全面的措施或方案。在很多方面体现了具有针对性的健身休闲产业发展策略，体现了迎合目前社会发展的新思路、新方向，比如提出推动"互联网＋健身休闲"，提出鼓励健身休闲产业创业创新，提出发展各种各样的户外运动，加强特色健身休闲设施建设。与此同时，还提出挖掘民族传统体育资源，加强民族传统体育健身休闲产业开发。该政策系统全面地提出了加快发展我国健身休闲产业的内容，对未来几年我国健身休闲产业的发展具有较强的指导和引领作用。

2016年10月我国出台了专门加快发展健身休闲产业的政策文件，加上我国行政执法环境的优化以及前期健身休闲产业发展政策内容的积累，我国健身休闲产业可能会迎来未来几年的黄金发展时期。但是依然需要一些其他配套政策文件和地方性政策文件或者政策内容来保证健身休闲产业发展目标的实现。在之后的各类相关政策文件中，健身休闲产业将会更深入、更广泛地受到重视或者会在政策文件中体现，一些地方性政策也会因此更加重视健身休闲产业政策内容的设计，甚至会出台地方性专门的健身休闲产业政策文件。我国健身休闲产业的快速发展和健身休闲产业政策的完善将会继续在体育政策、服务业政策、规划类政策、地方性政策等文件的制定和实施过程中充分体现。

第四章　体育强国与健身休闲产业政策

第一节　体育强国建设中的体育发展政策

一　体育政策是体育强国建设的重要指标

一个国家的体育事业发展是否强大,完善的体育政策体系是其重要保证。一套科学的体育政策体系可以使社会各类组织积极投身体育事业,各类体育场地设施能得到充分利用和维护,各类体育产业能快速发展,各类群体能积极参与体育活动,能保证各项体育事业均衡发展,进而达到建设体育强国的目的。完善的体育政策体系和体育政策的有效落实是体育强国的重要指标,也是重要建设内容。

一个国家如果立志成为一个体育强国,必须将这种意志体现在体育政策中;通过体育政策规范各相关组织和个人的行为,保证实施主体按照政策要求发展体育事业,保证达到体育强国的目的;立志在成为体育强国的发展过程中,体育政策必须根据体育事业发展的新状况进行制定或者修改,在体育政策中确定体育强国发展的成果,调整体育强国发展的目标,制定保证目标实现的规则或实施细则。

二　体育政策体现一个国家是否立志成为体育强国

1984年中共中央《关于进一步发展体育运动的通知》提出"中国

体育代表团在第二十三届奥运会上取得优异成绩，获得了运动成绩和精神文明双丰收，标志着我国已开始全面登上世界体育舞台，踏上了建设体育强国的新里程"。这一时期，我国把竞技体育放在非常重要的位置，在过去的一些体育政策中都体现过，如《国家体育锻炼标准施行办法》《奥运增光计划纲要》都为推动我国成为体育大国起到了重要的作用。1995年《中华人民共和国体育法》也体现了我国立志成为体育大国的意志，法律内容强调竞技体育、学校体育、群众体育协调发展。我国的其他体育政策一直为这个目标努力，如《全民健身计划纲要》《学校伤害事故处理办法》。2008年北京奥运会之后，我国更明确地提出从体育大国向体育强国的转变，同时很多专家和学者建议调整我国体育政策，在新的体育政策中，要更明确地描述我国体育强国建设的目的、任务以及体育大国建设路径。在之后的一系列政策文件中体现出我国建设体育强国的意志。比如2011年《体育事业发展"十二五"规划》确定"十二五"时期是我国建设体育强国的重要阶段，提出要努力实现体育强国建设目标，指出我国各项体育事业和工作方式要始终以建设体育强国的要求开展。

三 体育政策的有效落实体现一个国家是否在实施体育强国建设

即使一个国家的体育政策内容规定非常全面和合理，但是如果不能在实践中有效实施的话，则不能被称作体育强国。在我国体育强国建设背景下，我国体育政策内容相对比较完善，但是实施效果参差不齐，整体上体现为竞技体育政策执行力不强，职业体育、体育社团和体育产业方面执行力较差，地区差异明显。

不管是综合性体育政策还是具体的体育政策，从内容上确实能体现一个国家体育事业发展的目的、目标和任务等重要事项。但是如果社会不熟悉这些政策，在体育行为或者活动中想不到这些政策，也不知道如何使用这些政策，那么体育政策不过是一纸空文。体育秩序和发展方案也成为纸上谈兵，体育发展的规模和目标也无法实现，也就更谈不上体育强国建设的实施。体育政策良好的实施体现出一个国家是否在进行体育强国建设。一套比较全面的体育政策体系，公民和组织能自觉遵守，在体育事业发展中能够有效落实，才说明正在实施体育强国建设。一部政策实施的效果如何受很多因素影响，如体育政策技术、监督力度、公民的体育意识、一个国家的法律政策环境等。体育政策内容科学合理、法律监督力量强、公民法律意识高是体育政策有效实施的有利条件，体育事业也将在体育政策的正确引导下得到高质量发展。

尽管我国体育政策的数量较多，对体育事业的发展起到了较大的促进作用，但是体育政策的实施过程存在较多问题，实施效果不尽理想，在此方面还达不到体育强国的标准。但是从目前我国体育强国政策的提出以及相关政策的落实情况可以看出，我国正在推进体育强国建设，而且付出的行动也非常明显。国家不仅在宏观上提出建设体育强国的任务，而且在一些比较具体的政策文件中也提出了建设体育强国的具体方案。一方面体现在竞技体育、全民健身、体育产业、学校体育方面政策方案的提出，另一方面体现在地方政府制定的各种政策文件的提出，这对落实体育强国建设起到较大的推动作用。比如在体育产业方面，2010年《国务院办公厅关于加快发展体育产业的指导意见》指出："加快发展体育产业，对拓展体育发展空间，丰富群众体育生活，培养体育人才，提高全民族身体素质、生活质量和竞技体育水平，促进我国由体育大国向体育强国的转变，促进经济社会协调发展，具有重要意义。"2011年《体育产业"十二五"规划》提出"十二五"时期是推动体育强国建设、促进体育产业快速成长的重要阶段，坚持体育产业与体育事业协调发展，将发展体育产业作为建设体育强国的重要内容和途径。再如在地方体育政策或者体育产业政策方面，江苏2010年出台了《江苏省省级财政专项资金管理办法》，提出每年给企业提供6000万元引导资金，企业通过申请获得发展引导资金。一些体育赛事运作公司、体育健身休闲公司、体育研发公司以及体育场馆经营管理公司等通过申请获得一定的资金，为企业发展创造了机会，对有效落实江苏体育强省战略起到了重要作用。江苏在群众体育政策的有效实施方面也做了具体方案，比如十分钟健身圈、医保卡定点消费健身、体育消费券等具体措施，有力推动了江苏群众体育事业的发展。

我国一些具体的政策实施方案有效促进了我国体育强国的建设，但是并不是每一个体育领域或者每一个地区都能达到政策有效落实的结果，另外还有不少领域或者不少地区未有效落实体育强国建设的具体要求。我国在体育强国建设的过程中还需要更多配套政策来推动体育强国建设目标的落实。

第二节　体育强国建设中的健身休闲产业政策

一　健身休闲产业政策是体育强国建设的重要内容

体育政策是体育强国建设的重要内容和保障，健身休闲产业政策属于体育政策的一种，因此健身休闲产业政策也是体育强国建设的内容之一，健身休闲产业政策内容合理和有效执行是体育强国建设对健身休闲产业政策的根本要求。健身休闲产业政策是健身休闲产业发展的重要保障，体育强国建设需要健身休闲产业政策对健身休闲产业起到引导、规范、扶持等推动作用。

在我国体育事业发展的不同历史阶段，健身休闲产业政策对健身休闲产业所发挥的作用不同。在20世纪90年代初，我国体育市场初步形成时，国家制定了诸多体育健身休闲产业政策来规范健身休闲产业市场，在当时也起到了规范市场的作用。1994年3月，国务院办公厅在《关于印发国家体育运动委员会职能配置、内设机构和人员编制方案的通知》中规定，国家体委"研究制定体育经济和经营活动的政策法规，归口管理体育市场"。1994年5月，国家体委下发了《关于加强体育市场管理的通知》，对体育市场的管理范围进行了规定。1995年，《中华人民共和国体育法》更明确规定"县级以上各级人民政府体育行政部门对以健身、竞技等体育活动为内容的经营活动，应当按照国家有关规定加强管理和监督"。1996年7月又下发了《关于进一步加强体育经营活动管理的通知》。在之后的大量政策文件中体现出要促进我国健身休闲产业发展的政策内容，而且在2016年10月国务院办公厅出台了专门发展健身休闲产业的政策文件，即《关于加快发展健身休闲产业的指导意见》，充分体现了发展健身休闲产业和健身休闲产业政策对发展体育强国的重要作用。这些政策文件虽然有的已经失效或者被新的政策文件代替，但是它们都分别在不同的历史环境下发挥了各自的作用，甚至有的政策还未完全发挥作用，在之后的健身休闲产业发展中会进一步发挥作用。

体育强国建设不仅要求健身休闲产业政策对健身休闲产业的产值、就业、规模等经济指标方面有所指向。在提高体育参与、丰富体育文化等方面也有一定的要求。因此，我国鼓励和支持发展公共体育服务产业、全民健身产业和传统体育健身休闲产业等。要实现这些目标，均需要相关的政策来规范、引导、激励各种市场主体朝既定的目标努力。因此，我国出台了一系列相关的政策文件来确保健身休闲产业的多项功能的实现。1993年，《国家体委关于深化体育改革的意见》中提出要积极开展体育健身娱乐与文化、旅游、科技、卫生等相融合的产业活动。1995年，《体育产业发展纲要（1995—2010年）》中提出要积极培育体育健身娱乐市场，要围绕全民健身计划的实施开展体育健身娱乐方面的经营性活动。在之后的相关政策文件中，越来越体现出健身休闲产业在体育事业发展中的重要角色和对体育强国建设的重要作用。如《全民健身计划（2011—2015年）》提出到2015年，要形成覆盖城乡比较健全的全民健身公共服务体系，形成规范有序的体育健身休闲市场，培育和形成一批实力雄厚、技术力量强的体育健身服务企业和品牌。2011年《体育产业"十二五"规划》提出以健身休闲产业、体育竞赛表演业为先导，带动体育用品业、体育中介业等业态的联动发展，加大扶持力度，完善产业政策体系，实现可持续发展；提出要广泛开展群众喜闻乐见的体育健身休闲项目，积极稳妥开展新兴的户外运动等项目，加强对民族民间传统体育项目的市场开发。

二　健身休闲产业政策是促进健身休闲产业发展的重要途径

根据产业经济学的产业发展动力原理和市场动力机制原理，可以将我国健身休闲产业的发展动力的主要来源分为三个方面：需求动力、政府动力和企业供给力。中国健身休闲产业动力主体主要为政府、企业和健身休闲消费者。长期以来，政府动力在我国市场经济中始终发挥着特殊的作用，主要体现为早期的直接参与、发展中的管制和规范以及目前越来越多的鼓励和扶持。而这些政府行为主要体现在发展战略规划、产业法规政策方面。在我国社会主义市场经济环境和体育产业现实发展水平下，我国健身休闲产业发展离不开政府动力源，政府动力在我国健身休闲产业发展中将继续发挥作用。政府适时、科学合理地对健身休闲产业进行干预，可以弥补市场失灵、规范产业发展，进而创建良好的健身休闲产业发展环境。在我国市场经济发展初期，政府对健身休闲产业的干预方式主要以直接参与市场经营和规范市场秩序为主。而政府的这种干预来源于政策内容的设计，是相关政策赋予了政府干预健身休闲产业的权力。

随着我国体育事业市场化、科技化、国际化进程的不断加快，体育各项事业发展迅速，健身休闲产业在体育强国建设中也在发生着变化，也容易出现一些突发事件。健身休闲产业政策在调控健身休闲产业发展中的作用不断加强。我国全民健身政策、体育产业政策、旅游产业政策、文化产业政策、服务业政策、多项五年发展规划等政策文件分别在不同程度上提出加快发展我国健身休闲产业。在有效刺激健身休闲产业投资、扩大健身休闲产业规模、促进健身休闲产业升级等方面取得了明显效果，有力地促进了体育产业平稳较快发展的趋势。因此，健身休闲产业政策是有效调控健身休闲产业发展的重要手段。

健身休闲产业政策的最终目的是促进健身休闲产业的发展，满足健身休闲产业的发展需求。尽管政策不是万能的，不能解决健身休闲产业发展中的所有问题，但是依然可以在很大程度上起到作用，对健身休闲产业的发展依然有积极的影响作用。我国健身休闲产业政策的设计和落实，只要立足于我国体育强国建设目标的实现，与我国经济、体育、文化等发展的规律相吻合，健身休闲产业政策就能有效发挥作用。通过对促进健身休闲产业快速发展的各类因素进行分类整理，结合研究文献、实际考察和专家咨询，我国60名专家对2011年年初至2015年年底影响我国健身休闲产业的10个因素进行判断，排序的结果显示：国家出台的各种相关政策文件是对我国健身休闲产业发展影响程度最高的因素，其影响程度的得分是7.63分。另外几个影响程度比较大且分值超过5.00分的因素是人们体育意识的增强（7.20分）、国家经济的快速发展（6.60分）、地方出台的各种相关政策文件（5.62分）、我国群众体育的广泛开展（5.60分）（见图4-1）。由此可以看出，地方性健身休闲产业政策对健身休闲产业的发展比较重要。

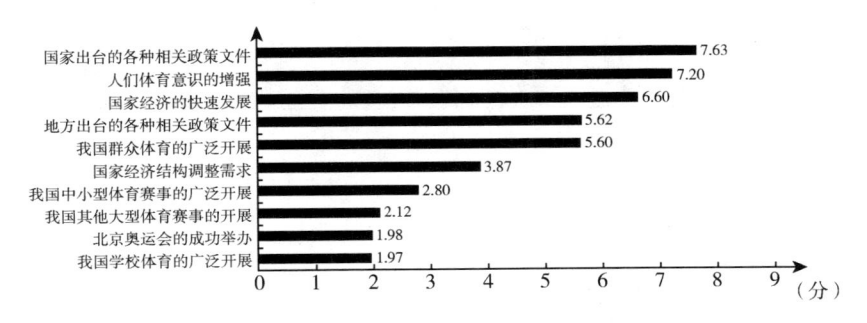

图4-1　各类因素促进我国健身休闲产业发展程度排序

第三节 不同政策在体育强国建设和健身休闲产业发展中所发挥的不同作用

在2016年《关于加快发展健身休闲产业的指导意见》颁布之前,我国健身休闲产业政策内容主要分布在体育政策文件、服务业政策文件、旅游产业政策文件、文化产业政策文件和税费政策文件中。这些政策文件类型在促进健身休闲产业发展方面分别以不同的方式发挥作用。专家判断结果显示,在过去的5年里,各类不同政策对健身休闲产业的促进作用有所不同,由图4-2可以看出,我国体育产业政策文件对健身休闲产业的影响程度最大,其次是宏观体育政策文件、群众体育政策文件。专家认为,这三种政策对健身休闲产业的促进作用大于税收政策文件、服务业政策文件、文化产业政策文件、旅游产业等,其影响程度分值分别是6.25分、4.3分、3.73分。

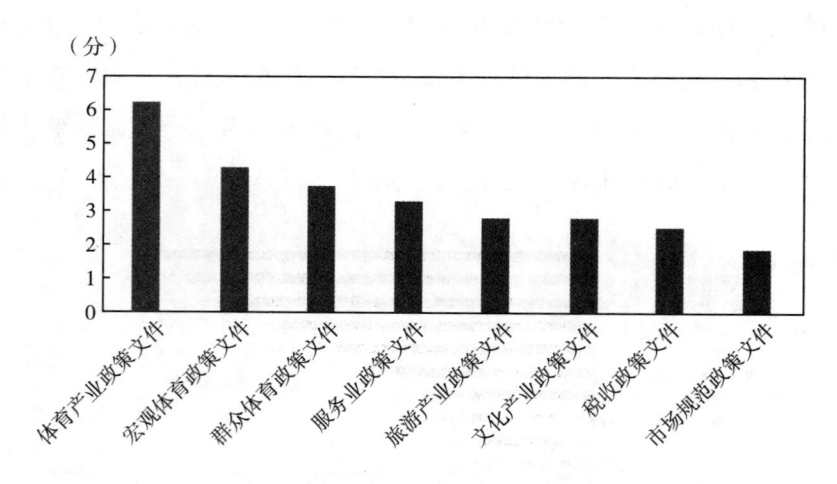

图4-2 不同政策对健身休闲产业的促进作用程度排序

一 体育类政策

体育产业政策文件、宏观体育政策文件、群众体育政策文件是促进健身休闲产业发展的三类重要的政策文件类型。这些政策文件中均有关于发展健身休闲产业的规定。从目前我国国家层面的政策文件可以看出，体育产业政策文件中关于健身休闲产业的规定最多，宏观体育政策文件和群众体育政策文件中的规定较少。这三种政策文件中的健身休闲产业政策内容即体育类健身休闲产业政策，其内容对健身休闲产业的规定比较直观，针对性也比较强，对健身休闲产业的发展具有重要的影响作用。在不同的历史阶段，由于这些政策的制定机构不同，内容有所差异，加上健身休闲产业对政策的具体需求的变化，它们对健身休闲产业的促进作用也不同。

这些政策内容之所以被称作体育类政策，一方面，它们是以发展体育事业为目的的政策文件；另一方面，它们的制定主体以体育行政机关为主。20世纪90年代，体育政策主要由体育行政部门颁布，在当时体育行政机构权力较强的历史条件下，具有较强的执行力，一些政策内容对健身休闲产业起到了较好的推动作用；但是政策内容的执行效果随着体制改革的推进和时间的推移也会不断降低甚至不起作用。如1993年的《国家体委关于深化体育改革的意见》确定了体育可以通过市场手段发展的思路，1995年的《体育产业发展纲要（1995—2010年）》强调了我国发展体育产业的必要性和紧迫性，在当时体育市场发展初期为健身休闲产业提供了发展依据和发展方向，对健身休闲产业的发展具有非常重要的引导作用。1995年以后，在大中城市立即掀起一股健身热潮，并不断蔓延到中小城市。很多专家认为，在这两项政策开始实施时，对当时健身休闲产业的发展起到了很大的促进作用。当然，我国健身休闲产业的发展还与我国一些市场经济发展政策、人们生活水平的提高、体育意识的增强以及其他体育政策的调整或更新等许多因素有关。同时也应该承认在进入 21 世纪后,这两项政策对健身休闲产业政策的促进作用很小,无法满足健身休闲产业的政策需求。由此可以看出,健身休闲产业政策作用的发挥具有时段性,政策文件不可能一劳永逸地发挥作用,这也正是后期修改政策和制定新政策的重要依据。

1994 年《关于加强体育市场管理的通知》和 1996 年《关于进一步加强体育经营活动管理的通知》是由体育行政机关颁布的两部审批类规范性文件,在政策出台初期发挥了较好的作用,对规范健身娱乐市场起到了一定的作用。但是由于我国体育市场和体育事业的快速发展,2000 年就开始出现弊端,在体育经营活动的审批中出现了较多效力低下甚至腐败的现象,对我国健身休闲产业的发展产生了一些负面影响,最终在 2007 年宣布失效并被清理。

随着国家对体育事业的重视程度的不断提高,体育政策的级别不断提高,体育政策内容越来越具体化和有针对性,其执行效果也随之提高。如 1995 年颁布的《全民健身计划纲要》在 2009 年提升为法律形式,即《全民健身条例》,其中涉及健身者的安全保证、经营危险性体育项目的监管等很多规范性内容。同时,很多公共体育场地通过市场手段为人们提供健身休闲服务的内容通过法律确定下来,对健身休闲产业的发展起到了很好的保障作用。很多专家认为,《全民健身条例》中有一些内容不仅直接促进了健身休闲产业的发展,还从培养体育消费层面间接地促进了健身休闲产业的发展。在我国各级体育政策文件中,也常常规定为群众提供各种参加体育活动的便利条件,加强体育参与的宣传,大力普及体育知识,吸引广大群众积极参加体育锻炼等。这些政策内容虽然没有直接规范健身休闲产业的发展目标和发展方式,但是对健身休闲产业的发展起到了积极的影响作用。英、美等发达国家的成功经验也表明群众体育政策对健身休闲产业的影响作用非常重要。

2010 年《国务院办公厅关于加快发展体育产业的指导意见》更是

体现了国家政府层面对体育事业的重视。首先，对加快发展健身休闲产业内容的规定更加明确；其次，该政策的权威性很高，充分受到各级政府的重视；最后，其中的内容迎合了我国健身休闲产业发展的需求，提出了民营企业方面的很多税费优惠方式。该政策充分体现了健身休闲产业在促进经济增长、增加就业和调整产业结构等方面发挥着越来越重要的作用，解决了健身休闲产业发展的瓶颈问题，有力推动了健身休闲产业的发展。但是，该政策效果的发挥程度在不同地区也有所不同，从目前的执行效果看，在经济发展水平较高和地方政府对体育产业重视程度较高的地区的执行效果较好。从长三角地区看，江苏整体发挥的效果较好，且苏南地区优于苏北地区；在浙江省级层面健身休闲产业并没有受到充分重视，但是在若干市、县级城市发挥的效果较好，如宁波市、富阳市、安吉县等一些地区在健身休闲方面的政策扶持比较明显。

二 第三产业和服务业政策文件

尽管体育政策文件所规范的健身休闲产业政策内容最多，内容也相对直观，但是仅仅靠这些政策难以保证健身休闲政策充分发挥作用。第三产业和服务产业政策的权威性、融合性和强制性对健身休闲产业的促进作用非常关键，对健身休闲产业的促进作用不可忽视。如江苏在各级政府文件中将很多健身休闲项目类型直接列入现代服务业范围，使服务业的各种税费政策惠及健身休闲产业领域；在江苏省人民政府发布的《省政府关于加快发展体育产业的实施意见》中直接规定体育产业可以享受服务业的一切优惠政策的落实，且最终也是以服务业政策为主要依据的。截至目前，江苏已经有很多健身休闲产业经营主体获得了资金补贴和税费优惠政策，江苏健身休闲产业的经营规模和市场竞争力都得到了提升。通过对科研专家和经营者的访谈发现，1992年《中共中央、国务院关于加快发展第三产业的决定》、2007年《国务院关于加快发展服务业的若干意见》、2010 年《国务院关于加快培育和发展战略性新兴产业的决定》对健身休闲产业的发展起到的作用很关键，它们在不同的历史时期都发挥了基础性的推动作用。它们不仅是推动健身休闲产业发展的直接政策依据，还是在体育政策中确定健身休闲产业政策发展目标、发展模式和发展任务的依据。如 1993 年《国家体委关于深化体育改革的意见》、2010 年《国务院办公厅关于加快发展体育产业的指导意见》就是分别在这些政策的基础上制定的。

三 其他单体产业类政策

我国目前涉及健身休闲产业的其他单体产业政策主要体现在文化产业政策和旅游产业政策方面。随着体育在人们生活中的不断渗透，文化产业和旅游产业融入的体育元素越来越多，我国现有的文化产业政策和旅游产业政策已经规定了很多健身休闲内容。近几年来，我国对文化产业政策和旅游产业政策的倾向性比较强，给予的税费优惠政策也比较明显，其执行效果也相对较好。比如浙江富阳 2012 年落实的健身休闲产业扶持政策在很大程度上是全国性旅游产业政策和浙江旅游产业政策有效执行的结果，富阳体育局与旅游局合并成立富阳市运动休闲办公室对落实健身休闲产业政策也起到了非常重要的作用；而北京的一些健身休闲产业 2010 年开始获得的财政补贴政策则主要来自文化产业政策和北京文化产业扶持政策的落实。但是，文化产业政策或旅游产业政策中涉及的健身休闲产业的规定能否真正在地方落实，在很大程度上取决于当地政府的态度，在我国很多地区的健身休闲产业还没有享受到文化产业或者旅游产业所规定的优惠政策。

四 税费类政策

税费政策是对产业影响敏感程度非常高的政策，它具有规范性、权威性、强制性等特点，不仅对经营者有强制执行力，对政策执行机关也同样有强制性。这些政策常常被称为其他单体产业政策的配套政策，也常被称为落实产业政策的政策工具或政策手段。我国早期服务业税费较高，如 2001 年《财政部、国家税务总局关于调整部分娱乐业营业税税率的通知》规定台球、高尔夫、保龄球、蹦极、动力伞等体育经营项目按 20% 的税率征收营业税，迎合了当时中国经济发展大方向的需求。随着国家经济结构调整和升级的需求，国家需要加大各类服务业的发展，健身休闲产业的营业税开始下降。2004 年《财政部、国家税务总局关于调减台球保龄球营业税税率的通知》将台球和保龄球营业税降低到 5%，对台球业的发展起到了挽救作用，激活了台球市场。2008 年《中华人民共和国营业税暂行条例》从整体上降低了我国娱乐业、服务业和文化体育业的营业税，且给予地方政府 5%—20% 的税率调整权。这一举措一方面有效刺激了我国健身休闲产业的快速发展，另一方面对我国不同地区健身休闲产业的发展起到了重要的促进作用。随之，我国动力伞、卡丁车、射击等很多休闲体育项目经营不断增加，高尔夫产业也获得了发展机遇。健身休闲产业税率的降低直接减少了经营成本和消费成本，进而推动了我国健身休闲产业的发展。很多税费减免需要地方政府执行，其本质是政府减少税收收入，使企业得到快速发展，企业总体营业额的增加也可能会反过来增加税收收入总额。尽管税率具有规范性和强制性，但是地方政府可能会由于对健身休闲产业发展的态度不同而采取不同的政策。如果地方政府政策不将健身休闲产业列为税率优惠的行业范畴内，健身休闲产业就享受不到政策的优惠内容。有些地方能够实现健身休闲产业税率降低，如北京和江苏；而有些地方就难以降低健身休闲产业税率，如上海、浙江以及其他很多省份。我国健身休闲产业的营业税是偏重体育文化事业类的 3%，还是处于娱乐业类的 5%—20%，还是归为服务业类的 5%，这取决于地方政府对健身休闲产业的归类和认定。

目前健身休闲产业的财政补贴政策主要是为了形成规模经济而对

具有竞争优势或潜在竞争优势的企业采取引导资金的供给。这些政策内容在全国层面主要体现在服务产业政策文件、文化产业政策文件、旅游产业政策文件和体育产业政策文件中，在地方有具体的财政补贴政策，如北京、江苏、无锡、富阳等地方性财政补贴政策。这些政策对提高健身休闲产业的经营规模和经营水平起到了较大的作用。

但是，财政补贴政策受地方财政能力、地方经济综合发展需求、地方政府的重视程度等诸多因素的影响，到目前为止在少数地区落实较好，且主要体现在与旅游融合发展的健身休闲产业方面。尽管我国健身休闲产业已经发展到一定程度，近几年来取得了一定的成绩，在调整产业结构和丰富人们的业余生活方面都起到了较为显著的作用，健身休闲产业的发展也因此越来越受到政府的重视。但是，我国各类健身休闲产业的扶持力度和税率落实缺少规范性。比如我国健身休闲产业的营业税是偏重体育文化事业类（3%），还是处于休闲业类（5%—20%），还是归为服务业类（5%），常常取决于地方政府对健身休闲产业的归类和认定。通过对中国东部和中部地区若干省份健身休闲市场的调研发现，由于对健身休闲产业的归类和认定方式不同，甚至在同一地区的同一类健身休闲产业适用不同的营业税。通过对中西部地区和东北地区若干健身休闲市场调研后发现，许多地区税收依然沿袭旧的税收制度，并没有做出税收优惠行为。而在北京、上海、广州、江苏等几个优惠政策比较显著的地区，则存在另一种阻滞现象。当地政府给予的优惠政策显著，采取了直接划拨为企业启动资金的方案，以鼓励企业积极转型和快速成长为品牌企业。通过深入调查发现，具有一定规模的大、中型健身休闲企业频繁得到资金支持，而且吃透了申请引导资金的套路，以各种名义和花样套取资金，使其他真正需要资金发展的企业受到阻碍。

通过分析健身休闲产业政策在体育强国建设中的重要角色和功能，认为健身休闲产业政策在体育强国建设过程中发挥了重要作用。但是在历史不断变化的过程中，体育强国建设内容不断更新，对健身休闲产业的要求有一定调整，健身休闲产业政策的效果会随着时间的推进而不再显著。我国健身休闲产业政策也因此需要一定的更新或调整。

健身休闲产业政策内容分别分布在不同的政策文件中，政策文件的表现形式体现出政府干预健身休闲产业的不同方式，同时也是影响政策效果发挥的重要因素。在健身休闲产业的发展过程中，也需要各种不同的干预方式，通过各种干预方式，对健身休闲产业的发展起到全面系统的影响作用，进而实现体育强国建设对健身休闲产业发展的需求。

尽管我国各类政策对健身休闲产业在不同历史时期所发挥的作用不同，但是政策的效果判断并不限于经济指标，在群众体育参与、体育文化提升等方面也会有所体现。尽管我国健身休闲产业政策对我国健身休闲产业、体育事业以及体育强国建设方面发挥了重要作用，但是制约健身休闲产业持续快速、协调、健康发展的棘手问题还没有得到根本解决，健身休闲产业政策的宏观、中观和微观的调控作用依然不能放松，必须继续充分发挥产业政策的导向作用，防止不良因素反弹，巩固宏观调控成果。为健身休闲产业发展和体育强国建设形成较长时期内持续快速健康发展的良好环境。

第五章　健身休闲产业政策执行效果评价

政策执行效果是指人们执行的政策对所确认的问题达到的解决程度和影响程度。健身休闲产业政策属于产业政策范畴，产业政策有别于一般政策，产业政策的干预对象是企业，目的是同市场发展状况相结合，通过干预众多企业或者相关市场行为，以达到提高经济效益和社会效益的目的。产业政策干预不恰当不仅无法促进产业发展，很可能会阻碍经济发展甚至扰乱市场，即出现"政策失灵"现象。因此，评价产业政策的执行效果非常重要，既要确保政策能有效促进产业发展，又要避免因为政策而扰乱市场。通常情况下，相关政策部门对产业政策执行效果的了解更为迫切。

第一节　我国健身休闲产业政策执行过程

健身休闲产业政策的执行效果靠执行过程实现。在执行过程中，会投入一定的人力、财力和物力，以达到政策目的。政策执行是指针对政策方案拟订执行细则，确定专职机构，配置必要资源，以适当的管理方法采取必要的对应行动，使政策方案付诸实施，以达成预定目标的所有相关活动的动态过程。在政策方案制定之后，只有将政策方案付诸实践，才能真正解决问题，这充分说明相关问题的解决依赖于政策的执行。政策执行过程是一项政策在制定完成之后，是否能够取得理想的政策效果、实现政策目标的关键环节。因此，对政策执行情况的研究是受理论界和实践领域普遍关注的课题。

一 健身休闲产业政策执行理论模型

在政策执行的过程中，人们为了优化执行方式和提高政策执行效果，对政策执行过程进行了总结和归纳，认为政策执行理论模型有六种：过程模型、互动模型、循环模型、博弈模型、系统模型、综合模型。健身休闲产业政策是政策的一种，在执行过程中同样遵循政策执行模型。其中，循环模型、互动模型和博弈模型最常见。循环模型把政策的执行过程划分成三个阶段：首先是议定纲领阶段，即将立法机关的意图转化为行政机关执行政策的规范和纲领；其次是分配资源阶段，即将政策执行所需的资源平均分配给政策的执行者；最后是监督执行阶段，即对政策执行过程和成果进行评估，确认政策执行者所应承担的行政责任。互动模型又叫互适模型，这种模型通过对政策执行过程中政策执行者和受政策影响者之间的互动关系进行分析。政策执行者与受政策影响者之间的需求和观点是存在差异的，基于双方在政策上具有的共同利益，彼此会放弃或修正自己的立场，进而主动做出协调和妥协，以达到一种互动双方都会认同的政策执行方式；政策执行者与受政策影响者之间的相互调适过程是一种双向的、平等的交流和互动过程，而不是那种传统的、自上而下的单线的命令和控制过程；政策执行者的行动目标和手段会因为环境因素、受政策影响者的需求的改变而发生变化；受政策影响者的价值取向也会对政策执行者的利益和价值取向产生影响。因此得出结论：成功的政策方案有赖于成功的政策执行过程，而成功的政策执行过程则有赖于成功的相互调适过程。博弈模型又称"执行赛局模式"。政策执行就像一场比赛，其中包括政策执行人员即竞赛者、利害关系、策略与技术、竞争的资源、竞争的规范与规则、竞争者之间的沟通情况、竞争结果的不稳定性。政策执行的有效性取决于各方参加者的战略选择，每一个参加者的战略选择都遵循最大收益及最小损失原则。政策执行过程中相关参与者为了实现政策目标而进行说服、妥协和协商等互动过程。这几种模型分别把政策执行的整个过程和政策执行过程中涉及的各种因素以及各种因素之间的相互关系充分体现了出来。

二　健身休闲产业政策执行过程状况

我国健身休闲产业政策内容的执行过程是我国健身休闲产业政策能有效发挥作用的关键环节，但是在健身休闲产业政策的执行过程中常常达不到加快健身休闲产业发展的目的。在我国健身休闲产业政策落实初期，公共体育资源的产业化运作蹑手蹑脚，系统内部资源的开放和开发始终受到限制。在健身休闲产业政策大幅松绑、相关税费减免和补贴政策开始落实时，健身休闲产业又出现了盲目投资，导致很多健身休闲企业经历急剧增长又快速跌落的过程。经历了波动发展的健身休闲会所尽管已经享受到各种各样的优惠政策，但是由于场地和人工成本的不断攀升，多数会所的经济效益并不理想。保龄球、台球和高尔夫等健身休闲企业经历暴涨后的跌落，到目前为止依然萎靡不振。目前，尽管健身休闲产业可以享受来自全民健身、体育产业、服务业、中小企业、创新产业等众多优惠政策，但是很多优惠最终要落实到地方政府的财政支出，最终会因为受地方政府财政能力、经济发展规划、地方官员的重视程度等因素的影响而使其获得优惠的机会非常少，只有极少数企业能够获得。

在我国健身休闲产业政策开始初期，也是体育事业通过市场化手段开始的时期，国家为了防止不良市场行为对体育事业的危害而采取了比较严格的管理方式。但是，由于缺乏监管制度，依然有很多规避政策的行为，一方面体现在体育公共资源不能有效创造价值，也不能充分为人们提供健身休闲服务；另一方面体现在社会资源进入健身休闲市场的门槛过高，很难进入体育健身休闲市场。而在 2000 年以后，我国体育市场开始大幅度放开，健身休闲经营的前提性审批取消，相关税率普遍降低，健身休闲产业得到迅速发展。但是，由于没有及时采取相关的监控措施，出现了盲目投资的现象，最终导致健身休闲服务供给持续上升，而健身休闲企业又持续倒闭。同时，出现了很多健身休闲企业与消费者之间的纠纷事件，还有一些高危型健身休闲企业的人身伤亡事件。截至目前，健身休闲市场机制基本健全，健身休闲产业中的各类纠纷也有了较好的处理途径，健身休闲产业进入了被扶持的阶段。而在扶持资金的申请和使用方面依然存在监督问题，尽管在 2016 年出台了《关于加快发展健身休闲产业的指导意见》，但是配套措施跟进不够。经过对我国若干地区健身休闲产业扶持资金的调查发现，在经济发达、健身休闲产业发展基础良好、政策投入较多的地区，健身休闲产业政策扶持方面容易通过规避政策风险获得资金扶持。在调查过程中还发现一些体育行政官员为规避政策风险而停止一些健身休闲产业的财政补贴，从而出现了管理"一刀切"或者相关人士的"怠工"现象，实际上是政策监督机制不健全、行政执法风险系数偏高而导致的结果。而对于一些经济欠发达、健身休闲产业基础薄弱、健身休闲产业政策执行投入小的地区，则体现为无作为、无问题的现象，甚至在政策的制定上依然沿袭早期低成本、低投入、快速度的业绩性政策制定方案，制定出的政策文件缺少执行力。

三　健身休闲产业政策执行影响因素

通过调查我国各地健身休闲产业政策的执行过程，发现一些健身休闲产业政策执行地区如果法律、政治、经济和政策环境良好，健身休闲产业政策的执行过程相对科学合理，在政策执行过程中的自利行为相对较小，这些地区的健身休闲产业政策执行效果也相对较好，对健身休闲产业的促进作用明显，对增加健身休闲企业数量、就业人口数量、体育消费力度以及提高健身休闲产业服务质量和提升品牌价值等方面均起到积极的影响作用。而在一些地区，虽然与健身休闲产业相关的政策内容比较全面、细致，但是在投入不足的地区，其对健身休闲产业的促进效果并不理想。

从政策执行模型和我国健身休闲产业政策执行过程可以看出，很多因素会影响政策的执行过程，进而影响政策执行效果。一方面，政策本身是影响政策执行的一个重要因素，政策的可行性、合理性、合法化是决定政策具有执行性的重要保障；另一方面，我国不同地区法制发展水平、经济发展水平、文化民俗习惯，人力和财力的投入水平以及政策执行者的个人认识水平、执行态度等都会对我国健身休闲产业政策的执行过程产生影响，进而影响最终的政策效果。

第二节　我国健身休闲产业政策执行效果

政策执行效果需要进行评价，在评价的过程中主要了解政策对某一领域起到了怎样的影响作用，然后再将评价结果和影响因素反馈到政策制定、执行和监督等环节，进而达到优化整个政策体系、使政策执行效果更好的目的。我国健身休闲产业政策执行效果在政策初步发展时期和政策转型阶段体现出不稳定的状态，而在政策扶持阶段体现出越来越明显的稳定性。政策初步发展时期的效果不稳定主要是因为体育市场放开和管制并存的现状，国有体育资本与社会资本的不同运作机制，加上市场体制不够健全的现实情况，早期相关政策对健身休闲产业的影响作用并不稳定，而且地区的差异性、行政执法力度和执法态度的不同、政策信息传输程度的区别，导致政策执行效果并不相同。政策转型阶段的市场机制相对健全，政府对体育市场的干预大幅度松绑，加上国家服务业发展的需求而大幅度降低了体育服务业经营企业的税率。此时健身休闲产业得到了快速发展，但是因为发展过快而出现了盲目投资的现象，导致了健身休闲企业快速增长和健身休闲企业快速倒闭并存的结果。保龄球、台球、高尔夫以及健身会所都因此经历了经营过程中大起大落的波动，直到健身休闲产业政策开始对健身休闲产业扶持，健身休闲产业的盲目投资和过度倒闭现象才得以缓解。此时，法制环境和执政环境相对优化，各地对健身休闲产业的扶持措施也比较谨慎，扶持前后通常要进行相关调研和监督评价，政策对健身休闲产业的促进作用比较平稳，也没有出现大起大落的现象。随着我国健身休闲产业发展环境的不断优化，健身休闲产业政策执行效果将更趋于稳定状态，不会出现大起大落的现象。

在我国健身休闲产业政策的执行效果判断过程中，分别在2011年和2016年对我国健身休闲产业政策执行效果进行了评价。健身休闲产业政策内容充分落实并发挥作用，进而促进我国健身休闲产业的发展，这是确定我国健身休闲产业政策内容的根本目的。通过45位专家的问卷调查结果发现，健身休闲政策起到较大促进作用的专家只有37.8%，[①]由此可以看出健身休闲产业政策并没有充分发挥作用，需要进一步提高政策的执行效果。问卷调查结果在宏观上反映了我国全国性健身休闲产业政策的综合执行效果，但某一具体的健身休闲产业政策内容由于不同的表现形式会产生不同的执行效果。一般情况下，财税性政策的干预程度最灵敏，执行效果较好；同时，政策的级别越高，政策内容规定越具体，政策的执行力也相对越强。在提高我国健身休闲产业政策执行效果的工作中，必须以这些政策的自身规律为依据。

每一个具体的健身休闲政策在不同的历史时期、不同的地区所发

---

① 吴香芝：《我国体育服务产业政策研究》，博士学位论文，上海体育学院，2012年，第111页。

挥的作用也是不同的。由于政策固有的时效性，当健身休闲产业政策内容适应社会发展时，会发挥较好的效果；当社会环境发生变化，政策不再适应社会时，则可能表现为政策不再发挥作用，甚至产生负面影响。由于健身休闲产业对不同地区经济发展和社会发展的影响程度不同，受地方政府和相关职能部门的重视程度也可能不同，导致健身休闲产业政策在不同地区产生的效果也会有所不同。当对我国 2016 年的健身休闲产业进行再次评价，对过去 5 年健身休闲产业政策执行效果进行评价时发现，对我国整体健身休闲产业起较大促进作用的专家占 56.7%，比 5 年前的认同率提高 18.9%。由此也可以看出，我国健身休闲产业政策执行效果比 5 年前有所提高。

健身休闲产业政策执行效果是判断健身休闲产业政策优劣的重要依据，基于此，根据政策评价相关理论采取专家判断的途径通过问卷调查的形式对我国健身休闲产业政策执行效果进行了评价。问卷调查选取了科研人员、各级体育产业处或产业法规处的行政人员、健身休闲产业经营人员各 30 人，共选 90 人，有效问卷 60 人，其中科研人员 30 人，占 50%；行政人员 18 人，占 30%；企业人员 12 人，占 20%（问卷设计了专家对我国健身休闲政策的熟悉程度的判断，熟悉程度分别从非常不熟悉到非常熟悉 5 个等级，1 表示非常不熟悉，5 表示非常熟悉，熟悉程度分值大于 3 的专家所填写问卷有效）。

一 不同类别政策文件对健身休闲产业的作用程度

我国关于健身休闲产业发展的政策内容主要分布在体育产业政策文件、宏观性体育政策文件、群众体育政策文件、税收政策文件等政策文件中，它们对健身休闲产业的促进作用有所不同。由表 5-1 可以看出，对我国健身休闲产业产生最积极影响的政策文件是体育产业政策文件；体育产业政策文件对健身休闲产业政策的执行效果最好（见表 5-2），评卷综合得分为 6.58 分［综合得分 =（Σ 频数 × 权值）/

本题填写人次，权值由选项被排列的位置决定，有 8 个选项参与排序，那排在第一个位置的权值为 8，第二个位置权值为 7……第八个位置权值为 1]。其次是宏观体育政策文件（4.88 分）、群众体育政策文件（4.23 分）、税收政策文件（2.75 分）、服务业政策文件（2.72 分）、文化产业政策文件（2.60 分）和旅游产业政策文件（2.47 分），最后是市场规范政策文件（1.80 分）。从表 5-1 数据反映的结果可以看出，2011—2015 年，专家们普遍认为一些分布在体育产业政策文件中的健身休闲产业政策发挥作用力度更大，其次是宏观体育政策文件，再次是群众体育政策文件，最后是税收政策文件和市场规范政策文件。从表 5-2 可以看出，体育产业政策文件、宏观体育政策文件、群众体育政策文件是促进健身休闲产业较好发展的三类政策文件。

表 5-1　对我国健身休闲产业起到最大积极影响的政策文件专家选择数（n=60）

选项	文件数（份）	比例（%）
宏观体育政策文件	19	31.67
体育产业政策文件	26	43.33
群众体育政策文件	6	10.00
服务业政策文件	2	3.33
文化产业政策文件	0	0
旅游产业政策文件	0	0
税收政策文件	3	5.00
市场规范政策文件	3	5.00
（空）	1	1.67

注：（空）指的是以上政策起的作用都不大。

表 5-2　我国健身休闲产业起到更积极作用的政策文件综合得分（n=60）

选项	综合得分（分）
体育产业政策文件	6.58

续表

选项	综合得分（分）
宏观体育政策文件	4.88
群众体育政策文件	4.23
税收政策文件	2.75
服务业政策文件	2.72
文化产业政策文件	2.60
旅游产业政策文件	2.47
市场规范政策文件	1.80

二 我国健身休闲产业政策在不同区域发挥的作用

健身休闲产业政策的执行效果是政策在整个运行过程中所产生的效果，受政策内容、政策执行投入、政策环境等诸多因素的影响。我国土地疆域广阔，各地区的自然条件相差大，再加上历史、文化、社会、经济等各种因素的影响，地区差异普遍存在。通过文献资料、实地考察、专家访谈和问卷调查发现，我国健身休闲产业政策的地域差异显著，在健身休闲产业政策执行效果上存在差异。本书筛选出的60名专家的有效问卷调查结果为：北京、上海、浙江、江苏、广东的健身休闲产业政策执行效果好、政策内容设计比较科学、政策执行环境好。其中，政策执行效果比较好的认同比分别是65.00%、65.00%、60.00%、41.67%、48.33%（见图5-1）；政策内容较为合理的认同比分别为78.33%、65.00%、65.00%、56.67%、40.00%（见图5-2）；执行投入较多的认同比分别是66.67%、70.00%、55.00%、46.67%、46.67%（见图5-3）；政策环境比较好的认同比分别是71.67%、68.33%、58.33%、50.00%、53.33%（见图5-4）。

我国不同区域健身休闲产业政策对健身休闲产业的促进作用也有所不同。在专家判断的过程中，在对我国东、中、西部地区健身休闲产业政策执行效果进行评价时，采取了李克特量表进行判断，1表示

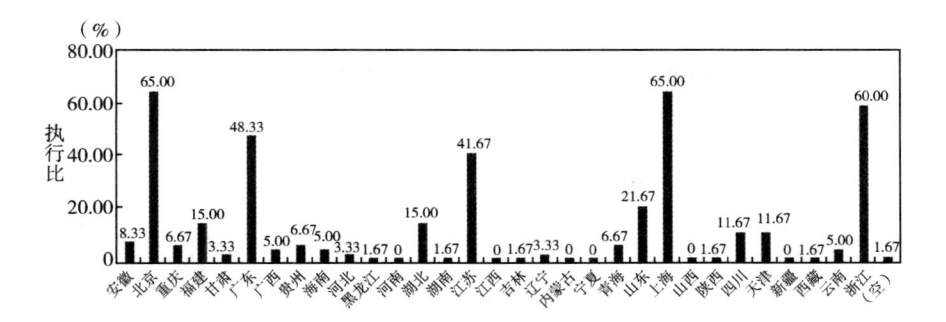

图 5-1　各省健身休闲产业政策执行效果较好的地区分布

注：（空）表示专家认为没有政策执行较好的地区。

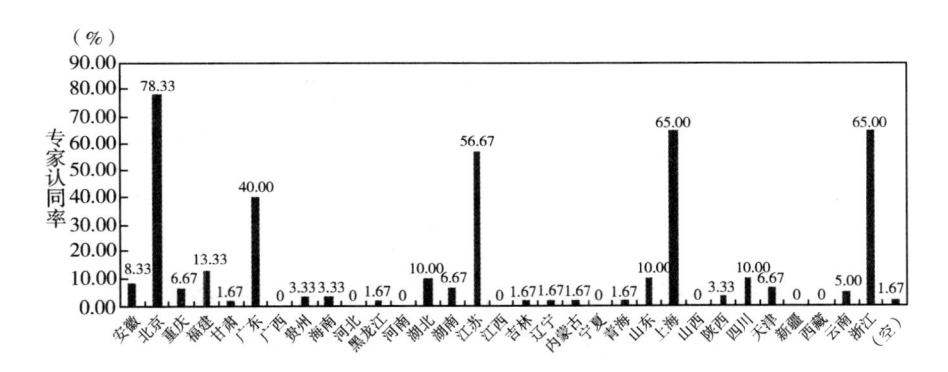

图 5-2　各省健身休闲产业政策设计较为合理的地区分布

注：（空）表示专家认为没有政策设计较为合理的地区。

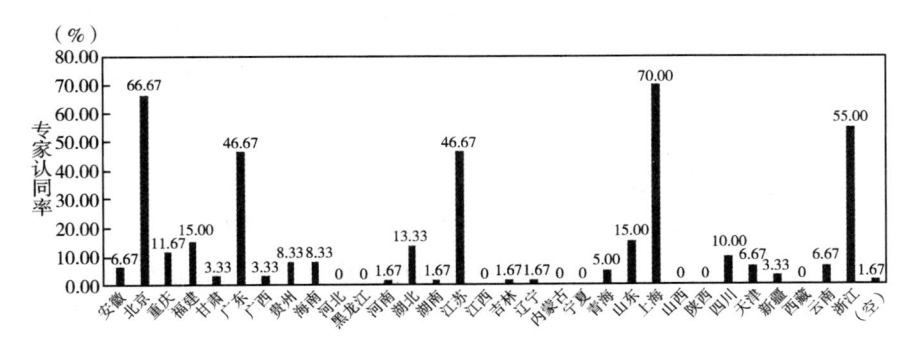

图 5-3　各省健身休闲产业政策执行投入较多的地区分布

注：（空）表示专家认为没有政策执行投入较多的地区。

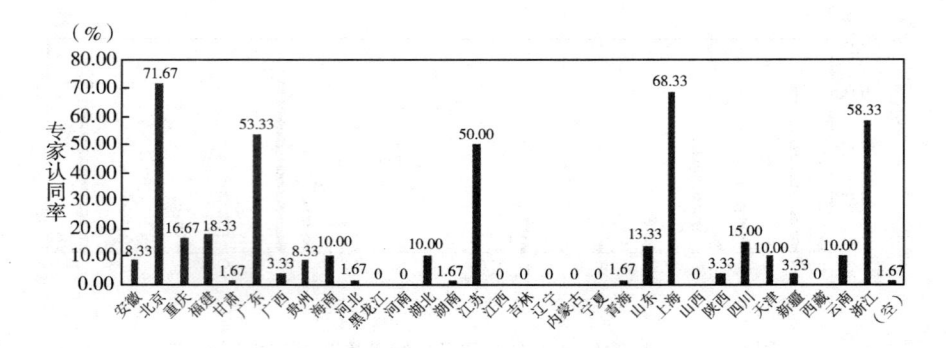

图 5-4　各省健身休闲产业政策环境较好的地区分布

注：（空）表示专家认为没有政策环境较好的地区。

最消极的影响作用（最大阻碍作用），5 表示无影响作用，9 表示最积极的影响作用（最大促进作用）。健身休闲产业政策的积极影响作用主要表现在健身休闲企业数量增加、企业服务质量提高、就业人口和消费人口增加，消极影响则相反。通过调查发现，我国东、中、西部地区的健身休闲政策所发挥的效果不同。东部地区政策效果最好，综合得分（专家认同程度）达 6.90 分；中部地区次之，综合得分为 6.02 分；西部地区最差，综合得分为 5.86 分。但是综合得分达到 7.00 分以上才能达到较大影响作用，综合得分达到 8.00 分以上才能达到很大影响作用。由此也可以看出，当时我国健身休闲产业政策的执行效果并不理想，还需要采取一定措施或手段提高健身休闲产业政策的执行效果（见表 5-3 和图 5-5）。

表 5-3　我国东中西部地区健身休闲产业政策执行效果专家判断一览（n=60）　　　单位：人，%，分

选项	1	2	3	4	5	6	7	8	9	（空）	综合得分
东部地区	2 3.33	1 1.67	2 3.33	1 1.67	6 10.00	8 13.33	9 15.00	18 30.00	12 20.00	1 1.67	6.90

续表

选项	1	2	3	4	5	6	7	8	9	(空)	综合得分
中部地区	1	1	4	4	7	14	17	7	2	3	6.02
	1.67	1.67	6.67	6.67	11.67	23.33	28.33	11.67	3.33	5.00	
西部地区	0	4	6	2	14	9	9	4	9	3	5.86
	0	6.67	10.00	3.33	23.33	15.00	15.00	6.67	15.00	5.00	

注：1. 量表级别打分中，表格中的数字和比例分别表示选择各分值的人数和比例。2. 因表中数据做四舍五入处理，故百分比相加可能不等于100%。

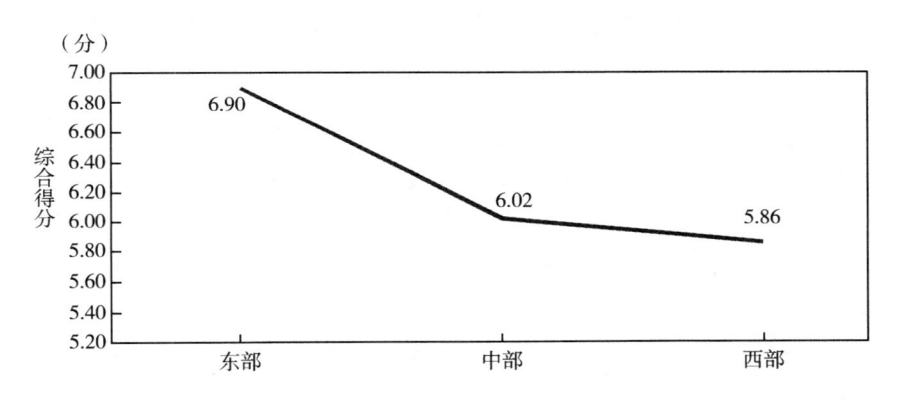

图5-5 东中西部地区不同区域健身休闲产业政策执行效果

三 健身休闲产业政策对健身休闲产业若干方面所发挥的作用

我国健身休闲产业政策对健身休闲产业的积极影响作用主要体现在健身休闲企业数量的增加、健身休闲服务质量的提高、消费人口的增加和就业岗位的增加。在专家的判断过程中，同样采用李克特量表进行判断（1表示最消极的影响作用，5表示无影响作用，9表示最积极的影响作用，以综合得分判断健身休闲产业政策的执行效果）。通过李克特量表测试结果可以判断出我国健身休闲产业政策执行效果较好，综合得分为6.82分。同时，我国健身休闲产业政策对健身休闲企业数量的增加、服务质量的提高、消费人口的增加和就业岗位的增加均有积极影响作用，但是对不同方面所起的作用程度存在差异，其中对健身休闲企业数量的增加影响程度最大，综合得分为 7.16 分；其次是健身休闲消费人口增加的影响，综合得分为 6.88 分；对就业岗位增加的影响程度排第三名，综合得分为 6.74 分；排第四名的是健身休闲服务质量，综合得分为 6.41（见表 5-4、图 5-6）。由此可以看出，我国健身休闲产业政策在增加企业数量方面起到的积极影响作用最大，但是在提高服务质量方面的积极影响程度偏低。

表 5-4　　我国健身休闲产业政策执行效果（n=60）　　单位：人，%，分

选项	1	2	3	4	5	6	7	8	9	（空）	综合得分
企业数量	0	0	3	2	8	3	12	14	16	2	7.16
	0	0	5.00	3.33	13.33	5.00	20.00	23.33	26.67	3.33	
服务质量	0	0	1	7	11	11	8	9	10	3	6.49
	0	0	1.67	11.67	18.33	18.33	13.33	15.00	16.67	5.00	
消费人口	0	0	2	2	8	8	15	11	10	4	6.88
	0	0	3.33	3.33	13.33	13.33	25.00	18.33	16.67	6.67	
就业岗位	1	0	2	5	5	6	17	14	8	2	6.74
	1.67	0	3.33	8.33	8.33	10.00	28.33	23.33	13.33	3.33	

注：1. 量表级别打分中，表格中的数字和比例分别表示选择各分值的人数和比例。2. 因表中数据做四舍五入处理，故百分比相加可能不等于 100%。

四　我国健身休闲产业政策对不同健身休闲产业类型的促进作用

根据专家的判断（见表 5-5 和图 5-7），我国健身休闲产业政策对我国整个健身休闲产业的促进作用的综合得分为 6.30 分（1 表示最消极的影响作用；5 表示无影响作用；9 表示最积极的影响作用），体现出较好的促进作用。但是由于不同健身休闲产业类型存在的问题不同，对政策的需求也不同，因此，在某一具体的健身休闲项目上发挥的作用有较大差异。根据我国健身休闲产业的具体内容和特点，将我国健身休闲产业分为球类健身产业、健身会所产业、游泳健身产业、户外运动产业（水上、冰雪、山地等）、体育旅游产业（度假、休闲）、

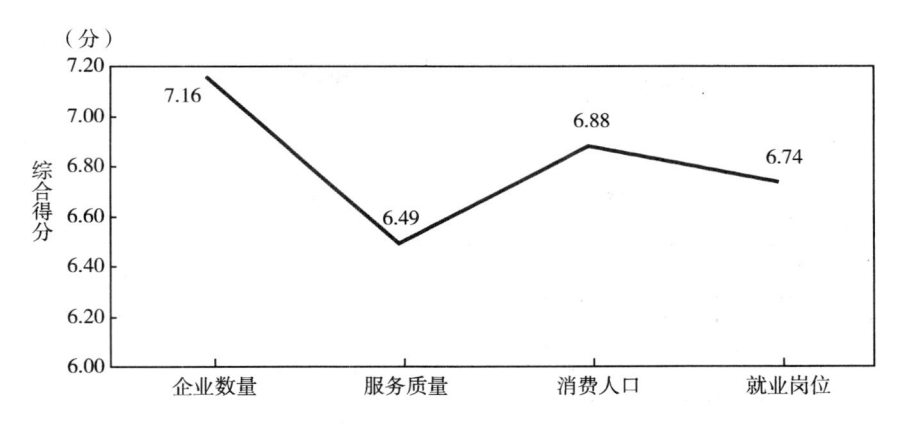

图 5-6　健身休闲产业政策对健身休闲产业若干方面所发挥的作用

高尔夫产业、民族传统健身产业（气功、太极、武术等）、其他新兴健身产业（汽车、飞机、马术等）。专家判断结果显示，健身休闲产业政策对体育旅游产业的促进作用最明显，综合得分为 7.03 分。对高尔夫产业的促进作用非常小，综合得分为 5.04 分，几乎没有对高尔夫产业起到促进作用，甚至对高尔夫产业起到了阻碍作用。对我国民族传统健身产业和其他新兴健身产业的促进作用也比较小，综合得分分别只有 5.93 分和 5.86 分。在实践调研中也发现，这两类健身休闲产业是目前我国健身休闲产业的薄弱点，需要在以后的健身休闲产业工作中给予更多的关注。对球类健身产业、健身会所产业、户外运动产业的促进作用的综合得分虽然在 7.00 分以下，但是均在 6.50 分以上，可以看出健身休闲产业政策在这些产业中所发挥的促进作用比较明显。

表 5-5　健身休闲产业政策在不同健身休闲产业中的执行效果（n=60）

单位：人，%，分

选项	1	2	3	4	5	6	7	8	9	空	综合得分
球类健身产业	0	2	2	4	7	11	8	8	15	3	6.70
	0	3.33	3.33	6.67	11.67	18.33	13.33	13.33	25.00	5.00	

续表

选项	1	2	3	4	5	6	7	8	9	空	综合得分
健身会所产业	1	0	3	6	9	6	8	15	9	3	6.53
	1.67	0	5.00	10.00	15.00	10.00	13.33	25.00	15.00	5.00	
游泳健身产业	0	2	2	4	7	15	11	10	7	2	6.40
	0	3.33	3.33	6.67	11.67	25.00	18.33	16.67	11.67	3.33	
户外运动产业	0	1	2	3	8	7	12	9	14	4	6.86
	0	1.67	3.33	5.00	13.33	11.67	20.00	15.00	23.33	6.67	
体育旅游产业	1	0	2	2	7	7	8	19	12	2	7.03
	1.67	0	3.33	3.33	11.67	11.67	13.33	31.67	20.00	3.33	
高尔夫产业	5	5	5	7	12	9	4	3	7	3	5.04
	8.33	8.33	8.33	11.67	20.00	15.00	6.67	5.00	11.67	5.00	
民族传统产业	2	2	4	3	15	8	7	8	8	3	5.93
	3.33	3.33	6.67	5.00	25.00	13.33	11.67	13.33	13.33	5.00	
其他新兴产业	3	2	3	6	12	9	6	9	8	2	5.86
	5.00	3.33	5.00	10.00	20.00	15.00	10.00	15.00	13.33	3.33	

注：1.量表级别打分中，表格中的数字和比例分别表示选择各分值的人数和比例。2.因表中数据做四舍五入处理，故百分比相加可能不等于100%。

第三节　我国健身休闲产业政策执行效果影响因素

通过德尔菲法得出影响我国健身休闲产业政策执行效果的四大因素是政策本身（具体内容、表现形式、政策类别、政策级别等）、政策执行机关（体育、旅游、文化、税务等行政机关）、政策环境（法律、政策、文化等）、政策对象（各类健身休闲产业经营主体）。然后通过李克特量表对各影响因素进行判断，1 表示最消极的影响作用；5

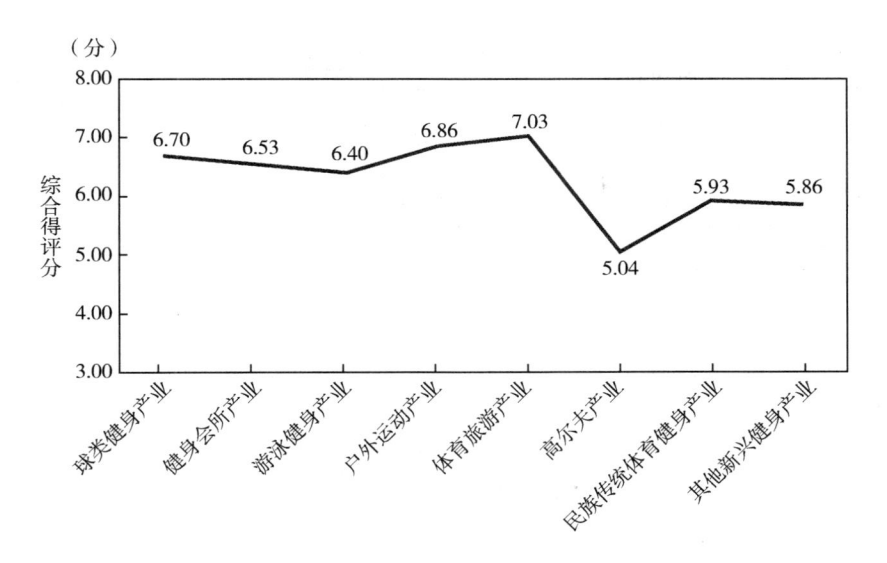

图 5-7 我国健身休闲产业政策对不同健身休闲产业类型的促进作用程度

表示影响作用;9 表示最积极的影响作用。结果显示,政策执行机关的积极影响程度最大,综合得分是 7.04 分;接下来依次是政策本身、政策环境、政策对象,综合得分分别是 6.88 分、6.70 分、6.46 分(见表 5-6 和图 5-8)。

表 5-6 影响我国健身休闲产业政策执行效果的四大因素 (n=60)

单位:人,%,分

选项	1	2	3	4	5	6	7	8	9	空	综合得分
政策本身	1	1	1	3	7	7	12	12	13	3	6.88
	1.67	1.67	1.67	5.00	11.67	11.67	20.00	20.00	21.67	5.00	
政策执行机关	0	1	3	3	6	4	11	14	15	3	7.04
	0	1.67	5.00	5.00	10.00	6.67	18.33	23.33	25.00	5.00	
政策环境	0	3	2	1	7	8	15	9	11	4	6.70
	0	5.00	3.33	1.67	11.67	13.33	25.00	15.00	18.33	6.67	

续表

选项	1	2	3	4	5	6	7	8	9	空	综合得分
政策对象	0	0	1	5	13	9	11	10	7	4	6.46
	0	0	1.67	8.33	21.67	15.00	18.33	16.67	11.67	6.67	

注：1. 量表级别打分中，表格中的数字和比例分别表示选择各分值的人数和比例。2. 因表中数据做四舍五入处理，故百分比相加可能不等于100%。

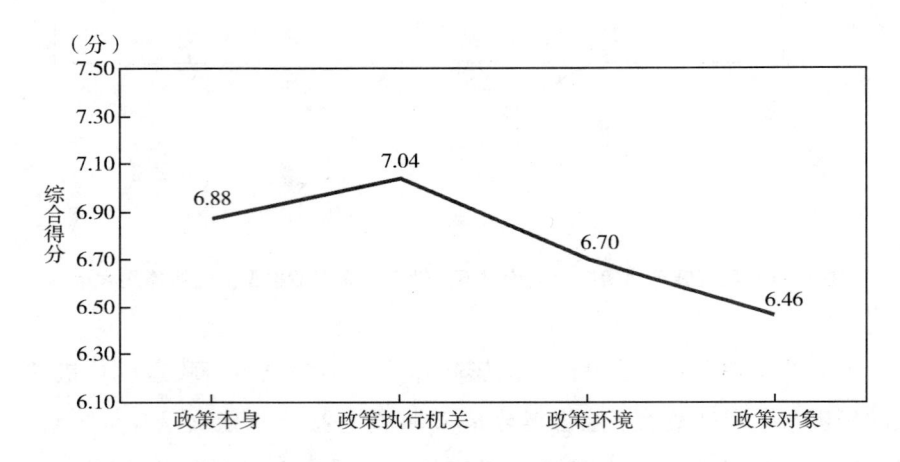

图 5-8 影响我国健身休闲产业政策执行效果的四大因素

（综合得分：政策本身 6.88，政策执行机关 7.04，政策环境 6.70，政策对象 6.46）

专家在判断我国某些地区健身休闲产业政策执行效果不佳的原因时认为，在政策具体内容方面主要是因为政策内容太宏观、与实际需求偏差大、政策配套不完善。对这三个影响因素进行李克特量表判断时发现，我国健身休闲产业政策并没有充分发挥作用，还存在健身休闲产业不能有效发挥作用的地区和领域。因此，在判断二级指标时采取逆向判断，采取五级量表判断影响我国健身休闲产业不能有效发挥作用的因素，这是完善我国健身休闲产业政策更具有实操性的关键环节。由表 5-7 和图 5-9 可以看出，影响程度最大的因素是政策配套不完善（1→5 表示完全不同意→完全同意），综合得分是 4.33 分；其次是政策内容太宏观，综合得分是 3.93 分；综合得分最低的是与实际需求偏差大，综合得分 3.76 分。因此，在健身休闲产业政策内容设计方面，应该注重配套政策的跟进和更新。

表5-7 我国健身休闲产业政策不能有效发挥作用的内容因素（n=60）

单位：人，%，分

选项	1	2	3	4	5	空	综合得分
政策内容太宏观	0	9	10	14	24	3	3.93
	0	15.00	16.67	23.33	40.00	5.00	
与实际需求偏差大	2	5	15	19	17	2	3.76
	3.33	8.33	25.00	31.67	28.33	3.33	
政策配套不完善	0	2	9	15	32	2	4.33
	0	3.33	15.00	25.00	53.33	3.33	

注：1. 量表级别打分中，表格中的数字和比例分别表示选择各分值的人数和比例。2. 因表中数据做四舍五入处理，故百分比相加可能不等于100%。

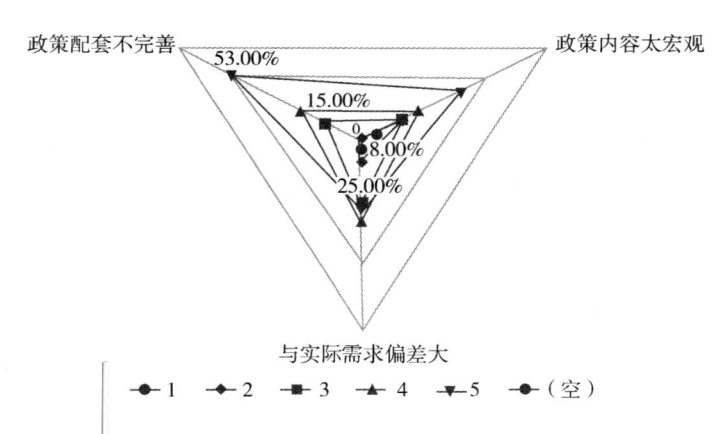

图5-9 影响我国健身休闲产业政策执行效果的政策内容因素

影响我国某些地区健身休闲产业政策执行效果不佳的政策执行机关方面的主要因素有地方政府重视程度低、体育总局重视程度低、地方体育局重视程度低、地方行政机关财政能力差、政策执行责任分配不明确，由表5-8和图5-10可以看出，影响程度最大的两个因素是地方政府重视程度低、政策执行责任分配不明确，综合得分分别是4.05和4.09（1→5表示完全不同意→完全同意）。由此可以看出，我国某些健身休闲产业政策或者某些地区健身休闲产业政策执行效果不佳的主要原因是地方政府和体育总局重视程度低。

表 5-8 健身休闲产业政策执行效果不佳的执行机关因素 (n=60)

单位：人，%，分

选项	1	2	3	4	5	空	综合得分
地方政府重视程度低	2	3	10	19	25	1	4.05
	3.33	5.00	16.67	31.67	41.67	1.67	
体育总局重视程度低	2	7	23	16	8	4	3.38
	3.33	11.67	38.33	26.67	13.33	6.67	
地方体育局重视程度低	2	7	15	19	14	3	3.63
	3.33	11.67	25.00	31.67	23.33	5.00	
地方行政机关财政能力差	1	5	15	16	20	3	3.86
	1.67	8.33	25.00	26.67	33.33	5.00	
政策执行责任分配不明确	1	4	9	18	25	3	4.09
	1.67	6.67	15.00	30.00	41.67	5.00	

注：1. 量表级别打分中，表格中的数字和比例分别表示选择各分值的人数和比例。2. 因表中数据做四舍五入处理，故百分比相加可能不等于100%。

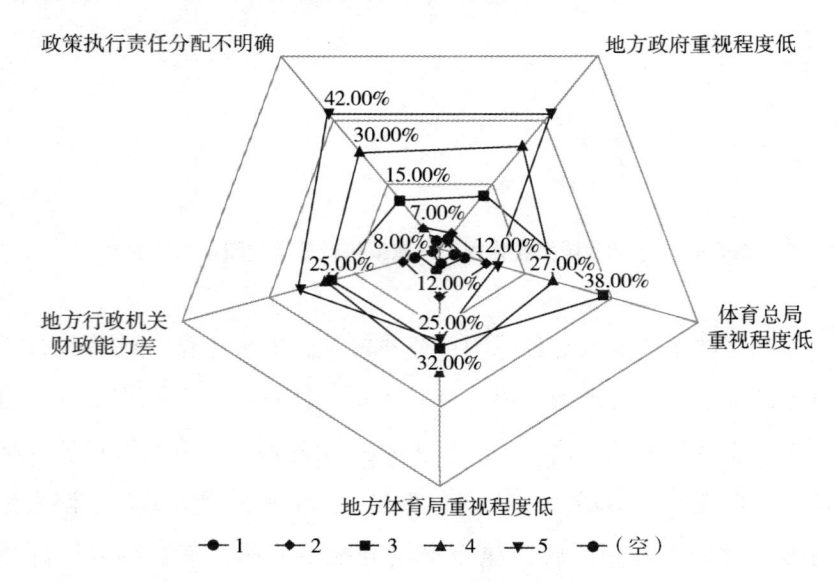

图 5-10 健身休闲产业政策执行效果不佳的执行机关因素

影响我国某些地区健身休闲产业政策执行效果不佳的政策环境方面的主要因素有经济发展水平低、法制环境差、政治环境差、社会文化环境差，由表 5-9 和图 5-11 可以看出，影响程度最大的是经济发展水平低，综合得分为 3.85 分（1→5 表示完全不同意→完全同意）。这在一定程度上印证了北京、上海、广东、浙江、江苏健身休闲产业政策执行效果较好的原因。

表 5-9　健身休闲产业政策执行效果不佳的政策环境因素（n=60）

单位：人，%，分

选项	1	2	3	4	5	空	综合得分
经济发展水平低	1	8	12	16	22	1	3.85
	1.67	13.33	20.00	26.67	36.67	1.67	
法制环境差	3	8	23	13	10	3	3.33
	5.00	13.33	38.33	21.67	16.67	5.00	
政治环境差	4	13	19	17	4	3	3.07
	6.67	21.67	31.67	28.33	6.67	5.00	
社会文化环境差	1	10	15	19	12	3	3.54
	1.67	16.67	25.00	31.67	20.00	5.00	

注：1. 量表级别打分中，表格中的数字和比例分别表示选择各分值的人数和比例。2. 因表中数据做四舍五入处理，故百分比相加可能不等于100%。

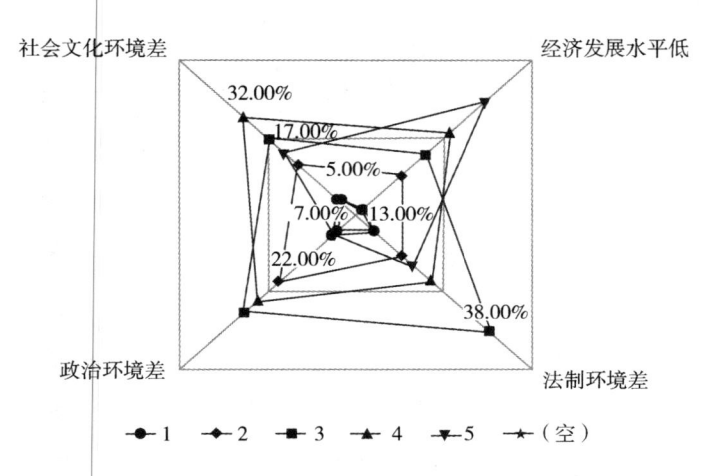

图 5-11　健身休闲产业政策执行效果不佳的政策环境因素

影响我国某些地区健身休闲产业政策执行效果不佳的政策对象方面的主要因素有经营主体对政策不信任、经营主体法律政策意识弱、经营主体接受政策信息程度低，由表5-10和图5-12可以看出，影响程度最大的是经营主体接受政策信息程度低。由此也可以看出，我国健身休闲产业的信息传导程度不足，需要在政策信息的发布、宣传、引导学习等方面加强。

表5-10 健身休闲产业政策执行效果不佳的政策对象因素（n=60）

单位：人，%，分

选项	1	2	3	4	5	空	综合得分
经营主体对政策不信任	4	11	20	16	7	2	3.19
	6.67	18.33	33.33	26.67	11.67	3.33	
经营主体法律政策意识弱	2	11	21	16	7	3	3.26
	3.33	18.33	35.00	26.67	11.67	5.00	
经营主体接受政策信息程度低	3	11	11	17	15	3	3.53
	5.00	18.33	18.33	28.33	25.00	5.00	

注：1. 量表级别打分中，表格中的数字和比例分别表示选择各分值的人数和比例。2. 因表中数据做四舍五入处理，故百分比相加可能不等于100%。

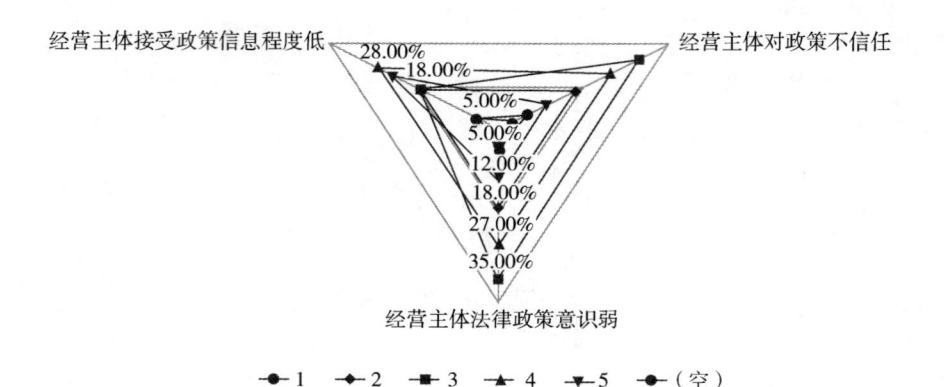

图5-12 健身休闲产业政策执行效果不佳的政策对象因素

第四节　我国健身休闲产业政策执行效果影响因素回归分析

回归分析是应用比较广泛的数据分析方法之一。它基于观测数据建立变量间适当的依赖关系，分析数据内在规律，用于判断、预测和控制各种问题。探讨影响我国健身休闲产业政策执行效果的影响因素的影响程度以及各因素之间的关系，可有效推动我国健身休闲产业政策的执行。为了进一步确认和印证健身休闲产业政策执行效果的影响因素，本章采取回归分析，更精准地分析影响我国健身休闲产业政策执行效果的各个因素以及各个因素之间的关系。

在对我国健身休闲产业执行效果影响因素进行判断前，根据研究文献和专家检验选取了 23 个变量。其中，有 4 个因变量反映我国健身休闲产业政策的执行效果，即 $y1$：健身休闲企业数量；$y2$：健身休闲产业服务质量；$y3$：健身休闲消费人口；$y4$：健身休闲产业提供的就业岗位。其他 19 个变量是影响我国健身休闲产业政策执行效果的因素，即 $x1$：健身休闲产业政策本身、$x2$：健身休闲产业政策执行机关、$x3$：健身休闲产业政策环境、$x4$：健身休闲产业政策对象、$x11$：政策内容太宏观、$x12$：与实际需求偏差大、$x13$：政策配套不完善、$x21$：地方政府重视程度低、$x22$：体育总局重视程度低、$x23$：地方体育局重视程度低、$x24$：地方行政机关财政能力差、$x25$：政策执行责任分配不明确、$x31$：经济发展水平低、$x32$：法制环境差、$x33$：政治环境差、$x34$：社会文化环境差、$x41$：经营主体对政策不信任、$x42$：经营主体法律政策意识弱、$x43$：经营主体接受政策信息程度低。由于我国健身休闲产业政策执行效果的专业性比较强，对我国健身休闲产业政策执行效果即影响因素的判断比较专业，本章采取问卷调查的方式,选取了 90 位专家进行专家判断,其中 60 位专家问卷有效。由于样本量比较少,仅有 60 个,并且评分为整数,因此首先进行了缺失值(随机缺失)处理,利用众数填补数据中的缺失值。

对 $y1$、$y2$、$y3$、$y4$ 进行主成分分析,即:

test = data.frame($y1,y2,y3,y4$),

分析结果为:

test.pr < -princomp(test,cor = TRUE)

cor 是逻辑变量,cor = TRUE 表示用样本的相关矩阵 R 做主成分分析,cor = FALSE 表示用样本的协方差矩阵 S 做主成分分析,得:

summary(test.pr,loadings = TRUE)

Importance of components:

Comp.1   Comp.2   Comp.3   Comp.4

Standard deviation   1.631940   0.7566797   0.6623343   0.57054460

Proportion of Variance   0.665807   0.1431411   0.1096717   0.08138029

Cumulative Proportion   0.665807   0.8089480   0.9186197   1.00000000

##

Loadings:

Comp.1   Comp.2   Comp.3   Comp.4

$y1$ -0.499   0.582   0.259   -0.587

$y2$ -0.506   0.292   -0.701   0.410

$y3$ -0.478   -0.742   -0.210   -0.421

$y4$ -0.516   -0.162   0.631   0.556

由以上分析结果可以看出:主成分 1 的累积贡献率为 0.665807,选择其中的主成分 1 进行分析,结果是 Comp.1 = -0.499$y1$ - 0.506$y2$ -

$0.478y3 - 0.516y4$。一方面，主成分 1 的贡献率虽然只有 0.665807，但是相对于社会学科和较低的样本量来说，依然具有实际参考意义。由此可以判断，我国健身休闲产业政策的执行效果分别体现在 $y1$、$y2$、$y3$、$y4$ 四个方面，而且体现的程度基本相当，其相关系数绝对值都在 0.5 左右。

在做 Y 与 X 的变量之间的线性回归之前进行探索性分析，分别计算 y 和 x 的相关系数，结果显示：Y（$y1$，$y2$，$y3$，$y4$）和 X（$x1$，$x2$，$x3$，$x4$）变量内部都具有相关性，即某一问题各个选项间有一定的相关性，而且体现出线性关系。

接着检查变量间的多重共线性：

w = read.table（"complete data1.csv"，sep = "，"）

w［，1：4］为 y，w［，5：8］为 x，w［，9：11］为 $x1$，w［，12：16］为 $x2$，w［，17：20］为 $x3$，w［，21：23］为 x4

kappa（w［，1：4］）   # y 的条件数

［1］10.79397

kappa（w［，5：8］）   # x 的条件数

［1］14.50038

kappa（w［，9：11］）   # $x1$ 的条件数

［1］9.571988

kappa（w［，12：16］）   # $x2$ 的条件数

［1］11.19418

kappa（w［，17：20］）   # $x3$ 的条件数

［1］9.28927

kappa（w［，21：23］）   # $x4$ 的条件数

［1］8.078679

kappa（w［，9：23］）   #c（$x1$，$x2$，$x3$，$x4$）的条件数

［1］16.67874

当 $k > 15$ 则有共线性问题,而 $k > 30$ 时说明共线性的问题严重。由以上分析结果可以看出,大多数组变量间的多重共线性不成立,只有最后一组检测出多重共线性,可以进行回归方程建立。经过 R 软件计算得出回归方程。

求 Y 与 $x1$、$x2$、$x3$、$x4$ 之间的线性关系(此处的 Y 指我国健身休闲产业政策执行效果不好的因变量,$x1$、$x2$、$x3$、$x4$ 是导致我国健身休闲产业政策不能有效发挥作用的自变量,即健身休闲产业政策本身、政策执行机关、政策环境、政策对象,计算结果为:

a1 = lm(Y ~ x1 + x2 + x3 + x4)

summary(a1)

\##

\## Call:

\## lm(formula = Y ~ x1 + x2 + x3 + x4)

\##

\## Residuals:

##	Min	1Q	Median	3Q	Max
##	-4.0254	-0.7613	-0.2194	0.8472	2.7845

\##

\## Coefficients:

##	Estimate	Std. Error	t value	Pr(>|t|)
## (Intercept)	4.91571	0.85713	5.735	4.29e-07 ***
## x1	-0.21826	0.14924	-1.463	0.1493
## x2	-0.26020	0.14605	-1.781	0.0804
## x3	-0.19934	0.19556	-1.019	0.3125
## x4	-0.02062	0.15497	-0.133	0.8946

\## ---

\## Signif. codes: 0 '***' 0.001 '**' 0.01 '*' 0.05 '.' 0.1 ' ' 1

```
## 
## Residual standard error: 1.318 on 55 degrees of freedom
## Multiple R-squared: 0.4023,  Adjusted R-squared: 0.3589
## F-statistic: 9.256 on 4 and 55 DF,   p-value: 8.596e-06
```

可得多元回归方程：

$$Y = -0.21826x_1 - 0.26020x_2 - 0.19934x_3 - 0.020623x_4$$

由此可以看出 Y 与 x_1、x_2、x_3、x_4 呈现负相关的关系和程度，x_2 的负相关程度最大。由此可以判断出导致我国健身休闲产业政策执行效果不好的首要因素是政策执行机关，其次是健身休闲产业政策本身不够科学，再次是健身休闲产业政策环境不够理想，最后是健身休闲产业政策对象存在的若干问题。

为了探讨影响我国健身休闲产业政策执行效果更具体的因素，通过回归计算 Y 与 x_1、x_2、x_3、x_4 的下级指标间的相关性，求 Y 与 x_{11}、x_{12}、x_{13}、x_{21}、x_{22}、x_{23}、x_{24}、x_{25}、x_{31}、x_{32}、x_{33}、x_{34}、x_{41}、x_{42}、x_{43} 之间的线性关系。计算过程和结果如下：

```
a2 = lm（Y ~ x11 + x12 + x13 + x21 + x22 + x23 + x24 + x25 + x31 + x32 + x33 + x34 + x41 + x42 + x43）
summary（a2）
## 
## Call:
## lm（formula = Y ~ x11 + x12 + x13 + x21 + x22 + x23 + x24 + x25 + x31 + x32 + x33 + x34 + x41 + x42 + x43）
## 
## Residuals:
##     Min       1Q    Median      3Q      Max
## -2.1379  -1.0038  -0.2697  0.8560  4.2434
## 
```

Coefficients：

```
##              Estimate Std.  Error  t value  Pr（>|t|）
## （Intercept）   2.97067    1.58252    1.877   0.06713
## x11          -0.40387    0.32185   -1.255   0.21616
## x12           0.05407    0.29921    0.181   0.85741
## x13          -0.06175    0.36230   -0.170   0.86545
## x21           0.21677    0.29053    0.746   0.45956
## x22           0.10413    0.30833    0.338   0.73717
## x23          -0.02939    0.32850   -0.089   0.92911
## x24          -0.09725    0.28739   -0.338   0.73669
## x25          -0.08185    0.30096   -0.272   0.78694
## x31          -0.77633    0.24658   -3.148   0.00295 **
## x32           0.11877    0.33034    0.360   0.72091
## x33          -0.22571    0.32844   -0.687   0.49554
## x34           0.12652    0.32266    0.392   0.69687
## x41           0.31425    0.31310    1.004   0.32103
## x42           0.02906    0.31628    0.092   0.92721
## x43           0.01497    0.26931    0.056   0.95592
## ---
## Signif. codes：  0 ´***´0.001 ´**´0.01 ´*´0.05 ´.´0.1 ´´1
##
## Residual standard error：1.611 on 44 degrees of freedom
## Multiple R-squared：0.2858，Adjusted R-squared：0.04228
## F-statistic：1.174 on 15 and 44 DF，p-value：0.3265
```

从 R 运行的结果来看，可以得出回归方程：

$Y = -0.40387x11 + 0.05407x12 - 0.06175x13 + 0.21677x21 + 0.10413x22 - 0.02939x23 - 0.09725x24 - 0.08185x25 - 0.77633x31 +$

$0.11877x32 - 0.22571x33 + 0.12652x34 + 0.31425x41 + 0.02906x42 + 0.01497x43$。

由方程可以看出：政策内容太宏观，经济发展水平低，政策环境差是我国健身休闲政策不能有效发挥作用的主要因素。

由于我国健身休闲产业政策执行效果 Y 是通过 $y1$、$y2$、$y3$、$y4$ 四个方面体现的，因此可以继续探讨 $y1$、$y2$、$y3$、$y4$ 分别与 $x1$、$x2$、$x3$、$x4$ 之间的回归线性关系，分别与 $x11$ 至 $x43$ 之间的线性回归关系。通过以上同样的方法，按照 R 运行，分别得出多项多元回归方程。回归方程如下：

$$y1 = 0.1767x1 + 0.1654x2 + 0.4194x3 - 0.1822x4 \quad (5-1)$$

$y1 = 0.38646x11 - 0.12831x12 + 0.26949x13 - 0.20662x21 - 0.33898x22 + 0.42178x23 - 0.01386x24 + 0.07902x25 + 0.53353x31 - 0.16970x32 + 0.18966x33 + 0.12246x34 - 0.17430x41 - 0.42479x42 + 0.06278x43$
$$\quad (5-2)$$

$$y2 = 0.05429x1 + 0.45433x2 - 0.01534x3 + 0.06337x4 \quad (5-3)$$

$y2 = 0.337195x11 + 0.003794x12 - 0.112446x13 - 0.307380x21 + 0.190286x22 - 0.058763x23 + 0.218741x24 + 0.011010x25 + 0.719586x31 - 0.183062x32 + 0.284972x33 + 0.020974x34 - 0.436523x41 + 0.212747x42 - 0.108887x43$
$$\quad (5-4)$$

$$y3 = 0.25776x1 + 0.04841x2 + 0.14259x3 + 0.14715x4 \quad (5-5)$$

$y3 = 0.27044x11 - 0.10729x12 + 0.25170x13 - 0.36670x21 - 0.11061x22 - 0.13957x23 + 0.18782x24 + 0.16239x25 + 0.63853x31 - 0.16194x32 + 0.22240x33 - 0.21602x34 - 0.31000x41 + 0.17066x42 + 0.04753x43$

$$\quad (5-6)$$

$$y4 = 0.23890x1 + 0.20529x2 + 0.13414x3 + 0.02518x4 \quad (5-7)$$

$y4 = 0.36206x11 + 0.05015x12 - 0.20154x13 + 0.16631x21 - 0.10191x22 - 0.09937x23 - 0.07890x24 + 0.01765x25 + 0.69953x31 +$

$0.11919x_{32} + 0.05469x_{33} - 0.33747x_{34} - 0.12153x_{41} - 0.08558x_{42} - 0.05018x_{43}$ (5-8)

由式（5-1）可以看出，x_1，x_2，x_3 是健身休闲产业经营主体数目有效增加的主要原因，其中 x_3 起到主要作用，x_4 体现出不能有效增加健身休闲产业经营数目。

由式（5-2）可以看出，x_{11}，x_{23}，x_{31} 是健身休闲产业经营主体数目不能有效增加的原因，x_{41}、x_{42}、x_{33}、x_{21}、x_{22} 并不是健身休闲产业经营主体数目不能有效增加的因素。

由式（5-3）可以看出，x_2 对于体育健身休闲服务质量的提高起到重要的作用。因此，政策执行机关重视程度不够也是健身休闲服务质量不能提高的重要原因。

由式（5-4）可以看出，x_{11}、x_{31} 等是健身休闲产业不能有效发挥作用的主要影响因素。x_{41}、x_{21}、x_{32} 并不影响体育健身休闲服务质量的提高。

由式（5-5）可以看出，健身休闲产业政策本身的好坏，政策执行机关的重视程度，政策环境的优劣，政策对象的主体法规政策意识的高低都会影响体育休闲消费人口，其中政策本身影响最大。

由式（5-6）可以看出，x_{11}、x_{31} 对体育休闲消费人口不能有效增加的影响作用大。x_{21}、x_{41}、x_{34} 对体育休闲消费人口不能有效增加的影响作用不大。

由式（5-7）可以看出，就健身休闲产业提供的就业岗位而言，健身休闲产业政策本身的好坏、政策执行机关的重视力度、政策环境的优劣、政策对象的主体意识深浅都会影响体育休闲消费人口，其中政策影响本身最大，政策对象影响最小。

由式（5-8）可以看出，x_{11}、x_{31}、x_{21} 是健身休闲产业就业岗位数目不能有效增加的主要原因。x_{34}、x_{13}、x_{22} 不会影响健身休闲产业提供就业岗位的数目的增加。

根据我国健身休闲产业政策执行效果的判断可以看出，不同区域健身休闲产业政策执行效果不同，不同项目的健身休闲产业政策的执行效果不同，不同政策文件对健身休闲产业政策的执行效果也不同。因此，在健身休闲产业政策的优化过程中，必须充分考虑这些因素。

根据主要影响我国健身休闲产业政策执行效果的因素可以看出，影响我国健身休闲产业政策执行效果的主要因素是政策内容和政策执行机关，在政策配套较好、地方政府比较重视、政策执行投入较高、执行责任分配比较明确的地区，健身休闲产业政策执行效果较好。而有些政策执行效果不佳的主要原因也恰恰如此。同时也可以看出，体育行政机关对健身休闲产业的重视程度很高，我国的健身休闲产业政策环境也比五年前优化很多，健身休闲产业政策对象对健身休闲产业的信任程度、法律政策意识都有一定的提高，这些因素对我国健身休闲产业政策的执行都起到了积极的影响作用。经营主体接受政策信息程度尽管比五年前有所提高，但是仍然偏低。所以，在优化我国健身休闲产业政策时，应该充分考虑这些因素，并根据我国健身休闲产业发展状况、体育强国建设的需求，采取科学合理的措施优化我国健身休闲产业政策。

第六章 体育强国建设中我国健身休闲产业政策优化建议

通过德尔菲法得出影响我国健身休闲产业政策执行效果的四大因素是政策本身（具体内容、表现形式、政策类别、政策级别等）、政策执行机关（体育、旅游、文化、税务等行政机关）、政策环境（法律、政策、文化等）、政策对象（各类健身休闲产业经营主体）。通过专家问卷调查结果和回归分析可以看出，政策本身和政策执行机关是影响我国健身休闲产业政策执行效果的主要因素。因此，在优化我国健身休闲产业政策时，尤其是优化健身休闲产业政策执行过程时，应该充分考虑这两个因素。

第一节 健身休闲产业政策优化原则

一 政府适度干预健身休闲产业

政府是制定和执行健身休闲产业政策的主体，政府对健身休闲产业政策的干预机制主要体现在政府对政策的制定和执行的干预作用。但是诸多理论和实践证明，政府的干预不能过多，也不能过少，必须符合我国健身休闲产业的发展需求。与此同时，在健身休闲产业政策内容的优化过程和政策内容的执行过程中,必须承认政策作用的有限性;健身休闲产业中的有些问题并不是仅靠政策就能够解决的,且新政策的制定和执行都需要成本投入,也存在政策风险。因此,健身休闲产业政策新内容的确定必须以国家经济发展规划为依据,以市场经济规律为基础,以充分发挥经营者的竞争力为根本,对不同类别和不同性质的健身休闲产业类型进行适当干预。

二 将健身休闲产业政策的调整作为政策完善的一项长期任务

从我国体育政策、第三产业政策、服务业政策、其他单体产业政策、税费政策、土地政策等政策内容看,我国健身休闲产业政策经历了从早期的宏观引导到规范管制,再到鼓励和扶持的过程。截至目前,各类政策文件之间体现出较强的交叉性和融合性,在一定程度上提高了健身休闲产业政策的执行效果,并在不同的历史时期从不同的维度对我国健身休闲产业的发展起到了一定的促进作用。随着历史的变迁,一些政策内容起到的促进作用程度降低,或者不再起作用,甚至是阻碍作用,最终促成旧政策的失效和新政策的出台。健身休闲产业本身也处于不断发展和变化过程中,随着社会的发展可能会不断出现一些新问题。因此,健身休闲产业政策内容的更新与修整应该是一项长期的历史任务。

在不同的历史时期,我国体育强国建设的背景和任务有所不同,对健身休闲产业发展的需求也不同,几乎每五年就能出现一次比较显著的变化需求。在体育强国建设过程中,我国逐步从竞技体育强国向群众体育强国和体育产业强国过渡,而且在过去十年取得了相当显著的成效。与此同时,我国的综合国力也逐渐增强,形成了体育强国建设的良好社会环境。随着时间的推移,对健身休闲产业和相关政策的发展需求也会随之变化。因此,调整我国健身休闲产业发展目标和方案,优化我国健身休闲产业政策是一项长期性的工作。在健身休闲产业政策发展的过程中，需要时刻根据健身休闲产业发展的需求调整政策方案和政策目标。

三 重视地方性健身休闲产业政策建设

我国健身休闲产业政策的执行效果是国家政策和地方政策共同发挥作用的结果，随着我国行政权力的不断下放，地方性政策在政策执行过程中发挥着越来越重要的作用，在调整和优化健身休闲产业政策的内容时，应该重视地方健身休闲产业政策内容的调整。同时，政策内容的实施也应该受到地方政府的重视，以增加政策执行的适当投入，最终实现提高健身休闲产业政策的执行效果。当前国家对服务业的税费优惠政策越来越多，且给予地方政府一定的税费制定权，地方政府应因地制宜地规划健身休闲产业政策内容。在调整和优化健身休闲产业政策内容时，中央和地方性健身休闲产业政策内容要有效衔接，并将地方性健身休闲产业政策内容的完善作为重要工作任务。

四 多部门合作实现政策具体化

针对健身休闲项目的具体需求设计政策方案，应该在现有基础上满足我国健身休闲产业对各种政策的实际需求，如以健身为主的水、电、税费政策，以休闲为主的融资政策和规范政策，以高尔夫用地为主的土地政策是目前我国健身休闲产业急需的政策，应该尽快完善或设计具体的实施方案。各政策制定和执行机构应该重视健身休闲产业的融合性，加强各部门之间的协调与合作，制定具有较强执行力的政策。

政策制定和执行机构应重视健身休闲产业的融合性，加强各部门之间的协调与合作，设计具有执行力的融合性政策内容。相关政府部门应认识到健身休闲产业不仅仅是一种产业，也是提高国民生命质量的民生工程；健身休闲产业的发展不仅仅是某一部门的职责，也是体育、产业、文化、旅游、税费等相关机构共同的责任。

第二节 健身休闲产业政策内容的优化

一 紧随体育强国建设，优化急需政策方案

在体育强国建设的需求下，我国健身休闲产业整体得到了飞速发展，尽管不少政策进行了更新和规范，但是相关政策的跟进还不足，体现在高科技政策、市场规范政策、市场准入政策等领域。通过专家对我国健身休闲产业急需政策方案的判断（1 非常同意，5 非常不同意）可以看出（见表 6-1），我国健身休闲产业税费减免政策（4.37 分）、财政补贴政策（4.45 分）和市场规范政策（4.40 分）的需求更迫切，对市场准入政策和高科技优惠政策的需求相对较弱。通过深入调研发现，我国体育健身休闲企业对参与体育公共服务的热情非常高，对更公平的市场规范的渴望也比较迫切。在实际的调研过程中发现，健身休闲产业的市场规范政策问题主要体现在制定和监督环节，由于缺乏监管力度，一些企业的违规行为和各种规避行为使其他经营者不满。

表 6-1　我国健身休闲产业急需政策专家判断结果（n=60）

单位：人，%，分

题目	1	2	3	4	5	（空）	综合得分
财政补贴政策	0 (0)	0 (0)	7 (11.67)	18 (30.00)	33 (55.00)	2 (3.33)	4.45
税费减免政策	0 (0)	1 (1.67)	8 (13.33)	17 (28.33)	31 (51.67)	3 (5.00)	4.37

续表

题目	1	2	3	4	5	（空）	综合得分
市场规范政策	0 (0)	1 (1.67)	8 (13.33)	15 (25.00)	33 (55.00)	3 (5.00)	4.40
市场准入政策	1 (1.67)	5 (8.33)	11 (18.33)	13 (21.67)	27 (45.00)	3 (5.00)	4.05
高科技优惠政策	2 (3.33)	5 (8.33)	14 (23.33)	15 (25.00)	21 (35.00)	3 (5.00)	3.84

注：1. 量表级别打分中，表格中的数字和比例分别表示选择各分值的人数和比例。2. 因表中数据做四舍五入处理，故百分比相加可能不等于100%。

二 针对不同问题、不同项目特点、不同市场环境有效设计政策内容

健身休闲产业政策内容是否与我国健身休闲产业发展规律、健身休闲产业发展需求、体育强国建设需求相吻合是其能否有效促进健身休闲产业发展的根本条件。被调查的专家普遍认为我国健身休闲产业政策内容整体较为科学，基本符合我国健身休闲产业发展和体育强国建设的需求，但是在一些具体健身休闲项目的发展细节上的规范不够明确，地方政策内容也存在较大差异。

近几年国家频繁出台的政策文件中包含大量的健身休闲产业的政策内容，对我国健身休闲产业的快速发展也起到了较大的促进作用，但是目前我国健身休闲产业依然存在较多问题。一些政策执行效果不太理想的结果也表明，我国目前健身休闲产业政策不能满足我国健身休闲产业的需求。如我国各地健身行业倒闭现象严重，利润空间小，经营困难很大；高尔夫依然作为招商引资的手段，并没有真正加快高尔夫本身的发展；台球走下坡路；保龄球行业长期萧条等。通过政策的实际执行效果和执行过程可以看出，配套政策不健全是其中的影响因素，因此，健身休闲产业政策内容的完善应针对这些问题在配套政策上做出修整，以满足我国健身休闲产业的需求。同时，建议重视健

身休闲产业的深入调研，发现我国各类健身休闲产业的具体政策需求，重点分析配套政策的不足，在中央和地方政策有效衔接的基础上，根据不同健身休闲产业对各种政策的具体需求，在合适的政策文件中完善健身休闲产业政策内容。在健身休闲产业政策内容的设计上还应该注重健身休闲产业的融合性、系统性和连贯性，要有效结合体育产业、群众体育、服务业以及文化、旅游产业政策文件的内容，根据具体健身休闲产业的需求设计具有延伸性、协调性和有效性的政策内容。

三 优化政策内容制定的过程

政策内容的有效设计需要法定的政策制定过程来实现。政策的制定在国家治理过程中是非常普遍的政治行为，政府官员、新闻记者、利益集团领导人和有利害关系的公民经常参加关于政策信息的讨论活动。在美国、英国等一些发达国家中，专门的、职业性的事实调查、研究和政策分析就像政策制定的日常工作一样，十分盛行。如果没有基于信息的讨论和专业性、职业性研究的帮助，政策制定者通常会感到没有依据。而且随着社会的不断发展，政府不断扩大政策制定所要求的专门信息和分析范围通常会吸引成千上万的公民和团体。而在一些不能为此提供费用的不发达国家中，分析的阵容就小很多，甚至由于行政体制的限制，政府会抑制某些政策信息的分析活动。与此同时，政策的制定，尤其是产业政策的制定通常体现出一定的利益分配或利益博弈状态。在绝大多数产业政策的制定过程中，国家试图通过制定政策优化产业结构，但是相关利益集团则试图通过政策制定实现自己的利益。在政策的制定过程中，参与政策制定程度大的利益集团可能会获得更多的实惠。同时在政策制定的过程中，政策制定者的认识水平、偏好以及是否有个人倾向的利益群体都会影响政策制定的科学性和准确性。

在我国政策的制定过程中，社会各界组织或群体的参与程度逐步提高，在一定程度上体现了政策的科学性和合理性，对政策的执行效果起到了积极的影响作用。政策制定者的素质和水平也都有了一定的提高，体现出较高的公平性和合理性。在我国各类体育政策的制定过程中，社会参与程度也体现出增加的趋势，但是参与程度远不及国家科技、教育、文化等领域。健身休闲产业政策的制定则指在相关政策文件中对健身休闲产业发展的政策设计，涉及体育政策中的宏观体育政策、体育产业政策和群众体育政策以及专门制定的健身休闲产业政策。而在我国健身休闲产业政策的制定过程中，社会力量参与政策信息收集和整理的程度非常小，能给政策制定机构提供信息的渠道非常有限。通过调查发现，我国健身休闲产业政策信息的获取主要有两种途径，一是通过政策制定机关派考察团到各地体育行政机构进行调研，听取当地体育行政机构的报告，但是地方体育行政机构对本地的健身休闲状况了解并不深入。偶尔会集中一些健身休闲企业参加研讨会，但是参加的企业都是在国内有一定知名度和规模比较大的企业，覆盖率非常有限，所以在政策制定时有可能规模大的企业能够得到更多的实惠。二是科研途径，主要有科研所、高校科研机构或团队以及一些研究学者的研究成果。这些科研机构起到智囊团的作用，但是政策制定机关是否采纳取决于政策制定机关的选择，取决于政策制定者是否具有准确认识和分析健身休闲产业政策的能力，能否客观准确地处理相关政策信息。实际上政策制定者，尤其是地方政策制定者对健身休闲产业政策信息的认识能力和分析能力是有待于提高的。基于我国健身休闲产业政策的制定情况，在政策制定过程中应该开辟更广泛的健身休闲产业信息获取渠道。此外，增加健身休闲企业群体参与的广度和深度，也需要一些体育健身休闲消费者的参与。同时，要通过深造、培训、实地学习等途径提高政策制定者的政策信息分析能力，提高政策制定者的政治觉悟，使其在政策制定过程中进行科学决策。

第三节　政策执行的优化

一　适度增加政策执行投入

政策执行是指政策执行者通过建立组织机构，运用各种政治资源，采取解释、宣传、实验、协调与控制等行动将政策观念的内容转化为实际效果，从而实现既定的政策目标的活动过程。美国学者艾莉森认为在实现政策目标的过程中，方案确定的功能只能占10%，其余90%取决于有效的执行。1973年，普雷斯曼和韦达夫斯基对美国联邦政府创造就业机会的政策项目——"奥克兰计划"的执行进行了跟踪研究，并写成了《执行联邦政府的计划在奥克兰市的落空》一书。研究表明，"奥克兰计划"并不是按政策制定者所设想的那样被执行的，它并没有取得预定的目标，而是出现了一场研究政策执行的热潮，形成了声势颇大的"执行运动"。

诸多理论和实践表明，政策执行过程非常容易出现政策目标的偏离。在政策执行过程中，执行主体存在素质缺陷和利益倾向，政策本身的质量、政策执行机制不健全、责任与监督机制缺乏以及政策执行中的种种政策规避问题（包括政策敷衍、政策附加、政策替换、政策缺损、政策照搬等）都会造成政策执行和实施过程中的失控或偏离。通过对我国各类政策的执行状况进行分析发现，有执行效果非常好的政策，也有执行效果非常差的政策。健身休闲产业政策的执行状况取决于我国各类执行主体的态度，主要有各级政府机关、体育局、税务局、发改委等机构。他们的态度决定了健身休闲产业政策的传播程度、政策执行投入状况、政策执行的分工状况。通过我国健身休闲产业政策的执行效果可以看出，我国健身休闲企业对健身休闲产业政策的熟悉程度不够，由此也折射出我国健身休闲产业政策的信息传播力度的欠缺。目前我国健身休闲产业政策的传播方式主要依附在体育产业政策、群众体育政策、服务业政策以及文化产业和旅游产业政策的传播过程中。在传播过程中，健身休闲产业政策的传播力度并不大，因此，要加大我国健身休闲产业政策的传播力度，提高政策信息传播质量。健身休闲产业政策的执行投入体现出较大的区域差异性，在不同历史时期的投入也存在差异。在当前的执行投入情况下，整体投入不足，沿海发达地区投入较多，东、中、西部地区投入较少。在我国健身休闲产业政策执行体系中普遍存在执行投入低、责任分工不明确、责任追究制度缺失等问题。在我国高度重视健身休闲产业发展的社会背景下，必须优化健身休闲产业政策的执行过程，从政策传播、政策执行投入、政策执行分工和责任追究等多个环节着手进行，首先，要通过各种途径使健身休闲产业经营者或者有意向参与健身休闲产业经营的组织和个人充分知道和了解政策内容；其次，要科学合理地对健身休闲产业政策的执行进行投入，结合健身休闲产业政策的目标、任务以及政府财政能力进行适度投入，而不是投入越多越好。

二 加强政策评估和监督

政策评估是指评估主体依据一定的评价标准，通过相关的评估程序，考察政策过程的各个阶段、各个环节，对政策产出和政策影响进行检测和评价，以判断政策结果实现政策目标的程度的活动。政策评估是利用科学的方法和技术，依据一定的价值标准和事实标准，通过一定的程序和步骤对政策实施中的价值因素和事实因素进行分析，目的在于利用这些政策相关信息对政策的未来走向做出基本的判断，从而调整、修正政策和制定新的政策。

但是在我国整个政策体系中，政策评估是非常薄弱的环节。我国绝大多数政策没有被系统评估过，在体育产业政策方面有一些零星的效果评估，但是能够涉及健身休闲产业政策的评估微乎其微，几乎达不到我国健身休闲产业政策的执行效果。在这种现实条件下，投入大量的成本对健身休闲产业政策评估是不现实的。但是，我国体育产业统计成果很多，对健身休闲产业的统计也很细致，建议借助我国体育产业统计工作的开展，以节省更多成本和取得更大成效的方式对我国健身休闲产业政策进行评估；建议将健身休闲产业政策实施效果与价值效果相结合，判断我国健身休闲产业政策执行效果，以达到节省成本和取得较好的效果的目的；在对我国健身休闲产业政策进行评估时，建议采取事前评价、执行评价和事后评价相结合的方式进行。不论是全国性还是地方性政策设计之前，对健身休闲产业发展需求和发展趋势进行更有效预测，客观分析影响政策可行的各种社会因素，对政策可能产生的效果做出预测和判断，以确定健身休闲产业政策出台的必要性。在健身休闲产业政策执行的过程中，要确认政策是否得到有效贯彻和执行，是否按照设定的方案进行，人、财、物等政策投入是否到位，政策环境是否发生了变化，执行主体的主动性、原则性和灵活性如何，从而确定是否需要调整政策内容或者政策执行方式。在政策执行一段时期或者执行完成后，判断健身休闲产业政策对健身休闲产业的影响状况，主要是对健身休闲产业的经营状况、产值状况、就业状况、消费状况等各项指标的影响程度的判断。

政策监督是指政策监控的主体对政策的制定、执行与评估进行监视和督促的行为。完善的政策监督体制是提高政策执行效果的重要保障。在我国经济、政治、外交等政策领域，相关的监督机制相对比较完善。而对于我国健身休闲产业政策来说，相关监督体系比较松散，监督力度非常弱，建议在一些投入成本较多、政策目标和任务比较关键的政策制定过程中加强政策监督投入。从法制、政治和社会三个维度投入健身休闲产业政策监督成本，确保一些关键健身休闲产业政策的有效落实。

三 优化健身休闲产业政策环境

政策环境是指政策生成、运行、发生作用的过程中一切社会条件的总和。政策环境对政策的整个运行过程有非常重要的影响作用，但又是非常容易改变的因素。我国健身休闲产业政策环境置身于我国经济环境、国家法制环境和体育发展大环境下，主要由社会经济环境、法制环境、政治文化等要素构成，体现出复杂多样、地区差异、动态和不可复制的特点。随着国家反腐倡廉的推进和国家产业结构的调整，我国健身休闲产业政策环境有了很大的改善。在健身休闲产业政策的发展过程中，从健身休闲产业发展的角度改变政策环境是难度最大、收效最慢的环节，需要在现有的条件下，以适应大环境为主，通过宣传相关政策信息在一定程度上对健身休闲产业政策环境起到积极的干预作用。

四 优化政策工具

随着我国体育强国建设任务的逐步推进，体育产业和健身休闲产业政策工具一改长期以来的宏观调控策略，在过去的几年里显得具体且务实。在健身休闲产业发展方面，不仅对具备群众健身功能的微小企业进行扶持，而且从形成规模产业方面对大型企业进行扶持，推动其形成国际化、品牌化、科技化企业。经过几年的实施情况，特别是引导资金、税费减免等一些政府让利行为的落实，健身休闲产业确实得到了飞速发展。但是其中存在的问题也比较明显，比如地区发展不平衡、优惠政策阻滞、公共体育服务功能实现不充分等。因此，在以后的健身休闲产业政策工具使用中，应该采取扶持和让利的政策工具，加入规范性、惩罚性内容，以防止政策阻滞和政策目标偏离。

第七章 我国不同类健身休闲产业政策状况

我国不同类别健身休闲产业发展过程中所面临的许多问题存在个性差异,因此对健身休闲产业政策的需求也有一定的区别。在设计健身休闲产业政策内容时,需要了解这些具体健身休闲产业业态存在的具体问题以及对健身休闲产业政策的客观需求。因此,本章选取几种比较常见的健身休闲产业进行分析,重点研究这些健身休闲产业的发展状况和现实政策状况,提出改良或者完善我国健身休闲产业政策内容的建议。

第一节 公共体育场地(馆)的健身休闲产业状况及政策

一 我国公共体育场馆的健身休闲产业状况

我国公共体育场馆主要指为体育赛事和体育训练提供服务的体育场馆,通常不包括学校以体育教学为主要目的的体育场馆。随着我国体育场馆管理体制的改革和人们健身休闲需求的不断增加,公共体育场馆已经成为提供健身休闲的重要场所。在最近几年我国也建造了一些以全民健身为主的全民健身中心和体育公园。

为国民提供必要的健康、休闲和娱乐的业余活动场地或场馆是一个国家应该承担的责任。通常情况下，免费开放的健身休闲场地主要是设施简易、维护成本比较低的室外体育场地；而室内体育场馆与室外体育场地有很大差异，也包括一些简易遮棚形式的活动场地，但更多以收取一定费用的方式对社会提供服务。通常情况下，在经济发达、人口密集的城市，收费场地相对较多，价格也相对较高；反之则收费场地较少，价格也相对较低。采取收取一定费用的方式为公众提供健身休闲服务已经成为公共体育场馆有效使用的共识，采取承包租赁的方式将公共体育场馆交给社会组织和个人经营也成为公众普遍接受的方式。

不管是体育场馆的何种健身休闲活动，最终都是为了实现体育场馆的充分利用，以实现体育场馆的社会价值和经济价值。通过对上海、江苏、福建、陕西等地区体育场馆的健身休闲活动进行走访发现，在室内体育场馆中进行的较普遍的健身休闲项目有游泳、羽毛球、篮球、跆拳道、太极拳等以及健身会所中的瑜伽、健美健身项目，少数场馆有攀岩、击剑、模拟或微型高尔夫项目；室外体育场地主要为足球、篮球和网球等。通过对众多的健身休闲场所进行仔细观察和对相关人员进行访谈后发现，价格能为大多数人接受，但是多数健身场所的健身条件比较简陋，经济效益较差。从我国公共体育场馆健身休闲的经营方式可以看出，多数为体育事业单位自主经营；随着体育管理体制的改革，委托、承包或者租赁给公司、企业等社会组织和个人经营的成分越来越多。

二 我国公共体育场馆的健身休闲产业存在的问题

健身休闲活动是公共体育场馆的主要经营内容，但是体育场馆经营管理的调查结果显示，全国体育场馆健身休闲经营收入不到公共体育场馆总收入的50%。我国公共体育场馆承担的既要保证场馆的盈利能力又要实现公共服务的双重压力把公共体育场馆健身休闲产业推入了无法摆脱的困境。在公共体育场馆中经营健身休闲内容,走高端路线,受百姓指责;走低端路线,则面临亏损。在资金补贴能够弥补亏损的情况下可以勉强对外开放,如果无法实现的话,也只能闭馆了。在近十年体育场馆经营过程中,健身休闲活动的经营一直徘徊在产权分离的基础层面,发展规模和发展水平几乎没有取得突破性进展,只是随着场馆数量的增多而相应增加了健身休闲活动经营的数量,而其中的微观问题普遍存在,但又未受到足够重视。表7-1和表7-2是陈元欣对我国161个体育场馆的经营方式和经营单位性质的调查,体现了我国公共体育场馆主要以事业单位性质的自主经营为主。虽然在我国2010年之后不少地区随着大型体育场馆或者体育中心的建立,成立了以国资委牵头的体育产业发展公司,但其中健身休闲活动的经营的大致格局并未改变,其中的低效、寻租等问题也依然普遍存在。

表7-1　　　　　　　　我国体育场馆的经营方式

经营方式	自主经营	承包	租赁	委托经营	合(资)作经营	其他
频数(次)	133	21	55	12	13	10
排序(名)	1	3	2	5	4	6

表7-2　　　　　　　　我国体育场馆经营单位性质

单位性质	传统事业单位	事业单位内部企业化管理	企业	事业单位与企业兼有	其他
占比(%)	53.4	29.8	4.3	9.3	2.5

(一)公共体育场馆健身休闲经营活动的资产风险

通过深入访谈和调查发现,个别公共体育场馆为了保持所谓的公益性和账面上较低的收益,为了得到相关的补贴而给予经营者过低的房租。本应为社会提供公共服务的经营者并没有为社会提供服务,或者是象征性地参加一些群众体育公益活动,最终达到自己健身会所的宣传效果，给予老百姓的公益服务偏少。除高档健身休闲会所外，南方的人工滑冰场、室内网球场等一些经营成本较高的健身休闲场所以过低的费用承包出去，使一些固定资产收益流失。游泳池的经营与收费受到的争议较少，随着多年来对游泳池的安全、卫生等各方面监管制度的建立，人们普遍接受了游泳池的服务状况和收费标准。

而一些中低档健身休闲场所收费普遍比较低，主要是一些设施比较简易的球类场地和配套比较简易的健身房。这些健身休闲场所多数是自主经营，或者为了保证公共服务功能要求经营者必须保证较低的收费，但是最终产生的结果也不尽理想。对于一些场地设施良好且收费低廉的场馆，常常是人满为患，排队、预定、等待等烦琐的事情在一定程度上削弱了人们参加健身休闲活动的热情，健身休闲的质量也打了折扣。另外，我国还有不少闲置的高档公共体育场馆，这些场馆看似可以提供健身休闲服务，但是，这些高档体育场馆的优质条件主要是针对举办大型体育赛事而建，若将其进行普通的健身休闲服务，仅税负和物业成本就难以支撑。

（二）公共体育场馆健身休闲经营活动增值困境

我国体育场馆的体育功能主要是健身休闲的经营，但是其经济效益不及其他非体育功能的租金收入。我国大部分体育场馆采取了自主经营模式的统筹统支和差额拨款。其中，相当一部分体育场馆将健身休闲场地进行分割，部分采取承包或委托经营的方式，部分采取自主经营的方式。但总体体现出被承包、委托、自收自支和企业化经营的健身休闲活动经济效益较好，统筹统支和差额拨款的健身休闲活动的经营效益较差。

我国从 2008 年开始对体育产业及体育相关产业的经济指标进行统计，但是在对体育场馆中的健身休闲经营活动进行统计时，对于对外承包和委托经营的健身休闲场地而言，多数情况下只统计了租金收入，其本质与收取其他非体育功能场地设施租金的性质一样。而对于自主经营的健身休闲经营活动被统计到了体育场馆的经营管理经济指标中。

因此，目前对于体育场馆健身休闲经营活动的统计有误差，有一部分体育场馆的健身休闲经营活动计入了体育场馆的经济收入中，另一部分体育场馆的健身休闲经营活动只计算了租金。如表7-3所示，2006年、2007年、2008年体育场馆管理活动的产值和健身休闲经营活动增加值是有偏差的，因为场馆中自主经营部分的健身休闲经营活动增加值计算在了场馆管理活动中，承包的健身休闲经营活动的承包租金计算在了场馆管理中，经营活动增加值计算在了健身休闲经营活动中。直到2013年，体育产业统计和测算方法依然延续了前期的计算和分类方法，尽管此种计算方法对我国体育产业的总量影响不大，但是我国体育场馆经营管理的经济统计结果是低于现实水平的，而且很多人依然盲目地判定我国体育场馆在体育健身休闲经营活动中实现经济价值的艰难性，并且只能靠体育场馆的非体育场地出租弥补经济亏损。

表7-3　2006年、2007年、2008年全国体育及体育相关产业主要指标结果

类别	2006年		2007年		2008年	
	增加值（亿元）	从业人员（万人）	增加值（亿元）	从业人员（万人）	增加值（亿元）	从业人员（万人）
总计	982.89	256.30	1265.23	283.74	1554.97	317.09
体育组织管理活动	74.80	18.71	89.36	18.98	117.56	20.87
体育场馆管理活动	18324	2.58	23.04	2.41	30	2.62
体育健身休闲经营活动	46.98	11.78	58.79	13.32	74.49	15.03
体育中介活动	2.02	0.87	3.00	0.96	4.46	1.35
体育培训活动	4.64	1.91	7.91	2.21	13.48	3.56
体育彩票	21.47	11.11	29.63	13.37	35.27	17.64
体育用品、服装鞋帽制造	705.12	195.44	898.10	214.00	1088.31	234.13
体育用品、服装鞋帽销售	76.45	11.13	110.77	15.20	141.79	18.54
体育场馆建筑	33.17	2.77	44.63	3.29	49.61	3.35

资料来源：《2006—2008年全国体育及相关产业统计公报》，国家体育总局，http://www.sport.gov.cn/n16/n1077/n1467/n1513017/n1514290/1517921.html。

（三）公共体育场馆健身休闲经营活动的税费困惑

很多事实证明体育场馆健身休闲场所经营效益普遍较好的是那些承包出去的、实行企业化管理的场所。随着我国体育产业政策的不断推进，除高尔夫外，我国几乎所有的健身休闲营业税降到了体育文化事业或者服务业税费水平，一般在3%—5%。而且在2014年10月20日出台的《关于加快发展体育产业促进体育消费的若干意见》中又强调了健身休闲经营活动应该享受体育文化事业3%的税费和相关的水电优惠政策。优惠的营业税政策对我国健身休闲经营活动的促进具有重要作用，但是对于占据巨大房产面积的公共体育场馆中的健身休闲经营活动而言，有时还要缴纳较重的房产税。根据国家相关法规政策的规定，只有事业单位且非自收自支单位经营体育场馆可以免交房产税和城镇土地使用税，致使我国目前体育场馆经营主体不愿意进行体育场馆经营的企业化改革，甚至一些已经企业化改革的单位又将体育场馆的所有权挂靠在某事业单位下，以规避税收和减少经营成本。而事业单位本身固有的低效性使健身休闲体育场馆难以实现较好的经济效益。尽管2013年年底国家体育总局、国家发改委、财政部等八部门联合印发的《关于加强大型体育场馆运营管理改革创新提高公共服务水平的意见》规定，大型体育场馆自用的房产和土地符合税收法规规定条件的，可享受有关房产税和城镇土地使用税优惠。但是承包出去的健身休闲经营场地又恰恰不属于自用范畴，该政策反而使公共体育场馆的健身休闲经营场地的外包受到障碍。

三　公共体育场馆健身休闲产业相关政策分析

我国关于公共体育场馆对外开放、关于加快体育产业发展、重点发展健身休闲产业等相关的政策规定并不少。在宏观体育政策文件、体育产业政策文件、群众体育政策文件、体育场馆开放政策文件、文化产业政策文件、旅游产业政策文件中，都分别有加快我国健身休闲产业发展的若干规定。但是，在公共体育场馆中的健身休闲产业经营却面对如此尴尬的局面。通过分析发现，其中的原因是不同类别政策之间缺少协调性和融合性，存在政策冲突或政策矛盾，同时也可以看出，关于健身休闲产业经营的规定还不够细致，没有针对现实中的问题设计政策内容。随着我国公共体育服务综合发展理念和发展实践的推进以及相关政策的跟进和补充，我国公共体育场馆的健身休闲功能发挥有了较大改进，但是依然存在一定不足。

四 健身休闲产政策完善建议

在我国公共体育场馆健身休闲经营活动的实际操作中，由于单位性质、承包和委托方式的不同、经营者所承担的税负的差别，自主经营、发包和委托的过程中均体现出较严重的寻租现象，在一定程度上影响了健身休闲经营活动的活力。必须快速推进公共体育场馆管理体制的改革，实现平等稳定的税收制度，防止打着公共服务的旗号而保留着公共体育场馆健身休闲经营活动的惰性。在设计公共体育场馆健身休闲使用的政策中，应该重新界定哪些是体育场馆健身休闲经营活动，哪些是健身休闲公益活动，哪些是场馆的非体育功能型经营活动；而不是界定哪些是体育系统内经营，哪些是非体育系统内经营。另外，应该对体育场馆中的健身休闲经营活动的经济统计政策或方案进行更细化、更清晰的剥离和推算，以科学、客观地展示公共体育场馆中健身休闲经常活动的真实经济价值，为评价和促进公共体育场馆健身休闲经营活动的经济效益和社会效益提供参考。

第二节 健身俱乐部（健身会所）发展及政策

一 健身俱乐部发展状况

随着我国市场经济的发展，人们的生活水平逐渐提高，人们有了

"想花钱买健康"的意识,健康生活理念已经越来越深入人心。健身俱乐部是为大众提供全面体育锻炼服务的经营性组织,人们早期将其称为健身俱乐部,现在多称为健身会所。20 世纪 80 年代以来,随着国内各种规模的健身俱乐部的广泛建立,也带给人们一种全新的健身理念,使有氧健身操、肌肉健美项目等得以广泛的发展,并从中派生出一些新的健身项目,如街舞、踏板操、拉丁健美操、爵士健美操及瑜伽、形体操等。这些健身项目不仅给大众带来了健康的体魄,而且成为了一种不同年龄段的人们共同追求的时尚。随着我国生活质量的提高和健康意识的加强,健身行业发展的速度比较可观,从 2012 年开始增长速度有所放缓,2014 年健身行业产值达到 1272.28 亿元,增长率为 8.18%(见图 7-1)。

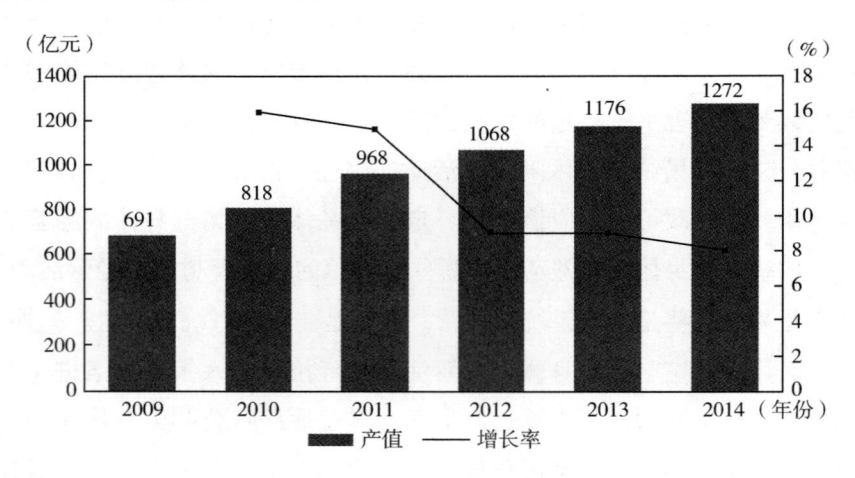

图 7-1 我国健身行业产值状况

资料来源:《2016 年中国健身俱乐部总数、会员数量分析及发展趋势预测》,中国产业信息网,http://www.chyxx.com/industry/201608/441065.html。

我国健身俱乐部数量自从出现以来一直保持较高的增长,但在 2011—2013 年,健身市场竞争加剧导致发展出现低潮,增长幅度减小甚至出现负增长,但是最近几年随着相关政策的实施和参与健身人数的增长以及行业自身盈利模式的改进,健身俱乐部数量增长迅速,整个行业开始有复苏迹象，2015 年俱乐部数量增长速度达到 20% 以上。①截至 2017 年，我国有 4000 多家综合性健身俱乐部，是人们选择健身休闲的主要场所，是一种通过花钱获得体育锻炼和体育休闲的服务业类型。但是健身俱乐部是一项替代性比较强的产业类型，而生活中有很多可以达到健身休闲的免费活动机会，如不需要支出成本的快走、跑步、骑自行车等。在经济紧缩时，人们首先缩减的是该项消费的投入。在国际金融危机影响到中国时，我国大批健身会所开始萧条并出现倒闭的现象，就充分体现了经营健身休闲产业的脆弱性。2010 年前后，我国大批健身休闲会所价格大幅下降，健身会所市场惨淡并伴有大量健身会所关门和倒闭。健身会所除受过度投资和房产成本提高的影响外，还受到了国际金融危机的影响。在健身休闲产业的发展过程中，一旦经济出现萧条，健身休闲产业将会很快受到波及。

现实生活中的健身俱乐部主要以商业性健身俱乐部为主。商业性健身俱乐部主要是指以盈利为目的、为群众提供各种体育健身服务而从中获得合理报酬的健身场所或者组织机构，主要表现形式为各健身会所、瑜伽馆、跆拳道馆等。商业性健身俱乐部对满足我国社区居民各种体育健身需求起到了非常重要的作用。除此之外，我国还有很多带有公益性的体育俱乐部和社区体育俱乐部。它们主要分布在公共体育场馆和社区体育场馆，这些俱乐部是为城市居民或社区居民提供健身休闲服务的非营利组织机构。不管是商业性健身俱乐部还是社区体育俱乐部，都有为社会大众提供健身服务的功能，也都有向被服务对象收取一定费用的权利。通常情况下，非营利性健身俱乐部应该收费偏低，场地器材水平和服务水平都相对较低。但是在现实中，不少非营利性健身俱乐部为了增加资金来源，发展成与商业性健身俱乐部雷同的服务项目、管理模式，对商业性健身俱乐部造成了一定的威胁。

---

① 智研咨询集团：《2017—2022 年中国健身市场运行态势及投资战略研究报告》，http：//www.ibaogao.com，2016 年 9 月 6 日。

通过调查发现，我国一些小型或者微型的商业性健身俱乐部生存困难，这些俱乐部的面积相对较小，一般在 300 平方米以内，所提供的服务范围较小。一方面，我国在公共体育服务领域投入的一些公益性俱乐部对小、微型健身俱乐部产生竞争；另一方面，我国投入的免费公共健身服务设施和场地也快速增长，还有大批健身休闲居民没有形成有偿体育健身休闲的消费习惯，导致许多小、微型健身俱乐部的生存处在危机之中。

二 相关政策分析

在一些经济比较发达的地方政府所给予的优惠政策显著，采取了给企业直接划拨启动资金的方案，以鼓励企业积极转型和快速成长；但是通过深入调查发现，包括具有一定规模的大、中型健身会所在内的健身休闲企业频繁得到资金支持，以各种名义和手段获取资金，使其他真正需要资金发展的健身会所受到限制。

我国的一系列政策文件都多次强调要开展广泛受群众欢迎的各种健身休闲项目，同时也强调在体育产业领域重点发展健身休闲产业。2016 年 5 月发布的《体育发展"十三五"规划》强调将建设健康中国、全民健身上升为国家战略，为体育发展提供新机遇，不断满足广大人民群众对健康的更高层次的需求，进一步营造崇尚运动、全民健身的良好氛围，推动体育融入生活，培育健康绿色生活方式，增强人民群众的幸福感和获得感，有效提高全民族健康水平。与此同时，提出了各种加快发展体育产业、加快发展健身休闲产业的规划，还给出了各种体育产业创业的优惠政策。2016 年 6 月《全民健身计划（2016—2020 年）》、2016 年 10 月《"健康中国 2030"规划纲要》、2016 年 10 月《关于加快发展健身休闲产业的指导意见》都在不同程度上提出要加快发展我国健身休闲体系和健身休闲产业的政策内容。但是，这些政策内容都无法细致到小型健身俱乐部经营与公益性健身俱乐部之间的协调方面。尽管小、微型企业在公司法、税法等相关规定下可以得到一定的优惠，但是在健身行业依然面临比较艰难的发展局面。

三　政策优化建议

有效促进我国中、大型健身休闲会所的规模，塑造健身休闲会所的品牌，提高国内外市场竞争力，这是我国健身休闲产业发展规划的重要政策，需要继续推进。但与此同时，不可忽视我国小、微型健身俱乐部的生存空间，它们还在中等收入阶层中为全民健身工程发挥着重要的作用。建议在地方政策文件中细化健身休闲发展内容，减少小、微型商业性健身俱乐部与公益性健身俱乐部之间的矛盾，设计两类俱乐部之间的协调机制。建议设计小、微型健身俱乐部的救助政策，可以赋予小、微型健身俱乐部一定的公共服务任务，一方面可以为其生存获得机会，另一方面为全民健身工程服务；也可以为小、微型健身俱乐部向非营利健身俱乐部转化提供便利通道，以确保我国健身规模不受消极影响。建议优化全民健身工程与健身俱乐部之间的协调合作关系，尤其是一些侧重健身的健身俱乐部。建议通过政府购买、水电优惠、场租补贴、贴息免息等措施达到我国健身休闲企业综合优化发展的目的。

第三节　高尔夫健身休闲产业状况及政策

一　高尔夫健身休闲产业发展现状

（一）场地状况

随着我国经济的快速发展和人们物质生活需求的不断满足，人们的精神生活消费逐渐形成并呈现持续增长的趋势，人们对以高尔夫、网球为代表的健身休闲项目需求也日益提高。高尔夫作为与网球、斯诺克、保龄球齐名的四大贵族运动之一，在被誉为我国"朝阳产业"的体育产业中有着举足轻重的作用。高尔夫在我国发展历史短、起步晚，但发展速度相当迅速；在快速发展的同时，其背后蕴藏的问题也很多。本书研究的高尔夫健身休闲产业主要指高尔夫练习、业余休闲比赛、培训等服务性产业（不包括高尔夫相关的服装、装备），即狭义上的高尔夫健身休闲产业，也可以称作高尔夫服务产业、高尔夫休闲产业。随着我国经济的快速发展，人们健身休闲需求的不断提升以及高尔夫进入奥运会项目等诸多因素的影响，高尔夫健身休闲产业在我国发展迅速，主要体现在场地设施建设增多、高尔夫消费人数日益增加、国家相关政策逐渐规范、执行力度开始增强。

我国高尔夫场地数量的急剧增加是我国高尔夫健身休闲产业快速发展的主要表现形式。1985 年国家体委发出"率先在北京、大连和广东三个地区开展高尔夫运动"的通知，随后高尔夫运动在我国北京和沿海经济发达地区以及一些旅游条件较好的地区迅猛发展起来。2008 年，我国高尔夫球场最多的四个地区（广东、北京、山东、海南）的数量分别为 65 个、50 个、27 个、23 个，总计 165 个，占我国高尔夫球场总数的一半以上。2014 年，这四个地区的高尔夫球场数量增长到 207 个，6 年内共增加了 42 个球场（见表 7-4）。截至 2013 年年底，我国高尔夫球场总数达到了 521 个，比 2009 年净增长 176 个，增长率高达 49.7%，年均增长 10.6%（见表 7-5）。

表 7-4 2008—2014 年广东、北京、山东和海南高尔夫球场数量变化情况

地区	年份	总量（个）	新增数量（个）	增长率（%）
广东	2008	65	—	—
	2014	84	19	29.2
北京	2008	50	—	—
	2014	65	15	30.0

续表

地区	年份	总量（个）	新增数量（个）	增长率（%）
山东	2008	27	—	—
	2014	32	5	18.5
海南	2008	23	—	—
	2014	26	3	13.0
小计	2008	165	—	—
	2014	207	42	25.4

表 7-5　2009—2013 年我国高尔夫球场总量变化情况

年份	总量（个）	新增数量（个）	年度增长率（%）
2009	345	—	—
2010	397	52	19.1
2011	440	43	11.4
2012	477	37	8.4
2013	521	44	9.2
年均增长率（%）	10.6		
总增长率（%）	49.7		

除标准的高尔夫球场外，练习场也是高尔夫消费者的重要活动场所。2016 年全国有登记可查的高尔夫练习场 400 个以上，北京、广东、上海、海南居多，分别为 112 个、97 个、40 个、18 个，占总量的 50% 以上（见图 7-2）。通过统计和分析可以看出，我国高尔夫球场不仅增长速度快，而且主要分布在经济发展水平较高的沿海地区和旅游业发展较好的南方地区；与之相对应，练习场也主要分布在这些地区。

与国外发达国家相比，高尔夫在我国是一项新兴体育项目，而且被公认为是一种耗费资源大且具有强烈吸引力的项目，且在项目开始兴起时容易形成从众性消费和从众性投资，同时也是一项消费成本较高、对经济具有较强依赖性的项目。因此，高尔夫球场在我国的总体数量虽然不及发达国家，但是增长速度却非常快，在经济发展水平较高的东部沿海地区更加明显。另外，体育和旅游具有天然的融合性且具有共性关系，现代旅游已经越来越不局限于简单的观光，对休闲、娱乐、健康体验方面的要求越来越高。因此，高尔夫在我国旅游地区发展速度较快。

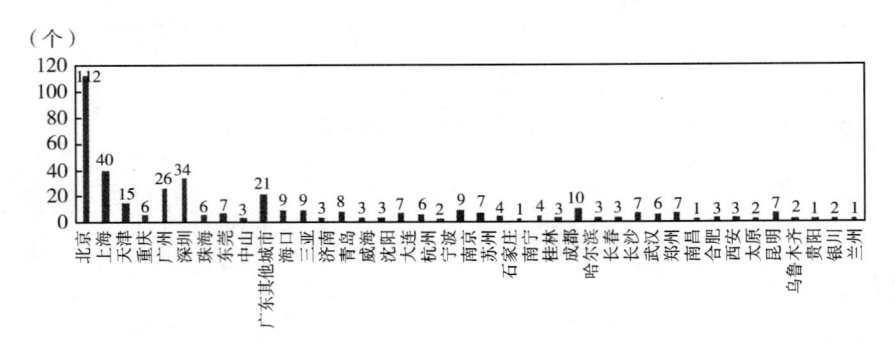

图 7-2　2016 年我国各地区高尔夫练习场的数量

（二）经营状况

中国的高尔夫俱乐部经营方式有很多种，大致可以分为三种运营模式：公众球场经营模式，① 纯会员制高尔夫俱乐部经营模式和半开放会员制俱乐部经营模式。我国公众球场经营模式很少，目前典型的经营球场只在深圳有 3 个。海南、山东等地有一些球场的经营也接近公众球场经营模式，但是消费群体主要是外地游客或度假人群，也常被称为旅游高尔夫消费。这种经营模式难以发展会员，以高尔夫爱好者和业余高尔夫球员为主，缺少高尔夫文化氛围，经营附加值较小。

---

① 公众球场经营模式类似于美国日收费模式，也出售带一定优惠权益的套票、季度卡或一年卡、三年卡等中长期卡种。纯会员制高尔夫俱乐部又称私人俱乐部，仅接待会员及其所携带嘉宾，也称为全封闭经营。半开放会员制俱乐部经营模式是指半封闭经营，其经营特点是既接待会员及嘉宾，也接待散客、旅客、商业活动和团队赛事，是我国高尔夫俱乐部经营的主要方式。

纯会员制高尔夫经营模式多与地产项目经营融合，衍生出地产业主会员制高尔夫俱乐部模式，以这种模式经营的球场常常是地产整体项目的配套设施，比如北京丽宫、中信山语湖高尔夫球场，它们只向业主销售，不接待访客。半开放会员制俱乐部经营模式既接待会员及嘉宾，也接待散客、旅客和商业活动，是我国高尔夫球场经营的主流形式，但这些球场通常在使用率不高的时段接待散客，在假日一般不承接活动，仍以服务会员为主。

我国标准高尔夫球场占地面积大、维护成本高，纯粹依靠高尔夫球场能够获得的利润非常有限，不少俱乐部依靠房地产生存。如果单独计算，能够获得利润的高尔夫球场非常少，由图7-3可以看出，能够产生利润的高尔夫球场只有40%，而且20%的场地只能产生较少的利润。很多高尔夫从业者普遍认为，纯粹做高尔夫标准场地的经营很难产生利润。但是高尔夫练习场则不然，根据统计机构的统计结果发现，我国80%左右的练习场盈利，尤其是北京、上海、广州、深圳、成都等大城市的练习场的经营效益非常可观，根据业内经营者的估算，练习场一年就可以收回成本，投资回报率比较可观。在未来几年，我国高尔夫练习场的经营可能会持续保持良好的局面，练习场的数量也会有增加趋势。

由于高尔夫服务产品形成的成本高昂，经营者不得不采取减少损失和获得更好利润的经营模式。即使高尔夫球场数量增加很快，甚至超过消费人群的增长幅度，但那些占地面积庞大的高档高尔夫球场依然会把目标消费群体定为高收入群体，从而采取纯会员制或半开放会员制的经营模式，而不是降低价格向全民放开。因为那样会过度消耗球场而降低品质，会挤出高消费群体而失去盈利机会或者亏损更多。高尔夫练习场则可能由于其成本低、容量大而采取吸纳普通老百姓的经营方式。因此，我国不可能再放任大型高尔夫球场的建设，可能会鼓励高尔夫练习场的建设。

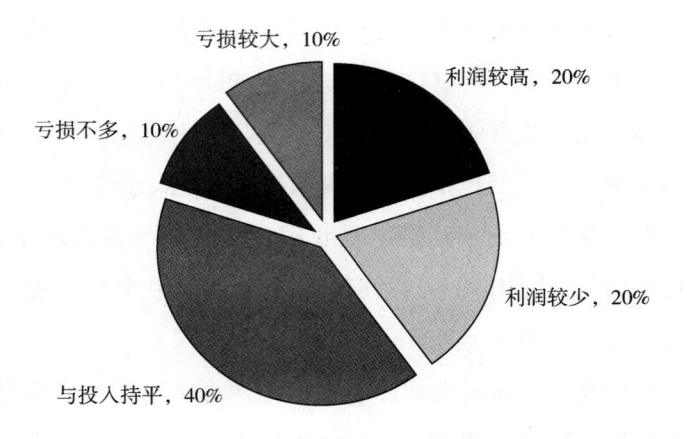

图 7-3 我国高尔夫球场总体效益情况

(饼图数据：利润较高，20%；利润较少，20%；与投入持平，40%；亏损不多，10%；亏损较大，10%)

(三) 环境状况

中国虽然陆地面积居世界第三位，但人口密集，人均土地占有量不足世界平均水平的 1/3，而高尔夫球场，特别是标准高尔夫比赛球场所占地面积庞大，严重挤占了中国的土地资源。日本和韩国已经意识到高尔夫球场对土地资源的危害，采取了各种严格的措施防止侵占优质土地资源。但是中国在过去的二十多年里，高尔夫球场对土地资源的侵占趋势越来越快。已经有大量非法占用土地资源的高尔夫球场被查处和通报。[①] 还有很多由于执法资源的匮乏而未被查处的场地，也有一些想尽办法保住高尔夫球场的经营者继续侵占着优质土地。

高尔夫球场用水量巨大，在一定程度上对水资源环境造成了很大影响。我国很多球场设计只重视观赏性和使用效果，对后期节水考虑

---

① 2012 年 6 月 20 日，监察部、国土资源部通报并联合查处了七个高尔夫球场，尽管这些以农业生态园的名义、以体育休闲公园的名义、以旅游观光的名义，甚至是以整治河流滩地的名义建设高尔夫球场，但是实际上都占用了大量的耕地和林地（这些球场的面积从 1200 亩到 2200 多亩不等）。2014 年 5 月 19 日，国家发改委联合国土资源部通报了五起违法违规、顶风建设高尔夫球场事件，它们分别违法占地约 900 亩（其中耕地 828 亩）、792.8 亩（其中耕地 585.6 亩）、657.4（其中耕地 43.7 亩）、1346 亩（其中耕地 206 亩）、2083.54 亩（其中耕地 1240.08 亩）。

过少；使用的农药和化肥也污染了水源。一个 18 洞的标准球场每天平均耗水 2000—2500 立方米，球场平均年用水量约 350000 立方米。2014 年，北京高尔夫球场用水价格提升到 160 元/立方米。[①] 这实际上也是通过水费政策遏制高尔夫球场建设的手段，由此也可以看出我国不应该建设太多占地面积庞大的大型高尔夫球场。按 2014 年规模计算，北京高尔夫球场当年平均年用水水费约为 80 万元/年，调整后水费约为 5600 万元/年。而高昂的水费迫使高尔夫球场的经营者想办法偷取地下水，尽管我国禁止随意抽取地下水，但是没有相应的监管体制。还有不少高尔夫球场选择建在河道、水库周边，严重影响了水资源的数量和质量，给生态环境带来了很大的破坏。北京的高尔夫球场用水量和其对环境的影响只是国内高尔夫产业的一个折射，高尔夫产业的环境矛盾，特别是对水资源的破坏是高尔夫球场建设时面临的现实问题。高尔夫球场占据着巨大的土地面积，虽然开辟了优质的健身休闲场所，但破坏了整体大环境的和谐性。这种现象可能很快因成为高尔夫产业发展的另一个严重违规行为而给予规制。

二 政策分析

（一）国家政策态度不明确

关于高尔夫产业发展的政策体系属于单体产业政策范畴，不管是单体产业政策还是宏观产业政策，都难以预测政策的有效性。在政策制定时，制定者都希望达到预期的结果，但是在实际的执行过程中常常与目标有一定偏差。1984—1993 年是我国支持高尔夫发展的阶段。1992 年，国务院连续发布了 9 个文件（国函〔1992〕132 号至国函〔1992〕140 号），分别同意大连金石滩、青岛石老人、江苏太湖等 10

[①]《北京市发展和改革委员会关于调整北京市非居民用水价格的通知》（京发改〔2014〕884 号）通知："本市洗车业、洗浴业、纯净水业、高尔夫球场、滑雪场用水户为特殊行业用户，水价为每立方米 160 元。"

个高尔夫球场的建设规划。这一时期我国建设了16个高尔夫球场，由于在高尔夫球场建设的过程中出现了侵占优质土地资源、影响粮食生产的现象，国家开始采取限制性政策。1994—2003年处于限制发展的阶段，国家出台了3个对高尔夫球场建设具有限制性的政策文件，① 而这一时期高尔夫球场的数量增加了136个，对土地资源的占用更加严重。基于此，国家出台了严厉的禁止政策，比如2004年1月，国务院办公厅《关于暂停新建高尔夫球场的通知》规定：地方各级人民政府、国务院各部门一律不得批准建设新的高尔夫球场项目，尚未开工的项目一律不许动工建设等；国务院《关于印发2007年工作要点的通知》明确要求"继续停止"和"特别要禁止"高尔夫球场项目。但是在2004—2009年严格禁止高尔夫场地建设期间，我国高尔夫场地数量依然增加了200多个。

2009年至今，我国进入逐步规范高尔夫项目发展的阶段。2009年10月，高尔夫成为奥运会的正式比赛项目。② 当年12月，《国务院关于加快发展旅游业的意见》指出："积极发展休闲度假旅游，引导城市周边休闲度假带建设。有序推进国家旅游度假区发展。规范发展高尔夫球场、大型主题公园等。"该文件表明我国的高尔夫产业进入规范发展的阶段。长期以来，我国高尔夫产业居高不下的20%的营业税也有了一定调整，截至2014年年底，几乎所有地区的高尔夫球场营业税都降到了10%左右，为我国高尔夫产业的良性发展起到了保障作

---

① 1993年8月16日，国务院批转国家计委《关于加强固定资产投资宏观调控具体措施的通知》规定，对不符合国家产业政策、资金来源不落实、建设条件不具备、市场前景不明的在建高尔夫球场，停缓建设，且不宜新建；1997年5月18日，中共中央、国务院颁布的《关于进一步加强土地管理切实保护耕地的通知》规定，禁止征用耕地、林地和宜农荒地出让土地使用权用于高尔夫球场等高档房地产开发建设；1999年4月19日，国家环境保护总局公布的《建设项目环境保护分类管理名录（试行）》将高尔夫球场列为对环境可能造成重大影响的建设项目，应当编制环境影响报告书。

② 2009年10月9日，国际奥委会（IOC）第121次全会在丹麦首都哥本哈根投票决定，确定高尔夫为奥运会的正式比赛项目。

用。由此也可以看出，高尔夫进入奥运会对我国高尔夫产业发展政策起到了一定的影响作用。但是高尔夫球场的违规用水、规避法律的隐性经营，甚至高尔夫球场的腐败行为并没有被完全制止。

从我国开始引进高尔夫到目前的发展形势来看，高尔夫产业发展政策执行效果较差，没有实现规范高尔夫产业的良性发展。特别是在1994—2009 年，高尔夫场地数量出现增长失控的现象。在一定程度上反映了相关配套政策缺乏、执行和监督体系缺失的结果。2009 年，国家开始疏导和规范高尔夫产业发展，但是期间的违规经营行为依然很多。直到 2015 年才体现出高尔夫产业的规范性发展，其相关政策的有效性得到了一定的保障。①

（二）违规行为严重

由表 7 - 6 和表 7 - 7 的数据可以充分看出我国高尔夫产业违规现象的严重性，1994—2003 年，新增高尔夫球场 136 个，其中仅有 1 个是经国家审批的，其余 135 个均为违规建设。2003—2009 年，我国对高尔夫产业是遏制和禁止的，但是在此期间，我国的高尔夫球场数量却在猛增。2004—2009 年净增的高尔夫球场高达 196 个，多数属于违规建设。其中的违规行为主要体现在土地审批和土地使用方面，一方面，有一些开发商将以建设体育场地为由批准得到的土地，最终用来建设楼盘；将耕地、林地当作荒地得到审批，非法占用耕地和林地。另一方面，高尔夫球场将营业执照注册为体育会所、住宅区健身会所、商务俱乐部、商务会所等，执照中不会出现"高尔夫"字眼，有的甚至不走任何手续也可以经营。从这些违规行为可以看出，我国高尔夫场地数量的急剧增加，一方面体现出我国高尔夫球场的消费潜力和高

---

① 全国高尔夫球场已取缔 66 个，国家部委联合公布名单，2015 年北京时间 3 月 30 日，据国家发展改革委网站消息，按照国务院部署，各地政府和国务院有关部门积极开展高尔夫球场清理整治工作，取得了阶段性成果。目前，各地政府已经取缔了一批违法违规建设的高尔夫球场，清理整治工作初见成效。http: //sports. sina. com. cn/golf/2015 - 03 - 30/18157559832. shtml? c = spr_ mthz_ hao360_ sports_ home_ t001。

尔夫产业的增长趋势，另一方面，在很大程度上对国家相关政策法规的权威性提出了挑战，甚至发展到规避法律的高尔夫球场腐败行为。从中也可以看出，高尔夫球场严重的违规现象并不仅仅是经营者单方面的问题，在有法不依、执法不严、故意规避法律的背后，夹杂着地方政府对高尔夫球场的隐性保护。这些高尔夫球场经营的违规现象也正体现了高尔夫产业在我国现实国情的适应过程。当其中的发展矛盾激化到一定程度时，必然会有一种新的规则来规范高尔夫球场的发展。在2015年的各项体育政策和经济政策中已经体现出了对高尔夫球场的严格治理，特别是在反腐层面进行了惩罚，在很大程度上规范和疏导了高尔夫产业的发展。

表7-6　　　　　我国高尔夫政策分布　　　　　单位：个

时间	政策特点	典型政策文件数量	增加的球场数量
支持发展阶段（1984—1993年）	数量多、鼓励发展	9	16
限制发展阶段（1994—2003年）	禁止新建、限制建设	3	136
禁止发展阶段（2004—2009年）	政策强硬、严格禁止	2	196
逐步规范发展阶段（2009—2014年）	疏导规范	2	173

表7-7　　　我国高尔夫场地四个发展阶段的数量　　　单位：个

发展阶段	原有高尔夫场地	较前一段净增	高尔夫场地总数	年均净增加设施
支持发展阶段（1984—1993年）	0	16	16	1.6
限制发展阶段（1994—2003年）	16	136	152	1.4
禁止发展阶段（2004—2009年）	152	196	348	39
逐步规范发展阶段（2009—2014年）	348	173	521	43

三　政策完善建议

政策是调整某一产业类型或者某项事业发展的重要手段，但是在特殊的社会背景下也有政策失灵现象。我国关于高尔夫产业发展的政策虽然很多，但是并没有有效发挥作用，一方面是因为高尔夫产业发展目标不明确导致政策本身缺少适应性，另一方面是因为高尔夫产业政策的落实机制缺失。在之后的高尔夫产业发展中应该将政策的有效落实、避免政策失灵作为高尔夫产业发展的重要任务，以有效引导和规范高尔夫产业的发展。

我国高尔夫产业经过二十多年的探索性发展，目前国家对高尔夫产业的发展目标已经比较明确。高尔夫球场应该以不破坏耕地和保护环境为前提，以增加高尔夫球场的利用率、节省高尔夫球场经营成本、拓宽高尔夫参与人群和宣传高尔夫精神文明为主要目的。将高尔夫回归为体育项目，并以体育产业经营的方式经营，已经成为我国高尔夫产业发展的趋势；在目前相关税收、土地、旅游和体育政策方面都已经有所体现。尽管这些政策已经开始生效，但是实施效果依然不够理想。基于高尔夫产业经营与其他产业经营的交叉性和融合性，可以将各项经营内容进行适当划分，然后针对税收目录分别选择税率。在高尔夫用地规范政策方面，应该由体育、旅游、国土、农业、林业等相关机构联合执行，以有效落实高尔夫用地的科学使用，有效避免"一刀切"带来的"反弹""规避政策"等不良现象发生。此外，在土地审批政策执行中，设立"问责制"，以有效规范高尔夫场地的选择和建设。

第四节　台球健身休闲产业状况及政策

一　台球产业状况

台球是一项在国际上广泛流行的高雅室内体育运动，是一种用球杆在台上击球，依靠计算得分确定比赛胜负的室内娱乐体育项目，有中式八球、俄式落袋台球、英式落袋台球、开伦台球、美式落袋台球和斯诺克台球，其中斯诺克最为普遍。台球也叫桌球（粤澳的叫法）、撞球（中国台湾的叫法）。台球是四大绅士运动（台球、网球、高尔夫和保龄球）之一。台球运动的环境、装束、行为、礼仪均体现着高贵儒雅之风。台球活动无剧烈的身体对抗，无论力量大小、水平高低，都能参与，不受年龄、性别限制，运动寿命长于其他项目。20世纪80年代曾经在中国流行过近十年的时间，在中国露天的街头、乡镇小巷随处可见，群众参与成本和参与程度也比较高。但是进入90年代后，这种娱乐项目很快消失，被卡拉OK、电子游戏、电影、电视剧、演出等取而代之。随着人民生活水平的提高，台球厅在被冷落了十多年之后走向了高档化、规模化、正规化、品牌化的发展路线。因潘晓婷和丁俊晖在九球赛场和斯诺克赛场上的杰出表现，台球行业在中国飞速发展。据统计，2010年，至少有1亿人打过台球，大概有5000万人经常打台球。尤其在2008年北京奥运会结束后，全国掀起一股台球热潮，各地的台球俱乐部数量在两三年内成倍增长。通过调查和估算，2010年上海的台球俱乐部有3000多个，而在江苏徐州也有多达1000个的台球俱乐部。但是在2012年再次进行走访和调查时发现，接近50%的台球俱乐部经营困难，有近20%的台球俱乐部在亏损，有近10%的台球俱乐部已经倒闭。当时在上海比较有名的40个传奇台球俱乐部在一年之内全部倒闭。在中高档台球俱乐部倒闭时，一些中低档台球活动中心却开始活跃起来。中高档台球俱乐部消费主要分布在大城市或者市中心，中低档台球活动中心主要集中在高校周边，或者一些场地使用费相对较低的县城或者乡镇。

二 政策分析

我国台球俱乐部的膨胀状况和衰退主要是台球俱乐部盲目投资的结果，但是分析我国相关政策文件可以看出，政策在幕后的推动作用也非常大。从 1993 年开始，我国娱乐业执行 5%—20% 的幅度税率（见表 7-8），具体适用税率由各省、自治区、直辖市人民政府根据当地实际情况在税法规定的幅度内决定。但是 2001 年《财政部、国家税务总局关于调整部分娱乐业营业税税率的通知》规定，从 2001 年 5 月 1 日起，夜总会、歌厅、舞厅、射击、狩猎、跑马、游戏、高尔夫、保龄球、台球等娱乐行为的营业税统一按 20% 的税率执行。[1] 这使我国大街小巷的台球娱乐活动急剧萎缩，使一些利润可观的歌舞厅开始繁荣。但是在 2003 年《中华人民共和国行政许可法》颁布后，体育部门出台了大量取消体育审批事项的文件，取消了一般性体育经营项目的前置性审批，后置登记也没有要求。2004 年，《财政部、国家税务总局关于调减台球保龄球营业税税率的通知》规定，自 2004 年 7 月 1 日起，对台球、保龄球减按 5% 的税率征收营业税，税目仍属于娱乐业。[2] 2008 年，国家又进行了税费改革，重新把娱乐业的税费下放到地方并按照 5%—20% 的营业税自行设计。但是，有些地方政府并没有专门设计台球的营业税率，而在市场的推动下直接把台球归类为体育类别，直接按照 3% 的税率收取。以上两种政策实施后的结果是经营者无法知道市场上有多少个台球俱乐部，也无法从工商部门查取，即使体育行政机关也难以从工商机构获得相关信息。由于许多俱乐部连锁经营，在调查中经常发现在不足 1 公里内有三五个台球俱乐部的现象。由于台球俱乐部不需要任何申请或审批，经营者蜂拥进入台球市场，以致台球俱乐部在 2010 年前后出现猛增状态，导致台球俱乐部在之后的两年开始出现价格大战，亏损、倒闭等不良现象增多。尽管有国际球星等各种影响力支撑，依然没有阻挡住我国台球俱乐部经营的萎靡不振。一直到 2018 年年底，我国台球健身休闲经营市场依然保持着以中低

---

[1] 《如何确定娱乐业营业额及适用税率》，《中国税务报》2008 年 4 月 28 日第 3 版。
[2] 《中国保龄球喜破 32 年历史 两只脚走路让前景迷茫》，http://sports.sina.com.cn/yayun2010/o/2010-11-24/13085333016.shtml，2010 年 11 月 24 日。

档消费为主流的状态,短时间内难以形成"高大上"的规模性经营。

表7-8　　　　　　　　　　营业税税目税率

税目	税率
交通运输业	3%
建筑业	3%
金融保险业	5%
邮电通信业	3%
文化体育业	3%
娱乐业	5%—20%
服务业	5%
转让无形资产	5%
销售不动产	5%

资料来源:《中华人民共和国营业税暂行条例》(2008),http://www.gov.cn/flfg/2008-11/14/content_1149551.htm,2009年1月1日施行。

三　政策优化建议

从台球俱乐部的早期繁荣和衰退、再次出现急剧上升和加速缩减的经营状况以及我国相关政策的税费规定可以看出:我国相关政策的颁布与设施,尤其是税费调整政策的改革是影响台球市场起伏的关键因素。而我国给予台球俱乐部的发展政策由严格管制向宽松转变,过度的宽松行为是导致台球俱乐部发展失控的主要原因,最终造成台球市场混乱和大量的社会资本浪费。基于目前我国高档台球俱乐部削弱、中低档台球活动场地增长的趋势,建议稳定目前台球场地经营税费标准,通过市场调节台球场地的供给状况。针对目前我国台球健身休闲市场状况以及相关政策状况,在目前我国相关体育健身协会还不够完善、体育健身休闲统计也不够细致和详尽的现实状况下,建议设计我国各类项目的健身休闲产业项目经营的登记制度,通过事后登记政策,掌握健身休闲市场信息并及时公布于众,防止盲目投资。

第五节 传统体育健身休闲产业及政策

一 传统体育健身休闲产业现状

健身休闲产业的发展对我国经济建设有着重要的影响作用。在近现代中西文化融合发展的过程中,中国的一些传统健身休闲体育项目常常被遗失在角落里不为人知。在这种社会背景下,通过市场途径挽救我国传统体育健身休闲项目显得格外重要,传统体育健身休闲产业不仅是我国健身休闲产业发展的重要内容,也是我国各民族文化的重要传承载体。因此,要将我国优秀的传统文化精神有效挖掘并整合应用到传统体育健身休闲产业中,以形成传统体育健身休闲产业品牌,提高传统体育健身休闲产业的商业价值及其文化价值。我国传统体育有着深厚的文化底蕴,是中国民族宝贵的历史文化财富,同时具有强身健体、修身养性、娱乐身心、陶冶情操等诸多益处,比如各种派别的武术、健身气功操、舞龙舞狮、赛龙舟、踢毽子、民族式摔跤、象棋、射箭等。其中很多项目具有健身休闲的经济、社会、文化、低碳和绿色功能。

我国越来越多的传统体育项目被引入健身休闲市场中,通过对31名全国范围内的专家进行调研发现,传统体育健身休闲产业占总体健身休闲产业的比例相对较高,总产值和就业人数分别占总体健身休闲产业的24.3%和27.5%,但是总体经济效益较差,专家普遍认为我国传统健身休闲产业的利润空间很小,很多项目不容易在市场中获得利润。通过五级量表可以判断专家打分的分布情况以及综合得分状况,我国民族传统体育健身休闲产业盈利空间和消费能力的分值都非常低。由表7-9可以看出,我国民族传统体育健身休闲产业的盈利空间(1→5,表示非常小→非常大)平均分值为2.81分、消费能力(1→5,表示非常弱→非常强)平均分值为2.87分,均低于3.00分,处于比较低的水平。

表 7-9　我国传统体育健身休闲产业盈利空间和消费能力
（2011—2015 年，n = 31）　　　　单位：人，%，分

选项	1	2	3	4	5	综合得分
盈利空间	5（16.13）	9（29.03）	7（22.58）	7（22.58）	3（9.68）	2.81
消费能力	1（3.23）	12（38.71）	10（32.26）	6（19.35）	2（6.45）	2.87

注：1. 量表级别打分中，注表格中的数字和比例分别表示选择各分值的人数和比例。2. 因表中数据做四舍五入处理，故百分比相加可能不等于100%。

通过实地考察和问卷调查可知，只有个别项目取得了比较好的经济效益，目前经营状况比较好的是太极拳和健身气功，最具有典型代表的是陈家沟太极拳馆。截至目前，全国各地区分布的陈家沟太极拳馆有 76 个，在国外分布的太极拳馆有 14 个，每个太极拳馆的经济效益都非常可观。在国内外分布的其他太极拳馆和健身气功馆也有较好的市场发展空间，太极拳和健身气功凭借其优质的健身养生功效已经在市场上赢得了客户的充分认可。另外，一些经营效益不错的其他拳术或者武术流派代表的一些功夫馆，比如各类派别的太极拳、中国武术馆、截拳道、张三丰太极拳，也能在健身休闲市场中获得发展空间，但是其市场规模都比较小，全国范围的普及率也比较低，经济效益也相对较差。此外，射箭、骑马、八段锦、五禽操（戏）、易筋经等我国传统体育健身休闲项目也逐步引入市场，但是总体经济效果不佳。通过对近五年来我国健身休闲产业发展状况进行专家判断后发现（见图 7-4），专家普遍认为我国传统体育健身休闲产业在对身体康复和文化传承方面所起作用的比较大，判断程度分值分别为 3.58 分和 3.26 分，但是传统体育健身休闲产业的盈利空间很小，判断程度分值只有 2.81 分（1→5，表示程度非常小→程度非常大）。由此可以看出，我国健身休闲产业尽管市场经济效益不佳，但取得了比较好的社会效益，尤其在身体康复和文化传承方面，这也正是我国各类政策倡导发展传统

体育健身休闲项目的重要原因。但是通过政策对我国传统体育健身休闲产业的影响作用判断后发现，非物质文化遗产政策对我国民族传统体育健身休闲产业的促进作用比健身休闲产业政策的促进作用大。

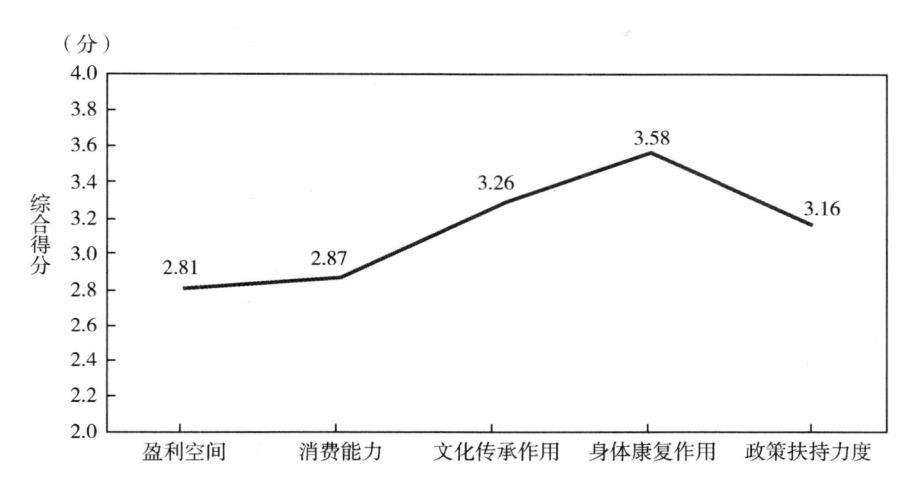

图 7-4　我国传统健身休闲产业发展状况

二　政策分析

在我国许多含有健身休闲和民族传统体育的相关政策文件中，一直都提出要大力发展民族传统体育项目，早在1996年的国家体委《关于深化改革加快发展县级体育事业的意见》和2000年《2001—2010年体育改革与发展纲要》中就用较多文字描述了发展我国传统体育项目的规定。从国家层面、发展传统文化和保护非物质文化遗产的角度，提出扶持和鼓励发展我国传统体育项目的规定，国家级非物质文化遗产名录和各级地方的非物质文化遗产名录中包含许多传统体育项目。一些非物质文化遗产政策也提出应该通过市场化的手段有效传承传统文化。它们对某些传统体育项目的市场开发起到了一定的积极作用，但是对健身休闲产业起到的效果并不明显。而且国家在近期的很多文化、公共服务、旅游等政策文件中依然提出了发展传统体育项目的规定，如2014年《国务院关于推进文化创意和设计服务与相关产业融合发展的若干意见》、2015 年《国务院办公厅转发文化部等部门关于做好政府向社会力量购买公共服务工作意见的通知》都提出要发展传统体育文化和传统体育服务。这些政策都或多或少地对我国民族传统体育健身休闲产业起到了直接或者间接的促进作用，但是总体影响效果不显著。

随着 2010 年《国务院办公厅关于加快发展体育产业的指导意见》的发布，我国传统体育健身休闲产业才真正被重视，随后，《体育事业发展"十二五"规划》和《体育产业"十二五"规划》都分别强调了发展传统体育健身休闲产业的内容。《体育产业发展"十三五"规划》以及 2016 年的《关于加快发展健身休闲产业的指导意见》则比较细致地提出发展传统体育健身休闲产业的规定，甚至在冰雪项目的发展规划里也规定了大力发展传统冰雪项目的内容，加上我国冬季奥运会的影响，在之后的几年里，有可能会出现传统体育健身休闲产业发展的小高峰。

这些能够促进我国民族传统体育健身休闲产业的政策文件可以分为两类：一类是关于促进健身休闲产业发展的政策内容，另一类是关于促进民族传统体育发展的政策内容。这两类政策内容对我国民族传统健身休闲产业均起到了促进作用，但是所发挥的作用程度并不高，而且发挥的作用程度也有区别。从表 7-10 可以看出，专家认为我国健身休闲产业政策对我国民族传统体育健身休闲产业的促进作用的综合得分为 2.94 分，认为非物质文化遗产政策对我国民族传统体育健身休闲产业的促进作用的综合得分为 3.39 分。实际上，这些政策内容并没有很好地发挥作用。究其原因，尽管近几年出台了不少加快体育产业的政策文件，并且大量涉及健身休闲产业和民族传统体育健身休闲产业，但是并没有针对我国民族传统体育健身休闲产业的精准配套政策，其依然要依附在其他政策文件上执行。通过政策内容可以看出，我国民族传统体育所面临的发展环境良好，但是通过相关的调查和研究发现，政策对我国民族传统体育健身休闲产业的促进作用确实非常有限，并没有达到政策所期望的目标。这些现实状况体现了我国对民族传统健身休闲产业在政策内容上很重视,但是在政策执行过程中的重视程度又很欠缺。在以后的健身休闲产业发展过程中,一方面应该注重民族传统体育健身休闲产业专门政策内容的设计,另一方面应该注重对民族传统体育健身休闲产业相关政策的执行。

表 7-10　不同政策对我国传统体育健身休闲产业的促进作用（n=31）

单位：人，%，分

政策类型	1	2	3	4	5	平均得分
健身休闲产业政策	2(6.45)	9(29.03)	11(35.48)	7(22.58)	2(6.45)	2.94
非物质文化遗产政策	2(6.45)	3(9.68)	9(29.03)	15(48.39)	2(6.45)	3.39

注：1. 量表级别打分中,表格中的数字和比例分别表示选择各分值的人数和比例。2. 因表中数据做四舍五入处理,故百分比相加可能不等于100%。

三　传统体育健身休闲产业政策完善建议

尽管我国已经出台了诸多促进传统体育健身休闲产业发展的相关政策文件,但是传统体育健身休闲产业的开发依然是一项非常艰巨的任务。当地政府除充分挖掘民族传统体育资源文化内涵并与当地的人文资源、自然资源相结合外,还要考虑传统体育的项目特点;在设计传统体育健身休闲产业政策内容时,要有效评价项目本身的不同市场价值。针对不同的传统体育项目设计适合项目本身的健身休闲产业发展模式。国家宏观政策对我国健身休闲产业的规定依然比较笼统,应该在地方政策文件中细化地方健身休闲产业政策内容,应该提高地方政府对传统体育健身休闲产业的重视程度,以便有效落实相关政策内容,达到促进民族传统体育健身休闲产业的目的。而地方性政策,尤其是由地市级政府发布的政策对当地民族传统体育健身休闲产业的发展具有关键影响作用。建议地市级政府和体育、旅游、文化等机构有效发扬当地民族传统文化,找好当地民族习俗与体育健身休闲的契合点，通过制定地方实施性政策文件，有效落实国家和省级关于发展健身休闲产业的政策内容。

随着国家的不断发展和强大，我国优秀的传统历史文化财富不断体现出光辉的发展历程和不朽的社会影响力。在我国伟大复兴的发展道路上，应该树立民族传统文化的自信心，有效肯定民族传统文化在强国建设中的重要历史价值。与此同时，要有效提高民族传统体育文化的国际性，重视传统体育健身休闲产业对体育强国、体育传统文化传承的重要作用。在体育强国建设过程中，民族传统体育的自信心还有待于提高；在设计民族传统体育健身休闲产业政策时，要做好政策有效落实的方案和措施，确保对民族传统体育健身休闲产业的重视不仅体现在政策文件中，还要落实在实施过程中。

第六节　保龄球产业及政策

一　保龄球产业状况

保龄球（Bowling）又叫"地滚球"，最初叫"九柱球"，起源于德国，是一种在木板球道上用球滚击木瓶的室内体育运动。保龄球运动对人体的心肺、四肢功能的健身功效是显而易见的，对喜爱娱乐、健身运动的人有一种不可抗拒的魅力，它可以锻炼身体各部位的协调性，使全身230多块肌肉都得到锻炼，更重要的是玩保龄球有一种竞技的快感。另外，它不受天气影响，兴之所至可以随时娱乐。在我国，由于保龄球运动非奥运会项目，前期的国家政策扶持并不明显，流行于欧洲、美洲、大洋洲和亚洲其他一些国家，是一种集"健身、休闲、娱乐"为一体的运动，目前已经成为和网球、板球、桌球并驾齐驱的新兴体育运动。保龄球运动是19世纪初传入我国的，随着改革开放的不断深入，保龄球运动在北京、上海、深圳、珠海、大连等城市开展起来；90年代是保龄球运动发展的高潮。起初，保龄球馆多分布于全国经济发达地区；20世纪80年代初北京也只有20条球道，而且收费昂贵，是名副其实的贵族运动；20世纪90年代初全上海也只有百余条球道，广州只有70条球道；但是，2000年年底，北京、上海、广州的球道均超过1000条，全国保龄球道超过30000条，每年以4000—8000条的速度递增；进入21世纪，保龄球馆的市场趋于饱和，竞争愈加激烈，追逐时尚的人群发现打保龄球已经过时了，纷纷选择羽毛球、游泳、乒乓球等传统健身方式，导致保龄球馆的客源流失，消费锐减。根据2017年对我国保龄球馆的调查状况可以看出，保龄球馆集中分布在经济较为发达的地区，例如上海有32个大型的保龄球馆，广州有6个，深圳有16个，北京有48个。一些二线城市更少，郑州有5个，徐州有1个，合肥有5个，三线城市几乎没有保龄球馆。

保龄球产业的数量总体呈现单峰状，从表7-11的数据来看，以全国中小型球馆（5—8球道）为例，20世纪80年代是上升趋势，球馆的建设费用也较高，1980—1990年，全国保龄球馆数量有100个；20世纪90年代至今，在球馆建设的费用基本不变的情况下，保龄球馆的数量在后来的10年里达到了3500个；2000年后保龄球馆成本降低，收费陡然下降，使保龄球场馆的数量也呈下降趋势。截至2017年，全国保龄球馆数量只有500个。保龄球产业的发展在我国并不出众，即使某些一线城市的保龄球馆数量相对较多，但多数是酒店的附属产业，专业的保龄球馆极少。

表7-11　　　　　　　　全国保龄球场馆的情况统计

时间	球道（条）	成本（万元）	数量（个）	平均价格（元/小时）
1980—1990年	5—8	800—1700	100	100—500
1990—2000年	5—8	700—1500	3500	100—500
2000年至今	5—8	620—900	500	5—40

尽管我国保龄球馆经营状况非常低迷，但是极个别成功的案例有很多经验可供借鉴。通过深入调研常州爱保利保龄球馆发现有很多成功之处值得借鉴，对相关政策的调整和完善也具有参考价值。首先，该公司自身产业链稳固，同时经营多种保龄球相关产业。该公司是一家2016年成立的以美国外资为主的股份有限公司，面积5800平方米，共设保龄球道37条。该公司不仅经营保龄球服务，还经营餐饮服务、食品的批发与进出口；电子游艺游戏设备批发；电子游艺厅娱乐服务；儿童室内游戏娱乐服务；工艺美术品、日用品、玩具、文具的销售；会务服务；展览展示服务；文化艺术交流活动策划；演出场地租赁；营业性演出。其次，球馆融合经营模式突出，球馆内除配备齐全的保龄球设备外，其他相关配套设施非常齐全，在进行保龄球休闲娱乐的同时，有非常便捷的餐饮、酒水服务，有专门的餐厅、KTV、酒吧、电子游戏、飞镖、桌球游戏、体育影院、乐队表演；设有亲子活动、体育培训、体育竞赛和表演等内容；引入了青少年保龄球训练和比赛；场馆专门设置了少儿保龄球区域。再次，球馆场景优质、环境优雅、服务细致，场馆的音乐、灯光、空间环境、空气质量、卫生环境给人一种清新宜人、丰富多彩的体验感。最后，该保龄球馆位于常州江南环球港商业综合体中。江南环球港商业综合体为爱保利保龄球馆创造了良好的生存环境。江南环球港商业综合体坐落于沪宁高速常州出口，总面积为100万平方米，拥有8800个停车位，集高档酒店、家居广场、五星影院、儿童乐园、美食餐饮、文化、户外游乐休闲（摩天轮、小火车、世界港口小镇、燃擎卡丁车）等于一体。吃喝玩乐，无所不包；运动休闲，无所不能；拍照留影，无处不景；动静皆宜，寓教于乐。其功能像一个浓缩的城市。江南环球满港商业综合体2018年6月获颁国家3A级旅游景区，2019年荣登国家体育产业示范项目，2020年入选全国体育服务综合体典型案例，江南环球港商业综合体"月亮船"入选文旅部"一带一路"国际合作重点项目。爱保利保龄球馆的成功核心是让人消费的不仅是保龄球运动，还有很多附带的文化、餐饮、场景、教育等内容。而很多中低端保龄球馆进行的是非常单一的场地设施租赁服务和简单的娱乐比赛服务，进行消费的群体多为退休的老年人，与之相配套的卫生、场景、餐饮几乎处于缺失状态。

二　相关政策分析

保龄球产业出现的这种"热得快，去得也快"的经营状况与国家的政策密不可分。保龄球产业从无到有迅速发展20年，再到目前持续萎靡不振的发展状况，体现了我国相关政策干预的效果。例如，1985年国家统计局公布《国民生产总值计算方案》，从分类和统计方法上把体育划入第三产业，是保龄球产业发展的一大契机。从1993年开始，我国娱乐业执行5%—20%的幅度税率，各地在保龄球馆经营方面执行了10%以下较低的税率，使保龄球馆迅速发展了起来。20世纪90年代体育产业市场化的逐渐提高是保龄球产业迅速发展的另一因素。1999年国家体育总局颁布了《关于加快体育俱乐部发展和加强体育俱乐部管理的意见》，该文件主要是建立与社会主义市场经济相适应的体育管理体制，但实际上是加强管理，约束俱乐部行为。《财政部国家税务总局关于调整营业税税率的娱乐范围的通知》规定，台球、高尔夫、保龄球、游艺按照20%的营业税税率征收；我国财税〔2004〕97号文件规定将台球、保龄球按5%的营业税税率征收。在保龄球市场供给过剩的情况下，面对紧缩政策和20%的高税收政策，保龄球市场进入一蹶不振的状态，即使在2004年税率降低到5%也没能挽回保龄球市场的颓势。进入21世纪，体育产业政策对体育产业的扶持更加具体，像税收优惠、水电减免、体育产业项目资金扶持、兴办产业基地等。尽管如此，保龄球市场依然没有得到恢复，因为这些关于税费、水电的优惠政策主要针对体育领域，而保龄球运动的体育成分较为模糊，存在形式以酒店或娱乐场所的附属形式为主，相关税费依然按照商业领域进行。比如，2011 年江苏开始设立额度为 0.6 亿元的引导资金，2012 年继续保持了 0.6 亿元的额度，此后逐年递增 0.2 亿元，2014 年其资金额度已经达到 1 亿元。[①] 但在近几年引导资金的获批中，只有盐城市保龄球运动协会获批。在各地区体育产业项目多样化的背景下，保龄球产业的发展并没有得到更多政策的扶持。在当前我国诸多相关优惠政策颁布和实施的情况下，在各类健身休闲产业得到重视和扶持的情况下，保龄球运动并没有得到太多的资助。

三 政策优化建议

我国相关保龄球产业政策的设计和实施是我国保龄球产业能够振兴发展的重要途径。如果要振兴保龄球产业，政策设计需要做到：一是要让保龄球运动走大众化路线，摆脱大众对保龄球运动贵族化、高消费的印象，同时摆脱当下保龄球运动的边缘化、老龄化形象；二是必须引导保龄球运动与文化、娱乐、餐饮相融合，走高质量发展路线。

第七节 我国高校体育场馆健身休闲运营及政策

学校体育场馆不同于通常所说的公共体育场馆，与公共体育场馆的基本功能和作用也有较大差别。国家鼓励高校体育场馆进行服务于校内师生和社会群体的健身休闲服务，但是规定只在课余和节假日时间适度开放。在相关政策的落实过程中，由于每个学校对体育场馆对外开放价值取向和开放方案不同，取得的经济效益和社会效益也不同。我国高校体育场馆对外开放政策不完善是造成我国高校体育场馆不能

---

① 成会君、徐阳：《我国体育产业发展引导资金的管理现状、问题及对策》，《沈阳体育学院学报》2015 年第 1 期。

有效进行健身休闲产业服务的重要原因。截至目前，我国相继颁布了一系列政策促进高校体育场馆的对外开放，主要包括国家政策和地方政策两个方面。但是，这些政策从整体上看，内容普遍比较宽泛，而且在高校场馆管理模式、资金支持力度、服务项目内容等方面还没有明确的规定，造成高校体育场馆对外开放数量少、开放程度低，而且依然有部分高校思想意识落后。这些问题在一定程度上制约了我国高校体育场馆的健身休闲服务功能和经济价值提升功能的发挥。

一　我国高校体育场馆健身休闲经营政策依据

（一）全国性政策

我国高校体育场馆能够进行健身休闲经营所依据的主要是公共体育场馆对外开放政策、学校体育场馆对外开放政策以及健身休闲产业政策（见表7-12）。学校体育场馆对外开放政策一方面分布在各类体育政策中，另一方面分布在专门公共体育场馆或者学校体育场馆对外开放政策中。这些政策有的是全国范围性政策内容，有些是地方性政策内容。全国性政策内容对我国高校体育场馆具有引领作用，地方性政策内容具有实际指导作用。1995年颁布的《全民健身计划纲要》要求体育场地设施向社会开放，可以进行合理的收费，但是其所涉及的体育设施范围还比较狭窄。我国高校的体育场馆对外开放早于中小学，并较早进行健身休闲产业方面的经营活动。2002年颁布的《关于进一步加强和改进新时期体育工作的意见》要求学校、机关单位、企事业等部门的体育设施要向社会开放，进行有效共享，充分利用体育设施资源，满足人民健身需要。这一政策进一步促进了高校体育场馆的对外开放。2006年颁布的《全国学校体育场馆向社会开放试点工作方案》规定了学校体育场地设施对外开放的工作目标、组织实施部门、职责、资助金额数量和来源等内容。在《体育事业发展"十二五"规划》中继续要求对高校体育场馆进行开发，高校可以对体育场馆对开放时间进行自主设定，同时按照学校的实际情况设置体育场馆对外开放服务内容并要求各级政府及相关部门也要积极促进学校体育场地设施开放，从政策、资金、收费标准等方面给予一定的支持，实现体育资源的有效利用。这些政策的颁布在一定程度上促进了我国体育场馆的对外开放，实现了高校体育场馆的高效利用。

表 7-12　　　　高校体育场馆对外开放主要相关的国家政策列举

政策名称	颁布主体	颁布时间
《全民健身计划纲要》	国务院	1995 年
《中华人民共和国体育法》	人大常委会	1995 年
《2001—2010 年体育改革与发展纲要》	国务院	2000 年
《全民健身条例》	国务院	2009 年
《国务院办公厅关于加快发展体育产业的指导意见》	国务院	2010 年
《关于加快发展体育产业促进体育消费的若干意见》	国务院	2014 年

（二）地方性政策

学校体育场地设施是我国健身休闲场地设施的重要组成部分。2016 年《关于加快发展健身休闲产业的指导意见》规定："盘活用好现有体育场馆资源。加快推进企事业单位等体育设施向社会开放。推动有条件的学校体育场馆设施在课后和节假日对本校学生和公众有序开放。"高校体育场馆的有效运营，不仅需要国家相关政策引导，地方性政策也起着非常关键的作用，地方性政策包括地方政府制定的政策、教育部门和体育部门制定的政策。

通常情况下，为了响应国家政策的号召，很多地方随着国家政策相继出台了一些体育场馆对外开放的政策。从颁布的主体来看，地方性高校体育场馆对外开放政策主要是由当地体育局、教育厅或者多个部门联合进行颁布，不同政府部门的参与对政策的执行起到重要的影响作用，而且目前这种制定方式的趋势越来越明显。如表 7-13 所示，

《广东省学校体育场馆向社会开放实施办法》是广东省体育局、教育厅、财政厅等部门联合颁布的；宁波市《关于进一步完善学校体育设施对外开放的指导意见》是宁波市体育局、教育局、宁财政局等部门联合颁布的。2009年《绍兴市人民政府办公室关于绍兴市区学校体育场地设施向社会开放的实施意见》是由绍兴市政府办公室颁布的；2016年《黑龙江省普通高等学校体育场馆向社会开放工作试行办法》是由黑龙江省教育厅颁布的。

表7-13　　　　高校体育场馆地方开放地方性相关政策举例

政策名称	颁布主体	颁布时间
《广东省学校体育场馆向社会开放实施办法》	广东省体育局、教育厅、财政厅、工商行政管理局等八个部门联合颁布	2008年
《绍兴市人民政府办公室关于绍兴市区学校体育场地设施向社会开放的实施意见》	绍兴市政府	2009年
宁波市《关于进一步完善学校体育设施对外开放的指导意见》	教育局、财政局等部门	2009年
《黑龙江省普通高等学校体育场馆向社会开放工作试行办法》	黑龙江省教育厅	2016年

二　我国高效体育场馆对外健身休闲服务存在的问题

（一）地区差异大、政策效果发挥不明显

我国高校体育场馆向社会提供健身休闲服务的主要政策依据是学校体育场馆对外开放的专门政策和相关政策。但是，由于高校体育场馆对外开放具有很大的特殊性和较大的差异性，即使是同一城市的不同高校，由于开放理念的差异，也会出现多种不同的健身休闲运营模式。从当前我国高校体育场馆健身休闲服务相关政策的制定和实施可以看出，高校体育场馆开展健身休闲产业经营的政策并不明朗，高校体育场馆到底应该多大程度对外提供健身休闲服务，很多专家的意见

不统一，目前关于高校体育场馆对外进行健身休闲服务的政策实践和政策理论都比较欠缺。

我国高校体育场馆体育健身休闲服务的地区性差异非常大，有不少地区没有制定地方性学校体育场馆对外开放政策，也谈不上健身休闲的有偿服务实践。从政府网站公布的政策信息可以看到，至今为止发布的专门的学校体育场馆设施对外开放政策的地区主要集中在华东地区，西部地区没有相关政策出台。我国学校体育场馆设施对外开放程度总体水平比较低。从开放时间长短上看，西部地区全天开放程度最高，东部地区部分开放程度最高，中部地区开放程度最低。这些状况显示出学校体育场馆对外开放政策和实际开放状况的不对称性，同时也体现出高校体育馆地对外提供健身休闲服务的效果不理想。

（二）政策观念落后

在我国高校体育场馆健身休闲服务上缺少和相关政府职能部门的联系，对于政府的一些政策方针也没有深入了解。出于这些原因的考虑，当前部分高校体育场馆还没有对外提供健身休闲服务，或者开放程度不深入。对于高校来说，如果实现体育场馆的过度对外开放会促使大批人员进入校园内部，会带来一些潜在的危险，给高校管理带来一定的难度。另外，部分高校领导的思想观念还比较传统、保守，认为高校的主要任务是教学，是为了保证学生的学习；学校的体育场馆最主要的任务是教学，是为了满足同学们的学习需求。如果体育场馆对外开放，会影响同学们的正常学习，影响正常的教学秩序，高校认为开放体育场馆的消极作用大于积极作用。

三　政策优化建议

对于高校来说，应该转变思想观念，正确地认识高校体育场馆对外开放的意义，并认识自身的责任，有效地为社区提供健身休闲服务。高校应利用自身丰富的体育设施，在不影响学生正常课间或课余体育训练活动的基础上，合理地为热爱健身的居民提供优质的健身休闲服务，使高校体育场馆更广泛、更深入地为社会提供健身休闲服务。高校体育场馆政策的合理设计和政策效果的充分发挥需要政府以及高校的高层转变思想观念，同时也要积极鼓励高校依据自身的特点和当地的实际情况进行体育场馆对外开放项目的创新。

地方性学校体育场地对外服务政策对高校体育场地的健身休闲服务作用的发挥具有重要作用。而我国地方学校体育场地的对外服务政策比较欠缺。因此，应该加强地方相关政策机构和院校之间的交流；根据当地的经济发展状况、自然环境、学校体育场地设施的数量等现状，有针对性地采取不同的高校体育场地设施对外开放的实践方式，改进当地高校有效地为社会提供健身休闲服务的水平。

第八章　不同区域健身休闲产业政策

第一节　江苏省健身休闲产业政策

一　江苏省健身休闲产业发展状况

江苏省处于华东地区，是中国史前文明的重要区域，江苏省省际陆地边界线3383公里，面积10.72万平方公里，占中国的1.12%，人均国土面积在中国各省份中最少，人口密度最大，有健身休闲产业发展的天然优势。江苏省东临黄海、太平洋，与上海市、浙江省、安徽省、山东省接壤，综合经济实力在中国一直处于前列，服务业发展水平稳步提升。2011年以来，江苏省一直保持全国第二名的生产总值。2013年，江苏省实现地区生产总值59161.8亿元，比上年增长9.6%。2016年实现76086.17亿元的生产总值，依然位居第二，增速为7.8%，保持平稳持续增长的状态（见表8-1），有着许多地区发展健身休闲产业不可比拟的经济优势。2016年，江苏省服务业总量持续增长，占比持续攀升，结构持续优化，保持了总体平稳、稳中有进、稳中向好的发展态势，服务业增加值占GDP的比重达50.1%，增速达9.2%。江苏省服务业持续保持GDP贡献优势[①]，其中包括体育健身休闲产业

---

① 江苏省统计局、国家统计局：《江苏2016年实现生产总值7.6万亿元，增速7.8%》，新华社，2017年1月24日。

在内的体育产业的贡献也越来越明显。截至 2017 年 4 月 25 日,根据各地区公布的经济数据,第一季度地区生产总值的前五名的依旧是广东省、江苏省、山东省、浙江省、河南省。前四名的经济结构体现出了以服务业为主导的状态,浙江省的服务业占比重最高,达到 55.2%;广东省次之,占 GDP 的比重为 54.0%,江苏省排第三名,占 GDP 的比重达 52.7%,山东省为 51.1%。江苏省发展依然把增加服务业的比重作为经济发展的重要任务,而且体育服务业得到空前发展,已经成为经济增长新动能的重要新兴产业类型之一。健身休闲产业也因此作为重要的体育服务产业发展类型被重视,健身休闲生活方式在全省范围得到广泛推崇。健身休闲产业首先在大城市和苏南地区流行,随着我国服务业、体育产业、医疗健康、休闲旅游等相关政策的不断落实,江苏省健身休闲产业很快蔓延到中小城市以及苏北地区。不仅现代健身休闲产业得到快速发展,而且很多传统体育健身休闲产业也得到空前发展。

表 8-1　　2016 年中国部分地区 GDP 生产总值排名情况

地区	生产总值(亿元)	排位(名)	增速(%)	排位(名)
广东省	79512.05	1	7.5	20
江苏省	76068.17	2	7.8	14
山东省	67008.19	3	7.6	16
浙江省	46484.98	4	7.5	20
河南省	40160.01	5	8.1	9
四川省	32680.5	6	7.7	15
湖北省	32297.91	7	8.1	9
河北省	31827.86	8	6.8	26
湖南省	31244.68	9	7.9	13
福建省	28519.15	10	8.4	8

江苏省是典型的体育大省、体育强省,在全国体育事业发展中始

终占据非常重要的地位，不论是在群众体育还是在体育产业方面都显示出强劲的发展动力和良好的发展局面。江苏省各种健身休闲产业种类多、覆盖广，发展模式多样化。在球类、水上项目、传统项目乃至冰雪项目上都得到了空前发展。在体育产业基地、体育产业示范区、体育小镇、体育特色城市、体育旅游项目、体育产业引导资金项目等发展模式下的健身休闲产业得到了快速发展。江苏省健身休闲产业的快速、全面、规范有序的发展与江苏省良好的体育发展环境有关。截至2015年，全省11个省辖市建成体育强市，56个县（市、区）获得体育强县称号，11个省辖市、86个县（市、区）建成省级公共体育服务体系示范区。12个省辖市建成功能齐全的体育中心和5000平方米以上的全民健身中心，90%以上的县（市、区）建成"新四个一"工程①，建成城市社区"10分钟体育健身圈"，新建健身步道6500公里，基本实现行政村体育设施全覆盖，人均公共体育场地面积达2.01平方米，高出全国平均水平0.55平方米。江苏省体育产业日益壮大，省级体育产业发展引导资金拉动效应明显，截至2015年年底，累计投入4亿元资金，扶持569个项目，带动社会投资近240亿元，财政投入乘数比达1∶60；命名省级体育产业基地59个；体育培训、体育康复、体育旅游等新兴业态加速发展，体育产业规模快速增长，2014年体育产业增加值达716.82亿元。

　　江苏省健身休闲产业作为江苏省体育产业的重要组成部分，是江苏省体育全面发展的重要动力，涵盖健身服务、设施建设、器材装备制造等业态。江苏省健身休闲产业对于拉动内需、扩大就业、保障和改善民生、推动体育产业提质增效、增强经济增长新动能等具有重要

---

① 江苏省于2010年在全省实现体育设施"新四个一工程"，即在各县（市、区）建成一个塑胶跑道标准田径场、一个3000个座席的体育馆、一个游泳馆或标准室内游泳池、一个3000平方米以上的全民健身中心。此外，还将力求实现"天天有安排，周周有比赛，月月有活动，阶段有高潮，常年不断线"的全民健身活动机制。

意义,对江苏省建设"强富美高"新江苏、推进"两聚一高"新实践做出新贡献。① 江苏省计划到 2020 年基本建成结构合理、内涵丰富、功能完善、服务便捷、竞争力强的健身休闲产体系,在 2020 年规模将达到 3000 亿元,约占体育产业中规模的 60%,到 2025 年达到 4500 亿元。这一目标的实现除省级相关政策的执行与落实外,还需要地方政府相关配套政策的制定与实施。

在 2016 年全国第一批体育健康特色小镇中,江苏省有 8 个。有仪征市枣林湾生态园、江阴市新桥镇、南京市汤山温泉旅游度假区、淮安市淮安区施河镇、溧阳市上兴镇、南京市高淳区桠溪镇、宿迁市湖滨新区晓店镇、昆山市锦溪镇。而且江苏省计划到 2020 年建设 20 个体育健康特色小镇。江苏省体育健康特色小镇陆续开始投入建设,并且直接与省级政府挂钩,与所在县或者市签署合同,以省地共建的方式进行建设。这些小镇的建设不仅可以有效促进江苏省健身休闲产业的发展,而且促进了整个小城市体育、旅游、经济、文化的融合发展。2016—2017年,江苏省针对《关于加快发展健身休闲产业的实施意见》提出健身休闲产业发展目标,计划到 2020 年培育 20 个左右以健身休闲服务为特色、功能多元聚合的体育健康特色小镇,建成 40 个左右的业态融合、功能多元、运行高效的体育服务综合体,建成各类体育公园 1000 个。

二 江苏省健身休闲产业政策状况

江苏省在体育产业政策的制定和实施环节上也体现出明显强于其他省份的现象。在国家体育政策出台后,江苏省总能及时出台相应的政策或者配套政策。江苏省体育发展政策数量比其他省份多,政策内容也比其他省份更加规范和详细,而且常常被其他省份参考和学习。江苏省各类体育赛事、"10 分钟体育健身圈"、青少年阳光体育、体育

---

① 省委书记李强代表第十二届江苏省委作题为《聚力创新 聚焦富民 高水平全面建成小康社会》的报告。"两聚一高"即聚力创新、聚焦富民、高水平全面建成小康社会。

特色小镇、体育产业发展基地、体育产业引导资金等相关发展策略都取得了良好的成效，乃至冰雪产业也得到了较好的发展。在这些重要的体育发展策略和方案中，或多或少都含有健身休闲的内容，而且健身休闲产业化运作的程度除北京市、上海市和广州市外，也明显高于其他地区。在江苏省健身休闲产业政策内容方面，涉及的政策文件和全国性政策文件一样，主要分布在宏观体育政策文件、服务业政策文件、第三产业政策文件、体育产业政策文件、群众体育政策文件、旅游产业政策文件和文化产业政文件等政策文件中，比如2005年《江苏省国家税务局关于进一步落实加快发展我省现代服务业税收优惠政策的通知》、2010年《省政府关于加快发展体育产业的实施意见》等。2017年6月1日江苏省政府办公厅公布《关于加快发展健身休闲产业的实施意见》，江苏省将加快发展健身休闲产业，到2020年，全省将建成1000个各类体育公园，建成1000个具有一定影响、规模较大的体育健身俱乐部，全省人均体育场地面积达到2.5平方米。2011年，江苏省率先提出体育产业发展引导资金，并出台《江苏省体育产业发展引导资金使用管理暂行办法》。2011—2015年，江苏省累计投入资金3亿元，扶持项目453个，带动社会投资近200亿元，其中70%以上是社会投资项目。2015年，江苏省将投入1亿元作为体育产业引导资金，支持有助于丰富体育产品市场供给、拉动体育消费的项目。例如，体育场馆运营模式的创新发展与运作、大型体育场馆闲置空间的利用，国务院46号文件中提到的水上运动、登山攀岩、射击射箭、马术等健身休闲等特色项目，以及体育电商、体育旅游、体育康复、体育创意等，对健身休闲产业的辐射力非常强。

（一）江苏省健身休闲产业政策内容

江苏省健身休闲产业政策内容主要指在江苏省范围内涉及健身休闲产业发展的各种政策内容的总称。这些政策文件分布在省级以及市级各类政策文件中，省级政策文件包括省政府、省政府办公厅、省级部门机构等发布的政策文件；市级政策文件包括市政府、市政府办公厅、市级部门机构等发布的政策文件。江苏省法规政策环境良好，一直保持着政策制定及时、执行投入充足、政策效果良好的态势。① 通常情况下，江苏省政策能够紧跟国家政策导向，能够快速根据国家政策制定出地方发展政策，甚至偶尔出现某些政策内容超越国家政策的现象，在体育健身休闲领域也会出现类似的情况。从目前江苏省各类体育政策文件及相关内容中可以看出，在竞技体育、群众体育以及体育产业领域均体现出政策内容的科学性、合理性超越其他大多数省份的状况。比如，2003 年江苏省政府出台的《江苏省体育经营活动监督管理规定》，比较超前地规定了江苏省体育产业经营者应该遵守的各种规范，而且这些规范相对比较宽松，既规范了市场秩序，又保障了经营者的权益，健身休闲产业也因此受到了规范和保障；2010 年江苏省在《国务院办公厅关于加快发展体育产业的指导意见》出台后半年的时间就出台了《省政府关于加快发展体育产业的实施意见》，而且在 2011 年紧跟着出台了《江苏省体育产业发展引导资金使用管理暂行办法》。之后，很多企业得到了引导资金，江苏省体育产业得到了强大的发展动力，充分体现了江苏省体育产业政策内容的及时性和良好的政策执行力。

表 8-2 是江苏省部分健身休闲产业政策文件，可以在一定程度上反映出江苏省健身休闲产业政策的内容状况。在宏观体育政策文件中的健身休闲产业政策内容主要提出要加快发展各种健身休闲产业，主要体现出引导性和宏观性的特点，对江苏省健身休闲产业的发展目标和发展方向具有重要的指导意义。作为服务业类型之一的健身休闲产业，江苏省服务业发展政策中的内容也有很大的辐射作用，相对于健身休闲产业体现出的宏观指导作用，对健身休闲产业的发展同样具有宏观指导作用。一些具有规范性和扶持性的服务产业政策对健身休闲

---

① 田伯平：《江苏开放型经济可持续发展研究——基于体制、政策和环境的视角》，《江苏社会科学》2011 年第 3 期。

产业也有影响，江苏省一些服务业的税收减免政策也适用于某些健身休闲产业，而且某些具体的健身休闲产业项目在相关体育产业政策文件中得到了强化。江苏省旅游产业政策和文化产业政策文件对健身休闲产业的规定主要体现在产业本身，包括并融合了健身休闲产业，也因此体现出融合性的特点。

表8-2　　　　　　江苏省部分健身休闲产业政策文件

政策文件类别	代表性政策文件	相关政策内容	内容特点
宏观体育政策	2016年，《江苏体育发展"十三五"规划》	加快建设健身步道、体育公园、户外营地等生态设施，大力发展健身休闲等绿色产业	引导性、宏观性
体育市场规范政策	2013年，《江苏省体育经营活动监督管理规定》	鼓励体育经营者参与实施全民健身计划和培养优秀运动员的工作。从事体育经营活动，应当具备下列条件：（一）有与经营项目相适应的场所；（二）有符合规定标准的体育器材和设施；（三）有必要的安全保障措施；（四）需要配备体育专业技术人员的，应当配备必要的体育专业技术人员；（五）法律、法规、规章规定的其他条件	规范性、宽松性、宽泛性、偏重健身性、超越性
群众体育政策	2012年，《江苏省城市社区"10分钟体育健身圈"建设实施方案》	在完善民营的体育设施的基础上，进一步加强城市社区公共体育设施建设，确保城市居民方便、就近、安全地参加健身活动	融合性、具体性、基础性
体育产业政策	2010年，《省政府关于加快发展体育产业的实施意见》	大力发展体育健身休闲，逐步开展户外运动、极限运动、电子竞技等新兴体育运动项目	综合性、融合性
服务业发展政策	2010年，《省政府关于印发进一步加快发展现代服务业若干政策的通知》	制订《江苏省现代服务业产业指导目录》，对符合要求的服务业项目，在项目准入、土地供应、资金支持等方面给予重点倾斜	宏观性、综合性
文化产业政策	2010年，《省政府关于加快文化产业振兴若干政策的通知》	省级设立初始规模20亿元的江苏紫金文化产业发展基金，实行政府引导、市场化运作，委托江苏高科技投资集团有限公司进行管理经营	融合性

续表

政策文件类别	代表性政策文件	相关政策内容	内容特点
旅游产业政策	2011年，《江苏省人民政府关于进一步加快发展旅游业的意见》	规范发展高尔夫球场和大型主题公园。优化发展城市滨水空间和旅游特色街区	融合性
健身休闲产业政策	2017年，《关于加快发展健身休闲产业的实施意见》	一、打造健身休闲运动品牌；二、夯实健身休闲产业发展基础等	全面性、系统性

2016年12月，国家旅游局和国家体育总局联合发布了《关于大力发展体育旅游的指导意见》，江苏省的《关于加快发展健身休闲产业的实施意见》将发展体育旅游作为专门一节，明确要求体育、旅游等有关部门加强合作，制定体育旅游发展的具体措施。2017年，江苏省出台的《关于加快发展健身休闲产业的实施意见》是贯彻国务院办公厅《关于加快发展健身休闲产业的指导意见》的执行政策文件。该文件提出了如何打造江苏省健身休闲产业发展品牌、如何打好发展基础、如何进行扶持以及实现江苏省健身休闲产业发展和得到相关扶持的保障措施。

江苏省整个健身休闲产业相关政策内容的历史变化特点基本与国家政策相吻合，在健身休闲产业市场化初期体现出宽松性的同时也体现出对市场活动的规范和约束。随着我国社会主义市场经济制度的不断改革，逐步向科学规范和适度放开的方向发展，最终开始对健身休闲产业给予补贴和扶持。江苏省相关政策还体现出较强的地方特色，并在国家政策没有明确规范的情况下设计省级规范性政策文件，对促进江苏省健身休闲产业起到积极的影响作用。

（二）江苏省健身休闲产业政策执行状况

江苏省健身休闲产业政策执行状况指国家政策、省级政策和市级政策等各级各类政策内容在江苏省范围内的执行状况。江苏省区域内很多地方政策内容，尤其是一些具有直接操作性的政策内容，不仅是地方性政策内容，同时也是国家政策的执行政策，比如2010年《省政府关于加快发展体育产业的实施意见》、2011年《江苏省体育产业发展引导资金使用管理暂行办法》均是有效落实国家体育产业政策内容的重要方案。这些政策内容不仅规定了要大力发展健身休闲产业、体育赛事等体育产业，而且设定了优先发展某些产业的具体扶持方案和资金落实方案，是江苏省健身休闲产业政策有效执行和有效促进江苏省健身休闲产业发展的保障。江苏省在废旧厂房的健身休闲场地的改造上有效促进了健身休闲产业的发展，而且规定了水电税费等各类减免政策，不仅大大促进了健身休闲产业的繁荣发展，而且对有效利用废旧厂房减少社会成本也起到了重要作用。

在政策的执行过程中，健身休闲产业需要投入一定的人力、财力和物力。健身休闲产业政策内容越符合当地健身休闲产业的需求，所需要的执行成本越小，产生的效果也可能更好。在健身休闲产业政策内容执行的过程中，不同的政策内容所采取的执行方式有所不同，在执行过程中所投入的成本也有所不同，产生的执行效果也有一定的差异。宏观指导性的政策内容不具有强制性，也不具备追究政策责任的条件，在执行过程中需要的成本相对较低，有些时候只需要将政策文件通知给相关机构或者组织。江苏省健身休闲产业受重视程度相对较早，在1993年《国家体委关于深化体育改革的意见》、1994年《关于加强体育市场管理的通知》以及1995年全国《体育产业发展纲要（1995—2010年）》出台之际，江苏省就以五台山体育场馆改革为起点建立社会组织参与健身休闲产业运营的模式，逐步在各地区体育场馆推行健身休闲产业经营的措施，使各体育场馆的各类场地得到充分使用，足球、篮球、排球健身操等健身休闲项目得到大力推广。而且有一批健身俱乐部或者健身会所进入公共体育场馆，不仅健身休闲产业得到了大力发展，一些体育场馆也得到了有效利用。尽管当时关于健身休闲产业发展的政策内容比较少，也比较宏观，但是江苏省政府对加快发展第三产业的态度比较强烈,对体育场馆改革的力度比较大,推动了江苏省健身休闲产业相关政策内容更有效地落实,直接带动了江苏省健身休闲产业的快速发展。江苏省经济发展水平较高,人们生活水平高于其他许多地区,人们对健身休闲的需求也相对较高,使江苏省健身休闲产业政策产生了投入成本小、执行效果好的结果,使健身休闲产业首先在苏南地区繁荣发展,逐步延伸到苏中、苏北地区。

2008年国际金融危机以来,我国健身休闲产业的发展受到冲击,江苏省健身休闲产业也受到了严重影响。在国际金融危机和盲目投资的双重压力下,江苏省许多健身俱乐部被迫退出市场,甚至有十多年经营经验的企业由于过度自信的投资而面临亏本经营,最终倒闭。但是,江苏省一系列与健身休闲产业发展有关的政策内容缩小了江苏省健身休闲产业发展的风险,比如刷医保卡健身、"10分钟体育健身圈"、社区体育俱乐部建设、体育产业发展引导资金等政策。早期江苏省健身休闲产业政策内容的有效执行在很大程度上取决于社会的需求,而现阶段江苏省健身休闲产业政策能够有效地执行很大程度上取决于江苏省对健身休闲产业政策执行的大力投入,尤其是财力的投入。江苏省的财政扶持促进了江苏省健身休闲产业的快速发展,江苏省较强的财政能力和充足的彩票公益金在江苏省健身休闲产业政策的落实过程中起到了非常关键的杠杆撬动作用。江苏省良好的法律政策环境和较高的执法水平对江苏省健身休闲产业政策内容的有效落实也起到了积极的影响作用。

在江苏省体育产业政策不断落实的过程中,尽管其政策整体执行投入和执行效果优于国内绝大多数地区,但是通过实地走访发现,依然有很多受政策扶持的健身休闲单位没有产生良好的预期效果。尽管江苏省早在2011年就开始了体育产业引导资金的扶持政策,但是能够得到引导资金的健身休闲产业项目比例非常小,约占15%,多数资金集中在体育赛事领域和体育用品领域。目前需要投入很多基础设施或者大量初始资金的健身休闲企业，要么是扶持资金由于许多要求和标准难以快速到位，要么是企业自身规划和设计、对消费市场的科学判断出现一些不足。在整个江苏省内有数十个大型健身休闲单位处于基础建设阶段，但两年内难以看到良好的经济效益。与此同时，江苏省依然有一半以上的大型体育场馆不能有效使用，主要分布在镇江、盐城、淮安等几个北部地区城市。这些地区体育场馆闲置浪费和巨额维护资金的双重压力严重阻滞了健身休闲产业的繁荣和发展。曾经在江苏省各地繁荣一时的高尔夫产业也严重进入了低谷期，接近市区的高尔夫球场基本全部倒闭，在长江以南地区基本保持每个市有一个比较标准的高尔夫球场，苏北地区各市基本没有高尔夫球场。整个江苏省的高尔夫练习场也比3年前减少了一半。

三 结论与建议

（一）结论

江苏省有着稳定的经济基础，在良好的法律、政治、经济和文化环境下，相关健身休闲产业政策内容执行效果较好。文化产业政策文件、旅游产业政策文件、服务业产业政策文件都在较大程度上涉及了健身休闲产业政策内容，对江苏省健身休闲产业的促进作用也比较明显。江苏省不仅在政策的制定方面体现出比其他地区更早、更多、更全面的状态，而且在政策执行方面体现出本地区独特的特点。首先，江苏省体育政策在群众体育、竞技体育、学校体育方面投入的力度都比较大，在一定程度上促进了基础设施方面的建设和发展，为健身休闲产业创造了必要的条件；其次，江苏省服务业、旅游产业、文化产业发展优惠政策均在多种维度上辐射到了健身休闲产业，有效促进了健身休闲产业的发展；再次，江苏省大力发展体育产业的政策对健身休闲产业的影响力度和广度更大，在财政补贴、税费减免、补息贴息方面的作用尤为明显；最后，江苏省体育产业政策注重执行力度，在江浙两省涉及健身休闲产业的政策文件均接近 20 件，但是江苏省相关落实政策的文件 20 多件，而浙江省不足 10 件。

尽管江苏省整体健身休闲产业政策内容较科学、政策执行状况良好，但是也有不足之处。首先，相关政策文件对健身休闲产业发展的目标设计和执行过程不匹配，通常情况下设置目标高，但是政策落实的结果并没有达到政策目标，而且有较大差距。其次，苏南、苏北地区体现出较明显的地区差异性。南京市、苏州市和无锡市分别在地方相关政策文件中涉及健身休闲产业，在政策执行方面的投入也比较多，甚至在不少区县也能有效落实相关健身休闲产业政策。常州市、南通市略次于与以上 3 个城市，市政府没有出台相关政策。盐城市、镇江市等几个地区，地方配套政策还没有及时跟进，处于健身休闲产业配套政策的酝酿期和准备期。但是，苏北地区的徐州市作为淮海经济区中心城市，在政策的落实过程中表现出非常积极的状态，市政府在政策的制定和执行方面均投入了较大的人力、物力和财力，也取得了比较可观的效果。苏南地区以昆山市为代表的几个经济比较发达的区县在国家 46 号文件以及省级体育产业相关政策文件的影响下，有效落实了健身休闲产业发展政策。个别地区利用当地自然或者历史条件已经落实或者正在落实健身休闲产业政策目标，如昆山市、江阴市、常熟市、太仓市。再次，在江苏省还有很多可以利用的地理或历史文化资源没有有效利用，在以后的地方政策文件中可以对之进行涉及。而基于 2016 年国务院办公厅出台的《关于加快发展健身休闲产业的指导意见》，2017 年江苏省政府办公厅出台的《关于加快发展健身休闲产业的实施意见》，江苏省不管是苏南地区若干城市，还是苏北地区大部分城市，均处于消化、吸收政策内容，准备政策的执行和落实阶段，目前并不能看到明显的政策效果，估计会在三五年后能看到实质性的执行效果。

在江苏省长期的发展过程中，其南北差距一直存在，并一度出现差距扩大趋势。江苏省发展政策一直把经济发展重点定在苏南地区，把苏北地区定位为以发展农业为主。根据相关数据和指标可知，苏北地区与苏南地区的差距大概有 5 年的时间。苏北地区与苏南地区的历史性、基础性差距直接影响了苏南、苏北地区健身休闲产业和相关政策的发展。在整个体育产业政策的制定和执行过程中，苏南地区体育产业政策的落实效果优于苏北地区。江苏省目前已经建成的 3 个体育产业基地全部分布在苏南地区，每年全省体育产业引导资金约 70% 分布在苏南地区。健身休闲产业获得的大部分引导资金分布在苏南地区，在体育产业政策不断落实的过程中，尽管整个江苏省健身休闲产业有加快发展趋势，但是江苏省南北差距依然有扩大趋势。

（二）建议

江苏省应继续利用本省目前发展的各种优势，有效落实 2016 年国务院办公厅出台的《关于加快发展健身休闲产业的指导意见》和 2017 年江苏省政府办公厅出台的《关于加快发展健身休闲产业的实施意见》，给予一些大型健身休闲企业资金扶持和宏观布局指导以及建设过程中的相关行政协调和推进等一些无形的软性扶持，防止出现盲目建设和中途流产。针对废弃的高尔夫球场，建议有效利用遗留下来的场地和相关设施，鼓励设置一些更符合社会需求的体育健身休闲项目；对于土地有争议的场所，建议设计在争议期间能节省成本、发挥土地资本价值、有效为体育健身事业发挥作用的政策方案；可以设计允许为全民健身发挥作用的企业免费或者抵偿使用的政策。

尽管江苏省健身休闲产业发展较快，但是在体育产业发展中的结构比例依然偏小。在江苏省健身休闲产业政策的设计上要充分把握实际发展需求和政策执行力，科学设计健身休闲产业发展目标，以合理的政策加快江苏省健身休闲产业的发展。针对客观存在的苏南、苏北地区差异，科学合理设计相关健身休闲产业政策，以节省政策成本的政策执行方式有效落实政策内容，同时也应该认识到尽管苏北地区相对于苏南地区经济欠发达,但是仍然比其他很多地区健身休闲产业发展状况好,而且作为淮海经济区的中心城市徐州市在健身休闲产业及相关政策的落实方面也起到了带头作用。

各地区应结合本地区经济发展水平、本地区居民消费习惯以及本地区外来人口流动数量和消费特点,设计本地区健身休闲产业和旅游健身休闲产业的发展政策。建议对苏北地区进行政策倾斜,通过吸引健身休闲产业外来人口推动苏北地区健身休闲产业的发展,从而带动苏北地区相关产业发展,缩小南北差异。可以有效利用苏北地区各种优势,通过政策促进苏北地区冰雪产业、汉文化体育产业、黄河文化体育产业、淮海经济区体育产业等发展。苏北地区各市应该有效落实相关体育场馆改革方案,转变体育场馆传统管理体制,使体育场馆充分为健身休闲产业服务,盘活体育场馆运营资金,减小政府财政压力。

第二节 浙江省健身休闲产业政策

一 浙江省健身休闲产业发展状况

浙江省是中国省内经济发展程度差异最小的省份之一,杭州市、宁波市、绍兴市、温州市是浙江的四大经济支柱城市。其中杭州市和宁波市经济实力长期排在中国前 20 位。2012 年,浙江省人均 GDP 突破 10000 美元,达到 10340.454 美元,超出中国人均 GDP 6100 美元,并且所辖 11 个地级市的人均 GDP 均高于中国平均水平,且已经达到上中等发达国家水平。与江苏省比较,尽管江苏省 GDP 总量和人均 GDP 都高于浙江省,但是浙江省的人均可支配收入稳定在全国第三名,仅次于京沪地区。浙江省利用独特的地理环境开发了具有区域特色的健身休闲模式,形成了诸如环杭州湾、环舟山群岛、环太湖和环浙南等运动休闲发展带;依托山、海、江、湖等自然资源,发展了很多山地运动、水上运动、海洋体育等运动休闲产业。与此同时，还推动了体育与信息经济、环保、健康、旅游、时尚、金融、高端装备制造等领域的融合发展。

20 世纪 90 年代以来，浙江省民营企业发展迅速，目前是全国民营企业发展规模最大的省份。在"2015 年中国民营企业 500 强企业榜单"中，浙江省共有 138 个公司上榜，全国排名第一，占 28%，而且其中很多公司在体育产业领域进行了投资。与此同时，浙江省也是全国企业国际化程度最高的地区。在浙江省特有的民营经济发展环境下，健身休闲产业也体现出了国际化和民营化的发展特点。浙江省健身休闲企业也以民营企业为主，而且体现出较大程度的内源式发展模式，政府干预体育市场程度小。但是在近十年我国大力发展服务业和体育产业的大背景下，通过政府力量驱动体育产业和健身休闲产业发展的措施被频繁提出。浙江省也在财政扶持、土地使用、税费减免等方面对体育产业和健身休闲产业进行驱动。尽管浙江省政府的投入远不及江苏省，但是取得的成效依然比较明显，在过去十年中，浙江省体育产业稳步发展，产业规模快速扩大，2014 年，全省体育产业总规模达 1209.1 亿元（全国为 13500 亿元），体育产业增加值为 354.8 亿元（全国为 4041 亿元），占 GDP 的比重为 0.88%（全国为 0.64%）。浙江省作为民营经济大省，社会资本投资或参与体育经营的积极性高涨。以莱茵体育、阿里体育为代表的"体育+资本"布局加速，体育资本市场更加活跃。"体育+旅游""体育+文创"以及体育用品制造业等迅速崛起或快速增长，初步形成融合发展、良性发展的格局，在浙江省经济转型升级、经济新增长点中扮演着越来越重要的角色。浙江省 2014 年全省体育产业总产出由 789.9 亿元增加到 1209.1 亿元，增长 53.1%。目前，全省拥有国家体育产业基地 3 个、国家体育产业示范基地 2 个、纯体育产业 A 股上市公司 3 个，均居全国前列。在浙江省体育产业发展过程中，健身休闲产业在其中所占比重较大，在很多情况下对健身休闲产业起到了一定的主导作用，而且体现了较强的地域性和资源禀赋优势。比如宁波市围绕"杭州湾运动休闲城"建设，依托丰富的海洋资源及全省海洋经济发展核心区的战略部署，形成以运动休闲为重点，以体育培训、健身服务为亮点的海洋体育产业都市区。

二 浙江省健身休闲产业政策状况

（一）浙江省健身休闲产业政策内容

江苏省、浙江省均属于我国东部沿海发达省份，健身休闲产业和相关政策体现出一定的超前性，但由于两省地理、经济、政治和文化的差异而存在不同之处。通过比较江苏省和浙江省历年的体育产业政策文件可以看出，浙江省相关政策文件的数量并不比江苏省少，甚至略早、略多于江苏省，以至于在个别地级市乃至县级市制定的相关发展健身休闲产业的政策文件也优于江苏省一些城市。政界、学界和业界三个方面的专家意见表明，相对于江苏省的健身休闲产业及相关产业政策状况而言，市场驱动对浙江省健身休闲产业快速发展的影响程度更大，政策驱动程度相对较小。浙江省相关政策的制定与实施是在浙江省健身休闲需求增加的基础上起到了顺水推舟的作用。

浙江省制定相关政策的速度非常快，也非常大胆。在国家相关政策出台后，能很快针对国家政策制定出省级相关政策文件，甚至国家还没有明确的政策文件出台时，就能制定出本省相关政策文件（见表8-3）。而江苏省在出台政策文件时，按部就班地在国家政策出台后，经过各种酝酿过程制定出本省相关政策内容。比如浙江省早在1995年就制定了《浙江省游泳场所管理办法》、1998年制定了《浙江省经营性体育场所管理办法》（1998年颁布，在2004年6月15日被废止）。至2000年以来，浙江省省级层面在体育产业制定方面表现出非常积极的态度，很多体育产业政策的制定或规划早于其他省份。比如浙江省在 2015 年 12 月制定了《浙江省健康产业发展规划（2015—2020 年）》，并且是以浙江省发展和改革委员会的名义发文，其超前性和执行力都非常强，目前还计划制定浙江省《户外运动产业发展规划（2022—2025 年）》，提出重点发展山地、水上、航空、冰雪等运动休闲产业。充分利用全省山地资源，重点开发登山、攀岩、徒步穿越、漂流、溯溪、山地自行车、汽车露营、低空飞行等项目。合理利用全省江河湖海水域资源，大力发展游泳、垂钓、皮划艇、赛艇、滑水、冲浪、帆船帆板、游艇、水上滑翔等项目。鼓励有条件的地区建设冰雪运动场地，开展冰雪运动休闲项目。继续办好长三角运动休闲体验季、浙江省运动休闲旅游节等品牌活动。

表 8-3　　浙江省若干健身休闲产业政策文件和内容分布

政策文件类别	代表性政策文件	相关政策内容	内容特点
宏观体育政策	2002 年，浙江省实施《中华人民共和国体育法》 2016 年，《浙江省体育改革发展"十三五"规划》	加快社会体育、学校体育、竞技体育的发展，综合管理体育经营活动	引导性、宏观性
体育市场规范政策	1998 年，《浙江省经营性体育场所管理办法》（2004 年 6 月 15 日被废止）	鼓励经营性体育场所参与实施全民健身计划和培育优秀运动员的工作。经营性体育场所的建设（包括新建、改建和扩建）必须符合所在地城市规划的要求，依法办理各项审批手续	规范性、宽松性、宽泛性、偏重健身性、超越性
	1995 年，《浙江省游泳场所管理办法》	第四条 开办游泳场所，应当依法领取《卫生许可证》，并将开办游泳场所的有关材料报体育行政主管部门备案	规范性
群众体育政策	2017 年，《浙江省全民健身条例》	加强对全民健身工作的领导，增加对全民健身设施的投入，建立完善全民健身体系	融合性、具体性、基础性
体育产业政策	2016 年，《浙江省体育产业发展"十三五"规划》	制定《浙江省户外运动产业发展规划》，重点发展山地、水上、航空、冰雪等运动休闲产业	综合性、融合性

续表

政策文件类别	代表性政策文件	相关政策内容	内容特点
体育消费政策	2015年，《浙江省人民政府关于加快发展体育产业促进体育消费的实施意见》	推进体育产业改革，体育产业多元化，发展体育设施，积极营造健身氛围	具体性，多元性
服务业发展政策	2011年，《浙江省政府关于印发进一步加快发展服务业的若干政策意见》	优化服务业发展的环境，调动服务业发展的积极性，支持服务业企业像高端化发展	宏观性、综合性
旅游产业政策	2017年，《浙江省人民政府关于印发浙江省旅游业发展十二五规划的通知》	着力推进产品创新和业态创新，着力提升旅游产品、旅游服务和旅游管理的文化内涵，倡导低碳旅游，推行绿色消费	融合性
文化产业政策	2017年，《浙江省文化服务业"十二五"发展规划》	大力发展面向社会公共的生活性文化服务业和面向企业的生产性文化服务业	融合性
健康产业政策	2015年，《浙江省健康产业发展规划（2015—2020年）》	拓展健身休闲产业。依托浙江山海河湖资源，重点发展山地运动、水上运动、海洋体育等运动休闲产业	融合性

（二）浙江省健身休闲产业政策执行状况

通过对浙江省健身休闲产业发展状况和相关政策执行状况的调查可以发现，尽管浙江省整体相关政策的数量较多，制定政策方向也更积极，但是整体执行投入不及江苏省。政策执行过程中投入的人力、财力和物力都不及江苏省。但是浙江省调动社会力量的动力较强，对浙江省健身休闲产业的促进作用依然比较明显。即使相对江苏省而言投入的人力、财力和物力较少，但是相对于中西部地区而言依然属于投入较多的地区。从中国各地区健身休闲产业政策执行状况看，东部地区的政策执行投入普遍高于中西部地区，政策的执行力也比中西部地区强。浙江省在健身休闲产业政策执行投入方面采取了节省资金投入、灵活而多变的执行方式。比如浙江省和若干市建立体育产业联合会，使企业和学界充分沟通，寻找健身休闲产业发展机会。企业在市场发展中的主动性更强，更能发现企业面临的真正困难和政策需求。浙江省体育产业联合会还细分出健身休闲产业联合会、体育用品业联合会等专项联合会，为有效落实浙江省健身休闲产业政策和推动浙江省健身休闲产业发展起到了积极作用。浙江省省级和一些市级体育产业联合会几乎每年都举办年会，年会邀请业界、政界和学界专家参加，会上通常会解读当前体育产业相关政策文件以及企业可以利用的优惠政策，主要有融资、税收、补贴、奖励等。浙江省体育产业联合会是推动体育产业政策和健身休闲产业政策有效落实的重要组织。产业联合会除每年的年会外，还开展其他各类助推健身休闲产业发展的活动。

在浙江省各项政策的不断落实过程中，浙江省健身休闲产业有了较大发展。截至2017年，全国共有25个国家体育产业示范基地，浙江省有4个；全国共有国家体育产业示范单位34个，浙江省有4个。另外，浙江省还有省级运动休闲基地8个，省级运动休闲旅游示范基地12个，精品线路10条，优秀项目52个。浙江省虽然整体体育产业发展水平不及江苏省，但是体育健身休闲项目和内容比江苏省更丰富。

三　结论与建议

（一）结论

浙江省在省级政策设计（包括健身休闲产业内容在内的体育政策的制定）方面相对比较积极，出台的相关政策文件也比较多，而且多以政府名义发布，尽管如此，浙江省这些政策文件的权威性并不及江苏省。此外，浙江省省级政策对各市的带动性不及江苏省，但是浙江省各地政府有更强的自我发展动力。除丽水市、滁州市和台州市外，每个市都制定了关于加快发展体育产业的政策文件，都涉及健身休闲产业。杭州市、宁波市、温州市等几个地区的健身休闲产业政策投入甚至超过省级政府。

浙江省对健身休闲产业的重视程度和发展力度均高于江苏省，浙江省多次在各类政策文件中提出发展运动休闲产业，并且在政策执行方面有较大投入，但是浙江省相关管理机构并不直接参与健身休闲企业的具体工作，主要以宏观引导和中观监控为主。在相关政策的引导和规划下，浙江省初步形成了具有浙江特色的运动休闲综合体；以海洋、山脉、河流、景区、旅游线路为依托的各类体育健身休闲项目得到快速发展。

（二）建议

浙江省应继续利用本省良好的政策环境，采取宏观规划与中观调节为主的政策策略，以有效调动健身休闲企业的积极性为主，让政策继续发挥与文化、健康、休闲、旅游、科技、创新等广泛融合的作用，在监控和管理上发挥合理规范的作用，让政策在体育健身休闲市场中有效成为浙江省健身休闲有效供给和有效消费的催化剂，以促进浙江省健身休闲产业的良性发展。

浙江省应继续延续地方政府有效监控体育健身休闲企业的惯例，积极推进区县体育健身休闲企业的发展和壮大，为其他地区提供经验。与此同时，也需要考虑浙江省偏远山区健身休闲产业的发展，有效与全民健身、公共体育场馆运营相结合，做到有效服务当地民众和获得经济效益的双重效果。

第三节　山东省健身休闲产业政策

一　山东省健身休闲产业发展状况

山东省是中国的经济第三大省、人口第二大省，国内生产总值稳居全国第三名。2013年，山东省与广东省、江苏省一起被评为中国最具综合竞争力省份。随着山东省经济快速稳定的不断增长和体育事业的持续发展，山东省体育产业也体现出了快速发展的局面。2015年，山东省体育产业总产出（总规模）为1980.79亿元，增加值为606.74亿元，占同期地区生产总值的0.96%。从山东省体育产业11个大类看，体育用品和相关产品制造业总产出和增加值最大，分别为1196.71亿元和239.57亿元，分别占山东省体育产业总产出和增加值的60.4%和39.5%；体育服务业（除体育用品和相关产品制造业、体育场地设施建设外的其他9大类）总产出和增加值分别为778.85亿元和363.76亿元，占比分别为39.3%和60%。总规模和增加值均位居全国前列，GDP占比高于全国平均水平0.16个百分点。2015年山东省体育产业总规模与2013年1304.9亿元的总规模相比较增长了51%，年均增长率为23.2%。山东省体育用品及制造业总产出虽然依然占比很大，但占比比全国低了5.3个百分点，增加值占比比全国低了10.7个百分点；而体育服务业总产出和增加值占比分别比全国数据高出了5.9个和10.8个百分点。山东省体育服务业相关业态发展较快。从各市看，体育产业总规模过百亿的有青岛市、德州市、济南市、威海市、烟台市、潍坊市、临沂市和淄博市等，占全省的83.3%。青岛市作为沿海经济发达城市，蕴含众多有利于体育产业发展的优势资源。青岛市体育产业发展迅速，总产出为473.10亿元，稳居全省第一名，占全省的28.9%。德州市属于山东省内陆城市，虽然经济发展水平属于中等偏下，但由于德州市有许多山东省知名的体育制造业龙头企业（泰山体育、康纳斯、迈宝赫、大胡子等），有效带动了德州市体育产业的发展，体育产业总产出为225.26亿元，占全省的11.4%，排名山东省第二位。济南市作为山东省省会城市，是山东省政治、文化和教育中心，其GDP位于山东省前三名，为济南市体育产业发展，特别是为体育服务业发展创造了良好条件。济南市体育产业总产出为187.34亿元，占全省的9.5%，位列第三位。此外，威海市、烟台市、潍坊市、临沂市、淄博市等也充分利用自己的地缘优势，因地制宜发展特色体育产业，使当地体育产业的发展位居全省前列。但必须看到，山东省体育产业的发展存在地区之间发展不均衡问题；存在体育服务业增加值较大，但总体规模相对较小等问题，需要在政策、投入、监管等诸多方面加以推动和改进。体育赛事和体育场馆与健身休闲产业具有较大的关联性，通常情况下，把体育作为健身休闲手段的人群更倾向于观看体育比赛，而设施配备好、经营管理模式恰当的场馆能提供更多更好的体育健身休闲服务。但是健身休闲产业作为山东省体育产业的重要组成部分，发展却相对较弱，体育竞赛表演业总产出、增加值占比分别为全省的1.2%和2.1%；健身休闲产业总产出、增加值占比分别为全省的1.9%和3.4%。

随着国家体育产业扶持政策和山东省若干相关政策的相继落实情况可以看出，山东省健身休闲产业尽管在整个体育产业中的份额很少，但是自身发展速度很快，在过去的五年里，整个山东省健身休闲会所每年平均增加20个，截至目前，在网上可以搜索到的综合性健身会所数量近万个，潍坊市健身休闲会所数量增长速度最快。2017年年底，潍坊市已经达到599个健身休闲会所，与济南市（739个）和青岛市（607个）的健身会所数量的差距越来越小（见表8-4）。根据对山东省部分城市的调研发现，山东省的产业引导资金和一些全民健身优惠政策均辐射到了健身休闲会所，但是健身休闲会所还停留在高投入层面，经济效益和利润情况并不乐观。

表8-4　　　　山东省部分城市综合性健身休闲会所数量　　　单位：个

名称	济南市	青岛市	潍坊市	烟台市	临沂市	济宁市
数量	739	607	599	455	398	323

二　山东省健身休闲产业政策状况

在国家体育政策出台后，山东省能及时出台相应的地方政策或者地方配套政策。山东省所公布的关于体育产业政策的范围广、速度快。在这些重要的体育产业发展政策中，或多或少含有健身休闲的内容。健身休闲产业政策环境是健身休闲产业能够有效发挥作用的重要因素，但是，根据专家问卷调查的结果可以看出，山东省健身休闲产业政策环境并不理想，健身休闲产业政策环境较好的地区分布在北京市、上海市、广东省、浙江省和江苏省，而且明显高于其他地区。山东省健身休闲产业政策环境尽管仅次于广东省和江苏省，但是与它们的差距比较大，有53.33%的专家认为广东省和江苏省的健身休闲产业政策环境较好，只有13.33%的专家认为山东省的健身休闲产业政策环境较好。

山东省每年发布的关于健身休闲产业的政策文件涉及的范围有体育旅游、冰雪项目、体育场馆、体育彩票等。发布的政策主要围绕济南市、青岛市这两大城市。其他城市的相关产业政策严重不足，区域发展严重不协调。在山东省健身休闲产业发展的调查中发现，威海市、烟台市、潍坊市、临沂市、淄博市等也充分利用自己的地缘优势，因地制宜发展特色体育产业，使当地体育产业的发展也都位居全省前列，但相关的政策支持比较缺乏。

（一）山东省健身休闲产业政策内容

山东省健身休闲产业政策主要指在山东省范围内涉及健身休闲产业发展的各种政策内容的总称。这些政策文件分布在省级以及市级各类政策文件中，省级政策文件包括省政府、省政府办公厅、省级部门机构等发布的政策文件；市级政策文件包括市政府、市政府办公厅、市级部门机构等发布的政策文件。山东省政策能够紧跟国家政策导向，能够快速根据国家政策制定出地方发展政策。但是经调查研究发现，山东省健身休闲产业政策内容的合理性偏低，只有10%的专家认为山东省健身休闲产业政策内容相对比较合理。健身休闲产业政策内容的合理性对健身休闲产业的促进作用具有非常重要的影响作用，山东省健身休闲产业政策的合理性远不及北京市、上海市、广东省、江苏省和浙江省。

山东省涉及健身休闲产业的政策文件和全国性政策文件一样，主要分布在宏观体育政策文件、体育市场规范政策文件、体育产业政策文件、群众体育政策文件和旅游产业政策文件等政策文件中。山东省的宏观体育政策《加快发展体育产业的实施意见》规定要大力发展健身休闲产业的目标，并专门提出了健身俱乐部的建设。提出要进一步完善扶持政策，鼓励社会力量举办健身俱乐部，为群众提供多元化、个性化体育健身场所和健身、健美、体育专项技能培训等服务。积极研究制定体育健身服务行业标准，开展第三方健身俱乐部星级评定工作，促进俱乐部规范发展。截至2025年，全省健身俱乐部总量超过1万个，同时提出要大力发展体育休闲旅游业，积极整合体育、文化、旅游、休闲、养生、农业、物流等各方面资源，发展具有地域特色的体育休闲旅游产业。利用海洋、河流、湖泊、山地、森林等自然资源，打造群众日常休闲健身基地和节假日体育旅游精品线路。鼓励有条件的地方建设户外营地、徒步骑行服务站、自驾车营地、房车营地、航空飞行营地、船艇码头等服务设施，打造户外、水上、海上、航空、越野等特色体育旅游项目。

对比江苏省和浙江省，山东省健身休闲产业政策的权威性不低，但是政策内容的设计比较滞后，不能有效保证山东省健身休闲产业政策的执行效果。由此也可以看出，政策内容能否有效发挥作用，是众多因素综合影响的结果，任何一个因素都无法单独影响政策执行效果。2000年12月22日山东省第九届人民代表大会常务委员会第十八次会议通过《山东省体育市场管理条例》，在2004年7月30日进行了修正，规定了体育健身娱乐、体育康复须在体育经营活动范围内，规定了从事体育市场经营活动必须遵循的规定、应该具备相应的资格以及应该承担的各种责任。《山东省体育市场管理条例》主要涉及山东省行政区域内利用体育项目或者体育经营场所从事的体育经营活动及其管理、体育市场的经营管理和法律责任等；主要是为了加强体育市场管理，发展和繁荣体育事业，保护经营者和消费者的合法权益。山东省出台的《体育产业发展"十三五"规划》中指出，随着"健康中国"和"全民健身"国家战略的不断推进，供给侧结构性改革和创新创业等发展理念的积极引领，尤其是人们收入水平的不断提高，大众消费结构将发生巨大变化，体育健身休闲服务产品与人们的健康和生活质量提高息息相关，对其需求将进一步增长，人均健身休闲时间和健身休闲投资将呈现逐年递增态势。此外，提出了"五群集聚"发展重点，即体育制造产业类群、红色文体产业类群、武术文化产业类群、民俗体育产业类群、时尚体育产业类群，其中大量内容为健身休闲产业内容。提出了发展健身休闲产业这一专门业态的规划方案，即统筹规划城镇社区体育健身场馆设施，建设满足居民多元化、个性化需求的体育健身站点、步道、广场、公园等，鼓励有条件的城市建造滑冰馆和滑雪场，鼓励社会力量新建或利用废旧厂房、闲置场地等兴办健身俱乐部。完善扶持政策，积极开展健身场所星级评定，引导现有健身场所规范化、专业化、品牌化发展。依托"互联网+"，借助可穿戴设备，提供国民体质监测与康体的智慧化服务。加快健身休闲产业的社会化、实体化、品牌化、精细化发展，培育一批信誉好、运作规范、竞争力强的体育健身休闲品牌。通过山东省一系列的健身休闲产业内容可以看出，山东省政策内容的设计看上去非常全面和细致，也基本上吻合山东省地理环境和社会环境的实际情况。但是，由于政策执行投入相对较少，最终产生的执行效果并不理想。

（二）山东省健身休闲产业政策执行状况

山东省健身休闲产业政策执行状况指国家政策、省级政策和市级政策等各级各类政策内容在山东省范围内的执行状况。经调查研究发现，山东省对于体育相关政策的执行效果不及北京市、上海市、广东省、浙江省和江苏省。

政策的执行需要政府部门投入人力、物力、财力才能实现，山东省相对于南方地区而言，其政策执行投入较少，但是在北方属于投入较高的地区。各项政策文件的落实需要一定的人力、物力和财力，一些宏观性政策的执行成本较小。具体到健身休闲性的产业政策内容来说，宏观性的政策的执行相对容易。山东省对于健身休闲产业政策的执行投入较多，使其健身休闲产业得到了良好的发展。但数据表明，山东省对于健身休闲产业政策的执行投入较江西省、安徽省、河北省等相对较多，但其依旧与江苏省和浙江省有很大差距。由此可见，在健身休闲产业政策执行的投入方面，要结合当地经济、法律以及健身休闲产业发展实际水平等社会条件适度进行投入，而并不是投入越多越好。在健身休闲产业发展环境欠佳的地区采取节约型投入方式或许能获得较好的政策效能。

三　结论与建议

（一）结论

山东省是经济大省，每年的经济增长都呈直线式上升趋势；山东省也是体育大省，其体育产业的发展主要依靠济南市和青岛市，但是也存在很多不足，山东省体育产业的发展存在地区之间发展不均衡的问题。例如威海市、烟台市、潍坊市、临沂市、淄博市等虽然充分利用自己的地缘优势，因地制宜发展特色体育产业，使当地体育产业的发展位居全省前列。但是，政府对于这样的发展并没有出台相应的政策扶持，对于这些城市的体育产业的发展所投入的人力、物力、财力也相对匮乏，对相关城市的体育产业发展的带动力也相对较弱。山东省的体育服务业增加值虽然较大，但依旧存在总体规模相对较小等问题。此外，健身休闲产业虽然是体育产业的重要组成部分，但是发展速度相对缓慢，体育竞赛表演业、健身休闲产业、体育场馆服务业三大产业的总量和增加值都比较低。山东省对于健身休闲产业政策的设计、执行投入虽然较我国大部分省份来说较好，但依旧落后于江苏省、浙江省、广东省等一些体育大省。

（二）建议

威海市、烟台市、潍坊市、临沂市、淄博市等应充分利用自己的地缘优势，因地制宜发展特色体育产业，使当地体育产业的发展也能位居全省前列，对此政府应加以鼓励，出台相应的政策大力扶持，积极投入人力、物力、财力并引导其他城市学习。针对健身休闲产业发展相对缓慢的问题，政府及相关部门应查找存在的问题，坚持问题导向，明确努力方向，继续深入贯彻落实国家和省关于发展体育产业、健身休闲产业和冰雪运动的系列规划要求，进一步加强顶层设计，宣传并运用各项优惠政策，吸引更多社会力量投入健身休闲产业。建议分层次加强引导和扶持，培育更多的基层体育组织，大力发展健身休闲、场馆服务、体育竞赛等体育产业的融合，主动加强与文化、教育、科技、旅游、医疗、商贸、养老、会展等跨界融合，积极寻找与各行业的契合点，努力培育新的业态，实现体育与多行业的合作共赢。山东省可派专人到健身休闲产业政策落实较好的地区学习其健身休闲产业政策的设计、执行投入。通过相关统计数据分析可以看出，山东省健身休闲产业的政策环境不佳，需要从提高政策环境着手，尽快提高行政管理水平，强化相关人员的业务能力，进而制定出具有执行力的健身休闲产业政策方案，最终使政策有效引导、激励、规范山东省健身休闲产业又好又快发展。

第四节　徐州市健身休闲产业政策

一　徐州市健身休闲产业发展状况

徐州市素有"五省通衢"之称，京杭大运河从中穿过，陇海、京沪两大铁路干线在徐州市交汇。徐州市面积达 11259 平方千米,是两汉文化的发源地,有"彭祖故国、刘邦故里、项羽故都"之称,徐州市是国家"一带一路"重要节点城市,淮海经济区中心城市,长江三角洲区域中心城市,徐州都市圈核心城市,国际新能源基地,有"中国工程机械之都"的美誉,有云龙湖、云龙山、彭祖园、楚王陵、戏马台、窑湾古镇、潘安湖湿地公园。徐州市古称彭城,有着 4000 多年的悠久历史,历史上为华夏九州之一。徐州市是国家历史文化名城、中国武术之乡,是全国重要的综合性交通枢纽城市。徐州市在江苏省属于苏北地区,经济实力不及苏南地区诸多城市,但是在淮海经济区中发展优势明显。2016 年徐州市经济总量为 5808.52 亿元,在淮海经济区 20 个城市中排第一名,增速为 8.2%,增速排第 12 名(见表 8-5)。

表 8-5　　　　2016 年淮海经济区各市经济总量及增速排名

城市	绝对量(亿元)	位次(名)	增长速度(%)	位次(名)
徐州市	5808.52	1	8.2	12
商丘市	1974.02	13	8.6	9
济宁市	4301.82	3	8	14
连云港市	2376.48	9	7.8	15
淮安市	1083.83	8	11.7	11
盐城市	1630.88	4	11.1	17
宿迁市	705.54	13	12.6	6
临沂市	2488.00	2	11.3	15
聊城市	1173.13	6	10.7	19
枣庄市	892.28	11	10.8	18

2016 年徐州市三次产业增加值比例为 10∶47∶42,2017 年徐州市三次产业增加值比例为 9.5∶44.3∶46.2。2017 年第三产业增加值首次超过第二产业 1.9 个百分点,产业结构实现由"二三一"向"三二一"转变(见图 8-1)。全市规模以上工业实现高新技术产业产值 4505.26

亿元，同比增长11.3%，占规模以上工业总产值的36.2%，较上年提高1.3个百分点。① 2016年，徐州市常住人口1.34亿人，生产总值达5808.52万亿元，在全省排第五名，在淮海经济区范围内排第一名。虽然徐州市具有较好的工业基础，但短期内无法赶超苏南发达地区。徐州市已经是江苏省重点打造的三大都市圈（南京都市圈、苏锡常都市圈、徐州都市圈）中徐州都市圈的核心龙头城市。徐州市较好的地理位置、良好的经济发展水平是健身休闲产业发展的基础。

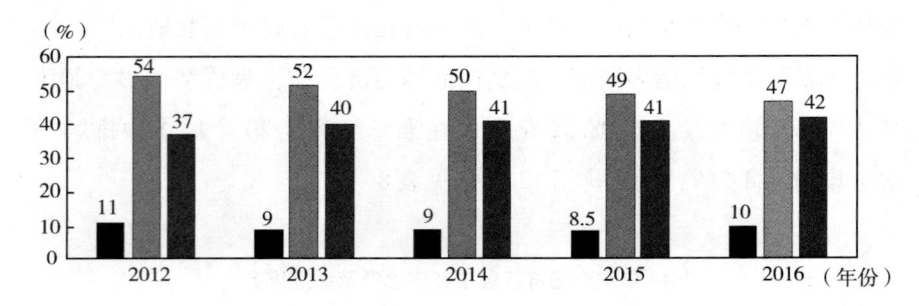

图8–1 2012—2016年徐州市第一、第二、第三产业占比情况

徐州市除良好的地理优势和经济外，还有较好的体育基础。徐州市是体育强市，古来民俗尚武。4000年前称"大彭国"时，即有了彭祖气功；春秋时期，游泳活动颇盛；汉画像石中有举重、摔跤、狩猎、六博、武术等生动刻绘，这些活动项目历代相传，经久不衰。古代足球活动于清代中叶基本停止，但徐州沛县尚有此活动。徐州市也有"足球城"的称号，沛县素有"武术之乡"之称，且武术流派多，拳路广，武术活动具有传统性。是当前徐州市丰富多样的群众体育活动的历史渊源。沛县、铜山县被评为全国体育先进县，徐州市多次被评为全国"田径之乡"，向国家队、省队等培养输送的运动员达650人。② 徐州市在2019年实现了街道社区和行政村健身路径的全覆盖。2019年全市健身

---

① 陈宁：《徐州统计年鉴》，中国统计出版社2017年版，第25页。
② 徐州文化广电旅游局：《宗教民俗》，徐州文旅网，http://www.xzta.com。

站点 5600 多个，体育社会指导员 35000 多人，体育人口占 43.6%。市区体育类社团近 200 个，会员 30 多万人。每年组织市级的健身活动和比赛 300 多场次，运动徐州、活力徐州、健康徐州逐渐成为徐州城市的名片。截至 2019 年，徐州籍运动员共 40 人夺得 96 次世界冠军；徐州市体育产业组织形态和集聚模式更加丰富，健身休闲、竞赛表演、场馆服务、体育用品制造与销售、体育旅游、体育特色小镇等日趋繁荣，共有体育产业单位 1800 多个。①

20 世纪 60 年代初，徐州市相继建成被誉为"华东第一馆"的徐州体育馆和徐州游泳池。八九十年代，修建各类训练馆、看台体育场等。2000 年后，徐州市体育设施从改建综合训练馆、射击馆、网球场、篮球馆等到投资 2 亿多元且占地 230 亩的体育中心东扩工程建成，体育设施得到了较好完善。2014 年，徐州奥体中心建成，占地面积为 709 亩，总建筑面积为 23 万平方米，建有体育场 3.5 万座，游泳跳水馆、球类馆 2000 座、综合训练馆 2000 座，成为淮海经济区规模最大、功能最全的体育服务综合体和城市地标。徐州市将奥体中心打造成了现代化体育经营综合体。2017 年上半年，徐州奥体中心共接待健身休闲市民近 40 万人次，健身人群近 35 万人次，注册会员达 3 万人，举办各类体育赛事、群体活动、会展演艺 24 场，实现经营收入 465 万元。②

徐州市有从 1964 年延伸至今的元旦长跑，有轰动一时的亚洲铁人三项赛，还有新兴的徐州国际马拉松、丝路·汉风国际武术大赛、国际龙舟邀请赛、世界拔河锦标赛等国际级赛事，还有中国健身名山·云龙山登山赛、全民健身万里行活动、新沂环骆马湖自行车赛和邳州国际半程马拉松赛等"一县一品"、区域品牌等本土体育赛事。③

---

① 刘苏、王中柱：《前景广阔的徐州体育产业》，《徐州日报》2017 年 10 月 26 日第 8 版。
② 贾晓君：《2016 年徐州奥体中心精彩绽放》，中国江苏网，http：//jsnews.jschina.com.cn。
③ 徐州市体育局：《壮丽七十年　奋斗新时代——不懈追求的徐州体育（总结篇）》，徐州体育公众号。

徐州市良好的体育基础促成了人们进行体育健身和体育休闲的行为和热情。截至2017年徐州市城乡综合性健身休闲会所接近600个，跆拳道馆300多个，瑜伽馆100多个，射箭馆30多个，综合类篮球场、羽毛球场、乒乓球场1000多个。随着徐州市经济发展的稳步增长以及人们生活水平的不断提高和体育意识的不断增强，徐州市健身休闲产业不断从原来的中低档消费向中高端消费过渡。一些顶尖健身休闲会所逐渐入驻徐州市，徐州市的健身休闲消费也出现了很大的升级空间。"健美丽人健身俱乐部""梦之健健身俱乐部"等俱乐部被评为"江苏省十佳体育健身俱乐部"，其他如中健银座、鼎龙、英派斯、金吉鸟等多个大型跨区域民营连锁健身服务企业入驻徐州市。健身会所除一些常规健身器械和健身操课外，还融入了游泳、羽毛球、乒乓球、网球等项目。在徐州市进行山水旅游资源开发的同时，滑雪、漂流、潜水、攀岩、滑翔伞、飞机等新兴体育项目不断嵌入各大景区中。①

在2017年获批的国家96个体育特色小镇中，江苏省有4个，其中1个落户徐州市贾汪区，即全国运动休闲特色小镇。② 贾汪区以现有项目为依托，利用自身生态优势，与旅游资源相融合打造户外体育休闲旅游基地，成为漂流、滑雪、飞行、室外攀岩等休闲体育项目的集聚区。徐州市贾汪区、铜山区、睢宁区、丰县、沛县等也积极开发当地自然资源，建设体育旅游项目。贾汪区以打造"全域旅游"新品牌为抓手，大力推进体育健康特色小镇建设。2017年，贾汪区有体育企业单位7个，体育产业从业人员5200多人，体育产业增加值达到3.8亿多元，形成了大景山滑雪公园、督公湖航空飞行基地、房车营地、凤鸣海休闲风景区等户外休闲体育聚集区，在淮海经济区户外运动和休闲旅游经营方面声名鹊起、渐入佳境。

---

① 徐州市体育局：《前景广阔的徐州体育产业》，《徐州日报》2017年10月26日第8版。
② 国家体育总局：《体育总局办公厅关于公布第一批运动休闲特色小镇试点项目名单的通知》，国家体育总局网，http：//www.sport.gov.cn/。

二 徐州市健身休闲产业政策状况

徐州市是江苏省苏北地区比较大的地级市，而且具有制定地方性行政法规的权力。在过去近十年的时间里，徐州市表现出对体育产业和体育产业政策的高度重视，自从2010年《国务院办公厅关于加快发展体育产业的指导意见》颁布以来，徐州市就开始高度重视体育产业政策的制定和实施，并在体育产业政策的制定和实施方面投入较多资源。在徐州市加快落实服务业、旅游业、健康养老服务、体育全民健身工程等各项政策的过程中，徐州市健身休闲产业发展政策受到了当地政府的高度重视，并在当地体育产业发展规划中重点提出发展健身休闲产业的政策方案。

2014年，国务院《关于加快发展体育产业促进体育消费的若干意见》第一次从国家层面"将全民健身上升为国家战略，把体育产业作为绿色产业、朝阳产业培育扶持"。2015年，江苏省制定了《省政府关于加快发展体育产业促进体育消费的若干意见》。随之，徐州市体育产业的创业者层出不穷，商业业态不断丰富，对其他行业的联动作用日益明显。徐州市的体育产业各门类协同发展，组织形态和集聚模式更加丰富，包括健身休闲、竞赛表演、场馆服务等，健身休闲产业在其中表现出强劲的发展动力。徐州市政府和徐州市体育局极其重视当地体育产业政策发展，徐州市在有效落实省级体育产业政策的同时，针对地方体育产业发展着手制定地方政策有效。2015年，徐州市开始为《徐州市"十三五"体育产业发展规划》做准备，并将其设为市政府重点专项规划之一，要在2016年完成编制。2017年，徐州市在围绕规划任务，创新举措、加快落实的同时，立足徐州市作为淮海经济区中心城市的新定位，开始研究制定《徐州市关于加快发展体育产业促进体育消费的实施意见》，并在2018年2月正式颁布，计划到2025年把徐州市建设成淮海经济区体育产业发展高地。徐州市不仅重视健身休闲产业政策的制定和设计，更注重政策的有效实施。江苏省体育产业引导资金开始实施以来，徐州市体育局积极开展政策的宣传工作并组织徐州市各企业进行体育产业引导资金申报的培训。虽然整个江苏省80%的引导资金被苏南地区企业获取，但从2015年起徐州市获得的引导资金呈逐年上升趋势，而且徐州市真正开始策划设置徐州市体育产业引导资金并在徐州市健身休闲企业方面有很多辐射，为促进徐州市健身休闲产业的发展起到了积极影响作用。《徐州市关于加快发展体育产业促进体育消费的实施意见》提出到2025年，体育产业总规模达到500亿元，体育服务业增加值占体育产业增加值比重超过40%，力争建成一个国家级体育产业（示范）基地，人均体育场地面积达2.75平方米，经常参加体育锻炼的人数占总人口的比重达到40%。徐州市虽然没有制定专门的健身休闲产业政策，但是体育产业政策内容对健身休闲产业的辐射很多，政策规定要建设全国运动休闲特色小镇示范地、建设国家级和省级体育产业基地等一系列任务，主要以分布在徐州市各地区的健身休闲产业为主要内容；提出的各种体育场地设施建设任务也主要以满足健身休闲需求为主；提出的沿黄河、沿大运河健身休闲走廊也以体育健身休闲为主要嵌入内容；提出的各种山地、水上项目，健康养生项目，时尚体育项目等也主要以健身休闲项目内容为主。

徐州市除体育产业政策对健身休闲产业大量辐射外，全民健身政策和旅游政策也对其进行了大量辐射。徐州市制定并落实了《徐州市全民健身实施计划（2016—2020年）》，在公共体育场地设施、体育公园、健身广场、多功能运动场等方面的建设做出了非常具体的规定，而且对各种群众性的体育活动提出了目标和任务。在政策实施的过程中，对各种体育场地设施的建设和配备、各种全民健身活动的开展以及全民健身活动项目的落实给予了资金上的保障。全民健身活动的大量开展对培养健身休闲消费群体起到了非常重要的促进作用。

以山水资源为主的户外健身休闲活动与旅游产业有着天然的融合基础。徐州市很多健身休闲产业坐落在景区，甚至成为景区的主要项目内容。2011年《徐州市人民政府关于进一步加快发展旅游业的意见》中提出加强产业融合，推动旅游与文化、体育、交通等相关行业的融合发展，同时提出了拓展彭祖养生游、休闲运动康体旅游等新业态。该文件反映了徐州市旅游和体育融合发展的政策内容。与此同时，旅游业相关政策还提出了改善河道、湖泊、山体等内容，为很多诸如垂钓、帆船、路跑、登山等健身休闲产业提供了机会；提出了旅游项目开发、旅游公共服务保障、宣传推广等方面比较具体的措施，对体育健身休闲项目的开发与开展都具有重要的促进作用。2017年《徐州市旅游条例》规定，从事滑翔、滑雪、攀岩、客运索道、漂流、滑梯等高风险旅游项目的旅游经营者应当依法取得经营许可。旅游主管部门以及体育、质监、安监等部门应当依法履行监督检查职责。该文件更具体地落实了体育健身休闲与旅游融合，肯定了健身休闲产业与旅游产业融合发展的必要性。

三 "十三五"时期徐州市健身休闲产业发展及政策影响

"十三五"时期，国务院办公厅《关于加快发展健身休闲产业的指导意见》、徐州市《"十三五"体育产业发展规划》和《徐州市关于加快发展体育产业促进体育消费的实施意见》、江苏省《关于加快发展健身休闲产业的实施意见》对徐州健身休闲产业的发展起到了重要的影响作用，徐州市健身休闲产业整体服务质量显著提升。截至2019年年底，徐州市增加了20多个大规模、高规格的综合性体育健身会所，并且有效与周边商业、文化、购物等环境相融合，为满足徐州市群众健身休闲活动的需求做出了较大贡献。截至2019年，徐州市正常经营的大型综合类体育健身休闲会所100多个，营业总额为7亿多元。"十三五"时期，江苏省政府加大了对体育健身会所的扶持力度，"十三五"时期徐州市有多个综合性健身会所获得了省级政府专项资助资金280万元，为徐州市体育健身休闲会所的提档升级起到了非常关键的作用。截至2019年年底，徐州市能够进行自我运转的市级体育社团有208个。"十三五"时期建立了滑翔伞、飞机、潜水、帆船等近十个以运动休闲为主题的健身休闲基地，健美丽人健身俱乐部、梦之健健身俱乐部获得"江苏省十佳体育健身俱乐部"荣誉称号。

"十三五"时期，徐州市体育局"放管服"政策成绩突出，奥体中心在体育场馆经营管理方面进行了改革和创新，所有权、监督权、经营权有效分离并相互制约，实现了良好的经济效益和社会效益。徐州市体育局有效调动健身休闲企业的积极主动性，为企业做好政策服务，引导企业积极创新、高效经营。在此期间，徐州市不仅开拓了与文化、旅游、休闲为一体的健身休闲模式，还孕育出大量的瑜伽馆、健身工作室。在经营理念、服务意识、运转模式等方面取得较多改进，有效迎合了当下不同人群的各种健身休闲需求，并为自身生存和发展找到了空间。

四 徐州市健身休闲产业政策存在的若干问题

2016年，徐州市实现总产出224.75亿元，同比增长19.5%（2015年为188.02亿元）；实现增加值72.34亿元，同比增长19.4%（2015年为60.58亿元），体育产业增加值占全市同期GDP的1.25%。[①] 健身休闲产业在徐州市体育产业中占有一席之地，在徐州市体育服务业产业总产值中约占5成。与江苏省体育产业高质量发展水平相比，健身休闲产业发展在某些方面仍存在一些不足，需要进一步挖掘潜力、壮大

---

① 徐州市人民政府：《徐州市人民政府关于加快发展体育产业促进体育消费的实施意见》（徐政发〔2018〕8号）。

规模、提升质量。

从徐州市健身休闲产业及相关政策的落实情况看，健身休闲产业是在全民健身政策、体育产业政策、旅游产业政策、文化产业政策、服务业发展政策等相关政策的共同影响下快速发展的。全民健身政策在健身休闲消费习惯的形成和健身休闲场地设施的丰富方面起到了积极的促进作用。体育产业政策文件内容直接指出了健身休闲产业发展的目标、任务、主要项目以及相关保障措施，对徐州市健身休闲产业快速发展起到了具体的指导作用。《徐州市关于加快发展体育产业促进体育消费的实施意见》对健身休闲产业也做了比较全面的辐射，有效贯彻落实了中央、省发展健身休闲产业的相关要求，在丰富体育产品供给、促进体育消费、加大扶持力度、推动全面健康可持续发展方面给出了比较具体的方案，为健身休闲产业的健康发展提供了动力。在引导资金方面，徐州市除积极响应省级体育产业引导资金申请程序外，也在不断研制市级体育产业引导资金。但是，徐州市各区县体育健身休闲企业的发展存在着参差不齐的现象，很多企业不能及时有效领会政策精神，难以有效利用政策；个别区县存在管理人员观念陈旧、管理意识落后、不能有效为企业做好服务工作的现象，导致一些企业对相关行政管理机构不信任，对政策落实不积极。在调研中发现，个别区县的行政管理单位乃至政府部门依然存在不重视体育产业和健身休闲产业的发展的现象，在体育企业优惠政策的落实过程中，有怠工现象。在健身休闲产业的发展过程中，过于关注政府的眼前利益，忽略企业的长远利益，导致当地政府形象受到影响。另外，还有一些实力较强的的企业，研究政策漏洞，规避政策责任，利用各种方法和技巧，套取政府的引导资金，出现了重复申请、资金腐败、经营失信等不良现象，导致引导资金未充分发挥作用。

五　徐州市健身休闲产业政策优化建议

通过徐州市健身休闲产业相关政策的整体执行状况可以看出，徐州市各区县体育相关行政机构的政策意识、各区县体育健身休闲企业的政策意识普遍比较薄弱。在徐州市健身休闲产业政策的优化工作中，需要加大健身休闲产业政策的宣传力度。尽管徐州市健身休闲产业发展速度很快，但是政策并没有充分发挥作用。需要通过宣传快速提高各区县相关行政管理机构和各区县体育健身休闲企业的政策意识，提高当地政府和其他管理机构的健身休闲产业政策服务意识和体育产业管理水平。与此同时，还要提高徐州市各区县体育企业的自身管理水平，完善企业财务制度，有效增加企业规模，增强企业的创新能力，提高企业诚信水平和社会责任意识，顺应目前我国健身休闲产业高质量发展需求，遵循目前健身休闲产业政策发展导向，有效发挥当前健身休闲产业政策的作用。在制定和执行徐州市相关政策的同时，需要充分领会国家、省相关政策文件精神，充分与地方文化、旅游、服务业等发展政策有效协同，以达到政策目的，提高政策执行效果，增强地方综合发展实力。

第九章 结论与展望

第一节 结论

我国地大物博、资源丰富,在各地区有着非常宝贵的健身休闲产业开发资源,在历史文化、地理环境、体育事业发展、现代化建设等诸多方面都有健身休闲产业发展的切入点。健身休闲产业与旅游、文化、科技、民生等方面的融合程度越来越强。健身休闲产业的市场主体逐步壮大,健身休闲消费意识逐渐增强,消费力度不断加大。健身休闲产业已经成为实现全民健康的重要抓手。健身休闲产业受到了地方政府及群众的普遍认可,其受重视程度不断提高,也因此成为建设体育强国的重要内容。与此同时,健身休闲产业的规模及经济收益也成为推动我国经济转型升级的重要动力。

健身休闲产业对我国服务业、旅游产业、文化产业、体育产业和全民健身事业均有着非常密切的融合性和关联性。我国健身休闲产业起步较晚,发展仍较滞后,各地方政府应积极挖掘本地区体育旅游、体育文化等休闲体育资源,充分发挥各地区休闲体育资源的优势。随着体育产业链条的延伸与融合发展,逐渐构建了"健身休闲+"产业生态圈。其中,冰雪运动、水上运动、山地户外、徒步旅游等成为户外健身休闲产业的主要发展形式，在满足人民群众多样化的健身需求的同时，成为引领我国健身休闲产业发展的动力源泉。我国健身休闲产业不仅对全民健身和全面健康有重要的影响作用，对我国经济结构调整和经济发展转型也有非常重要的影响作用。因此，我国服务业、旅游产业、体育产业和全民健身等诸多政策文件皆不同程度涉及我国健身休闲产业内容。健身休闲产业政策不仅是促进健身休闲产业发展的基本因素，其本身也是体育强国建设的重要内容。由于政策具有时效性，国家应该不断审视我国健身休闲产业政策的制定和实施，并对之进行及时优化和改进。

健身休闲产业在高速发展的同时，也面临着机遇和挑战，在有效开发健身休闲产业资源时，不仅需要国家宏观政策的引导和支持，更需要省级政策的引导和支持，甚至需要市级乃至区县政策的配套和落实。随着人民群众生活水平日益提高，健身休闲产业存在产业规模小、产业运作质量不高和有效供给不足等问题，需要政策在高质量发展、税费补贴、项目支持等方面给予支持。与此同时，政策实施的有效性是实现政策目标的有力保障。在政策执行过程中如果存在腐败、怠工或者流于形式等问题，都会导致某些优质健身休闲项目的流产和国有资产的浪费。因此，应积极完善相应的配套制度和实施方式、激励机制及监督机制，以避免政策实施过程中的机会主义行为及"委托—代理"问题，将政策落实过程中的风险控制至最低。

一 我国体育强国建设中健身休闲产业政策存在的不足

（一）我国健身休闲产业政策分布不均衡、内容不尽合理

通过对我国现有国家及地方健身休闲产业政策数量及政策内容进行分析发现，东部沿海地区健身休闲产业相关政策数量和相关政策内容较多，东部政策更新速度较快，政策执行投入多，取得的效果也比较明显。随着国家西部发展计划的不断推进，中西部地区的投入不断

加大（见表9-1），中西部地区健身休闲需求和健身休闲资源的开发力度也体现出较快的增长趋势。中西部地区相关产业政策文件的数量虽然比较少，但是整个政策的执行效果都比5年前有较大的提高，在个别地方的健身休闲产业政策落实效果较好。基于国家及地方健身休闲产业政策内容分析，各地方政府在2016年国家出台《关于加快发展健身休闲产业的指导意见》后陆续出台了一些地方健身休闲产业政策。各地依据自身休闲资源的优势开展有针对性的健身休闲产业服务项目，依托各地区自然环境资源，因地制宜打造冰雪产业、山地户外产业、水上运动产业等。针对不同地域的自然环境及社会人文环境，依托健身休闲产业的基础上，根据各地区实际情况制定具体的政策实施内容。通过研究发现，当前健身休闲政策较为完善的地区主要集中于东部沿海城市、南部发达城市，中西部地区健身休闲政策颁布较少，其政府投资力度较小，"搭便车"现象较明显，对于地区的优势资源利用度不高，政策内容仍有待完善。我国地方健身休闲产业政策对于健身休闲定位依然比较模糊，其政策内容缺少具体的健身休闲产业项目，导致在政策具体实施过程中难以落实；多数地方政策仍未有明确具体的市场主导方式，创新机制决策较少，具体的健身休闲产业示范基地的标准与举措也比较缺乏。

表9-1　　　各省份2017年上半年GDP和固定资产投资

地区	2017年GDP（亿元）	2017年GDP增速（%）	固定资产投资（亿元）	固定资产投资GDP占比（%）
广东	89879.23	7.5	37477.96	41.70
江苏	85900.94	7.2	53000.20	61.70
山东	72678.18	7.4	54236.00	74.62
浙江	51768.26	7.8	31126.00	60.13
河南	44988.16	7.8	43890.36	97.56
四川	36980.22	8.1	32097.30	86.80
湖北	36522.95	7.8	31872.57	87.27
河北	35964.00	6.7	33012.20	91.79

续表

地区	2017年GDP（亿元）	2017年GDP增速（%）	固定资产投资（亿元）	固定资产投资GDP占比（%）
湖南	34590.56	8	31328.10	90.57
福建	32298.28	8.1	26226.60	81.20
上海	30133.86	6.9	7240.90	24.03
北京	28000.35	6.7	8307.33	29.67
安徽	27518.67	8.5	29186.00	106.06
辽宁	23942.00	4.2	6444.70	26.92
陕西	21898.81	8	23468.21	107.17
江西	20818.50	8.9	21770.40	104.57
广西	20396.25	7.3	19908.27	97.61
重庆	19500.27	9.3	17440.60	89.44
天津	18595.38	3.6	11274.70	60.63
云南	16531.34	9.5	18474.89	111.76
黑龙江	16199.88	6.4	11079.70	68.39
内蒙古	16103.17	4	13827.90	85.87
吉林	15288.94	5.3	13130.90	85.88
山西	14973.51	7	5722.20	38.22
贵州	13540.83	10.2	15288.00	112.90
新疆	10920.09	7.6	11795.60	108.02
甘肃	7677.00	3.6	5696.30	74.20
海南	4462.54	7	4125.40	92.45
宁夏	3453.93	7.8	3640.10	105.39
青海	2642.80	7.3	3897.14	147.46
西藏	1310.63	10	1975.60	150.74

资料来源：《31个省份2017年GDP出炉，转型、创新、高质量发展》，央广网，https：//www.cnr.cn/effrewede；《2017年中国各省固定资产投资》，https：//www.sohu.com。

（二）健身休闲产业政策实施机制不健全

我国健身休闲产业政策内容数量不断增加，在相关政策文件中的规定越来越细致，而且在2016年专门出台了《关于加快发展健身休闲产业的指导意见》，充分体现了我国对发展健身休闲产业的重视。但是，要实现其中规定的各种健身休闲产业发展目标，在未来几年里必须有配套政策的跟进。冰雪健身休闲产业作为我国健身休闲产业的重要内容，北京冬奥会对我国冰雪健身休闲产业和相关政策影响程度很大，2010—2015 年，我国滑雪人次的年均增速保持在 10% 以上。在 2016 年年底制定了《冰雪运动发展规划（2016—2025 年）》，而且不少省份还制定了关于加快冰雪产业发展的政策文件。预计到 2020 年我国冰雪产业总规模达到 6000 亿元，到 2025 年我国冰雪产业总规模达到 10000 亿元。[①]

我国诸多健身休闲产业政策的制定并非代表政策实施的有效。政策的实施机制是保证政策有效性的重要推动力，因此，政策实施机制显得尤为重要。政策实施机制主要包括政策实施过程中的决策、管理、激励、监督约束及反馈等，通过对全国各地区健身休闲产业政策的内容与执行过程进行调研，发现在政策执行过程中缺乏激励机制、监督机制及反馈机制，政策的预期目标难以完全实现。当前健身休闲产业政策的实施过程还不能完全适应时代的需求。政策文本内容在与时俱进的同时，要积极创新网络化、智能化的政策实施机制。"互联网 + 健身休闲产业"成为健身休闲产业发展的新业态，缺乏适应互联网背景的政策实施办法。数字化时代及大数据、云计算背景下的健身休闲产业政策在执行过程中应采取何种激励、监督手段，是我国健身休闲产业发展和健身休闲产业政策面临的机遇与挑战。建立健全新时代背景下的健身休闲产业政策实施机制迫在眉睫。

在反馈环节，我国健身休闲产业政策缺乏政策效果评价机制，比如我国健身休闲产业政策内容强调健身休闲产业应在体育产业中发挥主导作用，并多次提出对其进行扶持，但在具体的实施过程中由于缺乏相应的效果评价，影响了政策实施的决策和管理。虽然，各地方政

---

① 国家发展改革委、国家体育总局、教育部、国家旅游局：《冰雪运动发展规划（2016—2025 年）》，中华人民共和国中央人民政府网，http://www.gov.cn。

府重视体育产业政策效果，但对健身休闲产业政策的效果评价并未引起足够重视。

（三）我国健身休闲产业政策执行效果仍有待提高

通过对我国 2011—2015 年各地区的健身休闲产业政策执行效果评价可以看出，我国健身休闲产业政策执行效果比五年前有一定的提高。但是地区间存在差异，还有不少地区政策执行效果较差，研究通过回归分析对影响因素指标进行相关系数比较，得出了更细维度的影响因素，在健身休闲产业政策执行效果的各个层面也有不同的影响，对我国健身休闲产业政策的完善和效果的有效发挥具有一定的参考价值。健身休闲消费及健身休闲产业的供给也成为影响产业发展的重要动力。政策执行效果需要政策主体与政策客体的协同推进，这对提升健身休闲产业政策实施效果具有积极作用。

对我国健身休闲产业政策执行效果进行评估，主要讨论政策执行效果是否与政策制定预期目标一致，政策实施过程中存在哪些问题，从而有针对性地提出改善措施。我国健身休闲产业政策的执行效果仍有待提高，主要表现为各地区政策覆盖面不均衡，少数地区的健身休闲政策实施效果较差，政策预期目标难以实现。政策评估的过程是一项动态的过程，是从政策制定、实施到执行结果，再到评估反馈的一系列过程。政策执行效果与政策内容、政策制定过程及实施过程有十分密切的联系。其中，影响政策功能不能有效发挥的因素除政策内容设计及政策实施机制不健全外，还表现为政策与其执行环境的相容性弱。比如，配套政策不完善，地方政府重视程度较低，健身休闲企业的信息接收程度不够，信息不对称致使"委托—代理"等问题。在改善我国健身休闲产业政策执行效果的过程中，应该重点考虑上述影响因素。

二　体育强国建设中我国健身休闲产业政策发展建议

（一）创新健身休闲产业政策内容与方案的设计

通过对我国不同类别的健身休闲产业及相关政策内容的分析可以

看出，在不同的产业类别中存在的问题不同，在微观层面上体现出政策的无力性。在后期的健身休闲产业政策设计中，应该针对不同的健身休闲产业类型或者项目类型设计具有针对性的政策方案。在我国健身休闲产业政策的完善和优化过程中，地区之间存在差异性，应该根据政府的财政能力、地方经济水平、项目的市场潜力、项目的自然禀赋程度，在政策的执行、制定、评价和监督等环节适当投入，坚持经济有效的政策实施方案。政策主体在制定相关健身休闲产业政策时，应完善决策机制，坚持以人民群众健身休闲需求为导向，补齐政策短板及全民健身短板，全面提升健身休闲产业的发展效益和产业水平。

（二）注重公共体育服务与健身休闲产业市场的相容性

健身休闲产业作为一项特殊的体育产业，具有服务性、社会性和公益性。随着我国公共体育服务体制机制的改革，政府购买公共体育服务及公共体育服务外包成为公共体育发展的主流。健身休闲产业作为公益性较强的群众性体育产业，应积极与公共体育服务融合发展，同时，健身休闲产业政策的内容设计应该在公共体育服务和健身休闲产业融合方面进行创新，在政策上确定健身休闲产业对补充公共体育服务和承担体育服务功能的重要作用。在涉及公共体育资源方面，可以通过市场化的手段为社会提供健身休闲产品的政策方案，同时要确保国有资产的保值，避免国有资产流失。在相关政策的执行过程中，应该对真正长期承担公共体育服务的企业给予政策倾斜和政策优惠。

（三）建立健全健身休闲产业政策实施机制，提升政策效果

为防止健身休闲产业政策执行效果与政策预期目标的偏离，要实现政策内容的创新完善，优化和调整政策主体及政策执行主体的固有思维模式及习惯，建立健全政策决策机制，约束政策制定主体的机会主义行为，使健身休闲产业政策内容更依托于群众健身需求。为促使健身休闲政策执行与落实的有效性，应努力健全政策实施机制，在政策实施过程中给予政策主体与政策客体较完善的激励机制，提高政策

主体执行政策的积极性,同时督促政策受益客体及时监督和评估政策执行过程,在实施机制逐渐完善的过程中消除健身休闲产业政策的阻滞因素,从而提升健身休闲产业政策执行的有效性。应对政策实施过程中的机会主义行为及人的有限理性行为进行约束,建立政策监督约束机制,实现激励与约束相制衡;建立健全政策实施效果的评价机制与反馈机制,及时接收政策客体对于政策问题的反馈,以修正和改进健身休闲政策内容与实施机制。

提升我国健身休闲产业政策的有效性要从政策主体、政策内容、政策客体、政策实施机制及政策环境等方面着手。在完善政策内容设计方面,要尽可能符合消费者及群众健身休闲的需求;从政策客体的需求出发,完善我国健身休闲产业的服务体系,培育我国健身休闲产业的市场主体,优化国家和地方健身休闲产业的结构与布局,加强主要的健身设施建设和投入,提升我国利用高科技研发健身休闲器材的能力,改善健身休闲的供给消费环境。在完善政策实施机制方面,要充分发挥政策主体的主动性,制定政策相关主体、客体的激励办法,提高政策执行主体的积极性。在建立健全政策监督约束机制方面,对于政策执行过程中出现的风险问题进行监督,对执行过程中存在的问题积极反馈给相关部门,制定完善的反馈机制,从而提升健身休闲产业政策的有效性发挥,提升政策执行效果。

三 创新之处

健身休闲产业作为新时期新兴产业之一,在行政审批权等大量行政许可取消的背景下,健身休闲产业快速发展。国家及地方颁布了一系列促进健身休闲产业发展的政策文件,为推动我国健身休闲产业发展提供了大量的政策红利。本书基于政策视角对健身休闲产业政策的内容、政策实施以及政策效果进行分析,探讨健身休闲产业发展的困境,从政策分析的视角对其进行宏观分析,结合地方政策内容状况和执行实践，借助客观数据和个案研究，充分探讨健身休闲产业发展背后存在的政策问题，制约健身休闲产业政策有效发挥的因素，延伸健身休闲产业的政策研究视角，进一步夯实健身休闲产业的理论研究，为健身休闲产业的可持续发展提供研究基础和理论依据。

基于我国体育强国建设和健身休闲产业发展的实际状况，研究我国健身休闲产业的政策内容、政策分布、政策执行效果，从而提出优化的建议。同时，结合我国不同地区的健身休闲产业需求、资源开发现状、健身休闲产业类型和相关政策内容与政策环境进行具体研究，能更符合我国体育强国建设和快速发展健身休闲产业的需求，更全面地掌握我国健身休闲产业政策的实施现状与执行效果。为充分开发各地区健身休闲产业物质资源，满足我国群众对健身休闲产业的需求，完善健身休闲产业政策提供现实依据。在政策执行效果的评定方面，采取定量与定性相结合的方式，设计专家评价量表和评价指标体系，结合相关统计数据和实地考察，采用专家评价为主的研究方法对政策进行定性评价；通过比较科学的计算方法对我国健身休闲产业政策的执行效果进行比较客观的评价，充实该研究领域中体育产业政策执行效果的评价指标参数，丰富体育产业政策执行效果评价体系。同时，梳理影响我国健身休闲产业政策执行效果的多种因素，对优化我国健身休闲产业政策有比较科学的参考价值，对进一步推动我国健身休闲产业可持续发展、实现健康中国和体育强国的目标具有重要价值。

健身休闲产业是一项以健身为主要内容的一切具有休闲娱乐功能的运动项目的总和，最终以获得经济效益或社会效益为共同发展目标。因此，我国不同地区拥有不同的自然资源和社会资源，发展和培育多元化的健身休闲产业时应该考虑与当地的经济、文化、历史等发展相契合。与此同时，不同的健身休闲产业所需的资源不同。我国不同地区健身休闲产业和相关政策的个案研究以及不同健身休闲产业类型、相关政策内容、政策环境的具体研究，对我国健身休闲产业发展和健身休闲产业政策的优化更具有借鉴价值，对于创新健身休闲产业政策的制定和实施、优化健身休闲产业发展环境、提升健身休闲产业政策有效性具有参考价值。

四 研究存在的不足

问卷发放和回收量虽然达到预计的 60 份以上，有效问卷也达到了 60 份，但是在做统计分析，尤其是回归分析方面，对统计结果的精准性仍有一定的影响。本书注重政策内容的研究，在政策的运行环节的研究偏少，对提出完善健身休闲产业政策的建议存在不足。在后期研究中将继续跟进数据的收集，通过大量问卷样本，通过更科学的统计技术统计调查结果，在政策运行环节进行深入研究。

对不同区域健身休闲产业政策的比较研究不足，也没有考虑健身休闲产业和相关政策在不同地区间的比较与互动。对一些诸如直辖市、特区、经济圈等倾斜性的区域政策没有涉及。在下一步的研究中，将对我国不同区域健身休闲产业政策进行专门研究，对区域间的政策互动与合作进行专门研究。

第二节 展望

健身休闲产业作为我国体育产业的重要组成部分，是我国全民健身事业发展的主要内容，也是健康中国建设的重要维度，是体育强国的重要推动力。要科学认识发展健身休闲产业的重要意义，客观了解当前健身休闲产业发展面临的问题，才能有效提高群众的健身休闲消费能力，促进健身休闲产业在区域之间和城乡之间均衡发展，提高健身休闲产业的经营管理水平，进而健全健身休闲市场法律法规，加快推动健身休闲产业发展，切实提升全民健康水平。政策红利是推动健身休闲产业的重要动力源泉，充分发挥政策的积极作用以实现政策预期目标是大力发展健身休闲市场、开发各地区健身休闲资源、带动群众健身、满足群众对健身休闲的需求的重要保障。

健身休闲产业是体育、娱乐、文化、旅游等融为一体的产业类型，是满足人们高品质、高质量生活的重要内容。为了提高健身休闲产业发展水平，在对其进行研究时必须树立产业融合的理念。注重健身休闲产业的融合作用，开拓健身休闲产业新领域，营造"健康休闲+"产业生态圈与旅游、文化、科技、民生等相融合的研究理念，以适应数字化时代、共享经济的发展趋势，不断满足人民群众多样化的健身需求，带动全民健身的发展，推动健康中国和体育强国建设。在研究健身休闲产业及相关政策的同时，应积极发现健身休闲产业自身业态的发展状况以及其中存在的各种问题，在此基础上审视相关政策存在的问题，进而提出完善健身休闲产业政策的建议，这对促进我国健身休闲产业和健身休闲产业政策具有更强的实用价值。

研究健身休闲产业政策的同时，还应该遵循政策自身的发展规律，比如政策制定与执行的博弈性，各种影响因素之间相互干预政策的相互干预作用；与此同时，必须与时俱进，及时关注健身休闲产业新动态以及国家经济、社会、政治的发展，通过动态的研究视角研究健身休闲产业政策。应该重视健身休闲产业政策的执行效果，通过经济、社会以及体育事业发展等多维视角研究提升健身休闲产业政策执行效果的对策。应该重视健身休闲产业政策执行效果的评价，利用第三方机构进行监督与评估，将存在的问题及时反馈相关政府，完善健身休闲产业政策的作用机制，让广大人民群众受益。

政策环境对政策的制定、运行及结果都有极大的影响，包括自然环境、社会环境、政治环境和体制机制运行环境。因此，我国不同地区、不同时期的健身休闲产业政策和健身休闲产业发展存在差异。因此，健身休闲产业及相关政策的研究应考虑地区的差异性，这对研究不同地区的健身休闲产业发展政策更具有实践价值。与此同时，也应该考虑不同体育项目的健身休闲产业对政策的不同需求。随着我国经济发展水平和人们生活水平的不断提高以及新型体育健身休闲项目的不断涌现，人们对体育健身休闲的需求也不断升级，因此，需要相应的政策供给进行分析和研究，以便进行调整和优化。

在体育强国建设中，我国健身休闲产业体现了更重要的社会价值和更高的社会地位，我国健身休闲产业政策也受到了前所未有的重视，健身休闲产业政策的研究需要进一步融合体育强国建设的目的和任务。与此同时，我国还有健康中国、小康生活、文化自信、体教融合、体医融合等诸多建设任务，在研究健身休闲产业及政策时，需要从这些视角进行分析和研究。在体育强国建设中，健身休闲产业政策与中国体育事业、健康产业、国家综合国力等诸多方面存在联系，在研究健身休闲产业政策内容、执行方式、执行效果等诸多问题时，必须与之相联系。

参考文献

一 中文文献

(一) 著作类

陈瑾玫:《中国产业政策效应研究》,北京师范大学出版社 2011 年版。

陈振明:《公共政策分析》,中国人民大学出版社 2003 年版。

冯火红:《我国地方政府社会体育政策研究》,北京体育大学出版社 2008 年版。

[美] 格里高利·曼昆:《经济学原理》(第 6 版),梁小民、梁砾译,北京大学出版社 2013 年版。

韩小威:《经济全球化背景下中国产业政策有效性问题研究》,中国经济出版社 2008 年版。

黄海燕、潘时华、张林:《长三角地区体育产业发展报告 (2014—2015)》,社会科学文献出版社 2015 年版。

黄群慧、黄速建、肖红军、王钦:《中国产业发展和产业政策报告 (2015—2016)》,经济管理出版社 2017 年版。

李捷:《北京市群众体育政策执行研究》,北京体育大学出版社 2009 年版。

王骚:《政策原理与政策分析》,天津大学出版社 2003 年版。

吴承忠:《国外休闲经济发展与公共管理》,人民出版社 2008 年版。

肖兴志：《产业经济学》（第二版），中国人民大学出版社2016年版。

谢明：《公共政策分析概论》（修订版），中国人民大学出版社2011年版。

谢勇、柳华：《产业经济学》，华中科技大学出版社2008年版。

杨成虎：《政策过程研究》，知识产权出版社2012年版。

易国庆：《体育场馆的经营与管理》，人民体育出版社2009年版。

张金马：《公用政策分析：概念过程方法》，人民出版社2004年版。

张林、黄海燕：《中国体育产业发展报告》，人民体育出版社2013年版。

赵英：《中国产业政策变动趋势实证研究（2000—2010）》，经济管理出版社2012年版。

周德喜、杨石文、田野：《高尔夫地产一本通》，重庆出版社2014年版。

（二）期刊类

包蕾蕾：《中德健身业对比和发展趋势新探》，《首都体育学院学报》2009年第2期。

鲍明晓：《关于体育产业的几个理论误区》，《武汉体育学院学报》1994年第1期。

鲍明晓：《体育产业：下一个中国经济超预期增长的行业》，《成都体育学院学报》2012年第7期。

鲍明晓：《体育产业政策论纲》，《北京体育师范学院学报》1996年第9期。

鲍明晓：《体育大国向体育强国迈进的战略研究》，《南京体育学院学报》（社会科学版）2009年第6期。

鲍婷：《促进全民健身建设体育强国——2014年中国体育文化体育产业发展论坛暨全民健身优秀论文报告会综述》，《体育文化导刊》

2015年第3期。

毕正宇：《西方公共政策执行模式评析》，《江汉论坛》2008年第4期。

卞伯高、冯毅翀、马少辉：《大力发展我国体育健身娱乐业的必要性及对策研究》，《福建体育科技》2010年第3期。

陈林祥：《我国体育产业结构与产业布局政策选择的研究》，《体育科学》2007年第3期。

陈新生、楚继军、王宝珠：《我国城市社区休闲体育公共服务体系的结构与运行机制分析》，《北京体育大学学报》2012年第10期。

陈元欣、王健：《我国不同性质体育场（馆）运营状况的财务比较分析》，《体育科学》2011年第5期。

丛湖平：《试论体育产业结构及产业化特征》，《浙江大学学报》（人文社会科学版）2000年第4期。

戴文忠、栾开封：《中国与英国、瑞典体育管理体制比较》，《体育文化导刊》1999年第1期。

丁煌：《论行政听证制度的民主底蕴》，《武汉大学学报》（社会科学版）2001年第1期。

丁煌：《政策制定的科学性与政策执行的有效性》，《南京社会科学》2002年第1期。

董德龙、范安辉、梁建平：《中国作为体育强国的现实差距与路径选择》，《中国体育科技》2010年第1期。

风雷、李莹：《张伯苓体育思想研究》，《体育文化导刊》2017年第1期。

何文璐、张文亮：《"健康公民"的美国社区体育设施》，《环球体育市场》2009年第4期。

胡庆山等：《迈向体育强国的农村体育公共服务体系建设》，《上海体育学院学报》2011年第5期。

胡小明：《小康社会体育休闲娱乐理论的研究》，《体育科学》2004年第10期。

黄聚云：《体育强国建设中的文化安全命题》，《上海体育学院学报》2012年第3期。

黄莉：《从体育强国内涵探究体育综合实力构成》，《上海体育学院学报》2010年第4期。

黄谦：《体育健身休闲市场服务质量及测量的理论与方法研究》，《西安体育学院学报》2012年第4期。

季跃龙、李建英：《我国公共体育场馆开发利用探析》，《体育与科学》2009年第5期。

姜同仁、夏茂森：《新常态下中国体育产业发展与趋势预测研究》，《武汉体育学院学报》2015年第5期。

金彤：《关于我国体育健身娱乐市场的前景探讨》，《南京体育学院学报》2001年第5期。

鞠成军、廉俊颖：《美国体育场馆资产证券化融资研究》，《山西体育科技》2007年第3期。

兰兰：《体育健身娱乐业发展趋势及其对策探讨》，《商业现代化》2009年第3期。

兰运平、曹守和、赵玉梅：《体育大国与体育强国考释》，《体育文化导刊》2010年第8期。

李建国：《体育强国的基础——体育公共服务体系建设》，《体育科研》2009年第4期。

李建民、陈敏：《国家科技政策失灵的问题分析及应对措施——基于地方政府博弈的分析视角》，《中国行政管理》2011年第2期。

李立刚：《对我国高尔夫球产业现状分析研究》，《大家》2011年第9期。

李素利、张金隆、刘汕：《多维多层视角下我国社会保障政策执行效果测度研究》，《管理评论》2015 年第 3 期。

梁晓龙、李辉：《关于全民健身服务业的调研报告》，《体育科研》2005 年第 3 期。

林永革、杨亮：《我国高尔夫产业的发展现状和前景》，《广州体育学院学报》2005 年第 6 期。

刘春华：《我国体育产业政策演进与效果评价》，《山东体育学院学报》2020 年第 1 期。

刘春忠：《地方体育产业的现状分析与政策措施》，《体育与科学》2003 年第 5 期。

刘梅英、田雨普：《体育强国背景下我国群众体育事业发展的困境和突破》，《南京体育学院报》2009 年第 3 期。

刘小俊：《体育强国视阈下我国群众体育的发展》，《体育与科学》2010 年第 3 期。

刘新华：《我国群众体育由大到强的战略研究》，《中国体育科技》2010 年第 1 期。

刘玉：《发达国家体育公共服务社会化改革实践及启示》，《成都体育学院学报》2011 年第 3 期。

刘玉、方新普：《社会转型期我国体育利益结构的变化及其对体育政策制定的影响》，《天津体育学院学报》2009 年第 4 期。

鲁飞、李小刚：《对迈向竞技体育强国进程中几个重要问题的探析》，《武汉体育学院学报》2009 年第 12 期。

罗超毅：《论体育强国建设背景下全民健身与竞技体育的和谐发展》，《北京体育大学学报》2013 年第 2 期。

马迅、白跃世、魏鹏娟：《陕西体育产业资本市场投融资发展现状与政策研究》，《特区经济》2008 年第 3 期。

彭建敏、刘波：《美国体育产业的发展及其启示》，《体育文化导刊》2012 年第 11 期。

平杰：《体育强国视域下我国青少年体育的发展》，《上海体育学院学报》2011年第1期。

齐立斌：《体育强国战略内涵及评价指标体系的研究》，《南京体育学院学报》（社会科学版）2010年第1期。

钱晓艳：《全民健身与体育产业的耦合发展》，《西安体育学院学报》2016年第6期。

秦海生：《我国城市高危体育项目发展研究——以安阳航空运动为例》，《体育文化导刊》2015年第2期。

秦小平等：《群众体育政策执行中居民体育利益表达机制完善研究》，《天津体育学院学报》2011年第2期。

邱雪：《体育强国指标体系的创建》，《中国体育科技》2010年第1期。

曲进：《度假型高尔夫球场经营开发现状调查与对策——以我国南方七个球场为例》，《成都体育学院学报》2011年第8期。

任波、戴俊：《我国体育产业结构优化研究——基于中美比较的视角》，《体育文化导刊》2017年第6期。

阮建青、石琦、张晓波：《产业集群动态演化规律与地方政府政策》，《管理世界》2014年第12期。

盛红庆、王宝珍、张永军：《城市居民体育健身娱乐消费选择倾向与发展对策思考》，《山东体育学院学报》2010年第6期。

石培华：《发展体育产业更需政策扶持》，《中国国情国力》2002年第7期。

苏义民：《我国体育健身产业发展现状与政策建议——关于加快我国体育健身休闲产业发展的思考》，《西安体育学院学报》2010年第6期。

孙雷鸣：《会员制营销在高尔夫球会经营管理中的实践与应用》，《成都体育学院学报》2009年第10期。

孙永生、徐通：《我国高尔夫球运动开展现状研究》，《沈阳体育学院学报》2008年第3期。

谭宏、周民：《我国体育产业发展现状及趋势研究》，《广州体育学院学报》2017年第5期。

谭建湘：《我国公共体育场馆企业化改革的基本特征与制度设想》，《天津体育学院学报》2007年第6期。

谭建湘、周良君、陈华：《国内公共体育场馆运营管理研究述评》，《体育学刊》2013年第5期。

汤起宇：《我国健身娱乐市场经营管理现状与发展初探》，《武汉体育学院学报》1998年第1期。

汤自军：《市场失灵与政府失灵：论规制理论的发展》，《学理论》2011年第25期。

唐立成、唐立慧、王笛：《我国公共体育场馆服务管理绩效评估模式与对策研究》，《北京体育大学学报》2010年第1期。

田麦久：《竞技体育强国论析》，《北京体育大学学报》2008年第11期。

田麦久等：《中国体育：体育强国的辨析与建设——中国科协新观点新学说学术沙龙观点摘编》，《体育文化导刊》2009年第8期。

王德民、郑玉霞：《我国健身娱乐业市场发展分析》，《体育文化导刊》2010年第2期。

王龙飞、陈世强：《非物质文化遗产与民族传统体育保护》，《体育文化导刊》2008年第11期。

王怡平：《体育健身娱乐产业经营管理的现状调查与分析》，《武汉体育学院学报》2004年第5期。

王岳洲：《我国体育健身娱乐市场的现状与存在的问题》，《北京体育大学学报》2004年第8期。

王智慧、池建：《体育强国的指标评价体系研究》，《北京体育大学学报》2014 年第 11 期。

翁飚等：《福建省体育产业政策和产业布局研究》，《体育科学研究》2009 年第 3 期。

吴香芝：《国外体育服务产业政策研究》，《国家体育总局结题报告》2011 年第 9 期。

吴香芝、王明伟、Becca Leopkey：《美国乔治亚州雅典市健身休闲状况调查报告》，《体育与科学》2017 年第 2 期。

吴香芝、于善旭：《论我国体育行政许可事项》，《北京体育大学学报》2007 年第 7 期。

吴香芝、于善旭：《我国行政许可制度改革时期政府在体育经营活动中的职能研究》，《成都体育学院学报》2008 年第 4 期。

吴香芝、张林：《国外体育服务产业政策略论》，《体育文化导刊》2011 年第 12 期。

肖兵：《对我国体育产业的现状与对策的研究》，《北京体育大学学报》1996 年第 S1 期。

肖伟、刘嘉津、刘海洋：《宁波市体育产业发展引导资金扶持项目评选指标体系构建研究》，《浙江体育科学》2016 年第 2 期。

辛利等：《广东省体育产业发展政策的研究》，《体育学刊》2002 年第 5 期。

徐本力：《体育强国、竞技体育强国、大众体育强国内涵的诠释与评析》，《天津体育学院学报》2009 年第 2 期。

杨青松：《我国体育政策研究述评》，《武汉体育学院学报》2011 年第 1 期。

杨淑民、康大为：《哈尔滨市冰雪体育产业发展政策的思考》，《冰雪运动》2008 年第 3 期。

杨铁黎、孙相荣：《北京市高尔夫俱乐部的现状及经营策略的调查与分析》，《山东体育学院学报》2007 年第 3 期。

游松辉等：《体育休闲产业与城市发展的互动关系》，《上海体育学院学报》2011年第1期。

于善旭等：《论我国体育立法配套与完善的几个基本问题》，《中国体育科技》1998年第11期。

袁建国、布特、高宇飞、王凯强：《建设体育强国的体育产业指标体系构建》，《上海体育学院学报》2016年第3期。

张春燕、田振华、刘跃军：《基于非物质文化遗产法律保护的民族传统体育分类探析》，《武汉体育学院学报》2010年第3期。

张国华：《从政策变迁论政府对高尔夫的堵与疏》，《企业改革与管理》2014年第21期。

张楠、孙占峰：《向体育强国迈进的群众体育发展对策研究》，《吉林体育学院学报》2010年第6期。

张岩：《体育产业辨析》，《成都体育学院学报》1995年第2期。

张岩、柳伯力：《我国体育健身娱乐市场的现状与存在的问题》，《成都体育学院学报》2000年第1期。

张永保、沈克印：《体育强国目标下发展群众体育的路径探讨》，《武汉体育学院学报》2010年第12期。

赵炳璞等：《体育产业政策体系研究》，《体育科学》1997年第4期。

郑志强：《中国体育产业政策研究综述》，《体育学刊》2010年第6期。

钟天朗：《上海体育健身娱乐市场的现状及发展对策》，《上海体育学院学报》1999年第3期。

周爱光：《"体育大国"与"体育强国"的内涵探析》，《体育学刊》2009年第11期。

周小洪等：《体育产业结构政策初探》《武汉体育学院学报》1994年第1期。

庄永达、陆亨伯：《公共体育场馆民营化经营管理的几个瓶颈问题思考》，《北京体育大学学报》2011 年第 5 期。

（三）会议论文

邓超峰、杨慧：《产业融合视域下健身休闲产业发展研究》，第十二届全国体育科学大会，山东日照，2022 年 3 月。

金岳凤、聂丽芳：《上海市健身休闲产业的困境及优化对策》，第十一届全国体育科学大会，江苏南京，2019 年 11 月。

李欣、张大超：《美国、德国体育健身休闲产业发展及启示》，第十二届全国体育科学大会，山东日照，2022 年 3 月。

钱春艳、赵少显：《健身休闲产业高质量发展的内涵及推进策略——基于供给侧结构性改革的视角》，第十二届全国体育科学大会，山东日照，2022 年 3 月。

史瑞应：《冰雪产业与旅游产业融合发展模式的研究》，2017 科技冬奥论坛暨体育科技产品展示会，河北张家口，2017 年 7 月。

王露露、陈丹、高晓波：《我国健身休闲产业发展中的阻力及对策》，第十一届全国体育科学大会，江苏南京，2019 年 11 月。

吴家琳、陈卓儒、何远梅、叶文博、李旭予：《粤港澳大湾区健身休闲产业发展策略研究》，第十一届全国体育科学大会，江苏南京，2019 年 11 月。

张策、李嘉卉、谭珍科、聂应军：《我国健身休闲产业供给侧结构优化研究》，第十二届全国体育科学大会，山东日照，2022 年 3 月。

张程锋：《上海市健身休闲产业发展成就、问题与建议》，第十一届全国体育科学大会，江苏南京，2019 年 11 月。

（四）学术论文类

段永桓：《基于 RFA 和 Copula 的海南旅游业及高尔夫产业预测》，博士学位论文，天津大学，2011 年。

冯宝忠：《中国迈向体育强国途径的研究》，博士学位论文，苏州大学，2012年。

何培森：《杭州市体育健身娱乐市场的供需结构问题研究》，硕士学位论文，浙江大学，2002年。

黄志勇：《中国公众高尔夫球场发展的驱动机制与开发模式研究》，博士学位论文，北京林业大学，2011年。

刘玉琴：《安徽省健身娱乐业现状与发展对策研究》，硕士学位论文，安徽师范大学，2007年。

骆雷：《体育强国建设中我国竞赛表演业政策研究——基于政策目标与政策思路的视角》，博士学位论文，上海体育学院，2013年。

钱来：《公共关系导向下健身娱乐企业的营销策略研究》，硕士学位论文，南京师范大学，2008年。

秦小平：《城乡体育基本公共服务均等化研究》，博士学位论文，华中师范大学，2011年。

苏嘉琪：《上海文化创意产业发展模式研究》，硕士学位论文，华东政法大学，2013年。

吴香芝：《我国体育服务产业政策研究》，博士学位论文，上海体育学院，2012年。

杨风华：《公共体育场馆服务的有效供给——民营化及政府职能研究》，博士学位论文，北京体育大学，2007年。

杨惠：《中韩高尔夫俱乐部运营管理比较研究》，硕士学位论文，湖南师范大学，2012年。

叶敏：《健身休闲产业发展背景下温州户外运动资源的开发与优化研究》，硕士学位论文，温州大学，2019年。

詹新寰：《中国高尔夫产业发展研究——基于SCP框架的分析》，博士学位论文，北京体育大学，2009年。

张俊涛：《产业融合背景下泉州市滨海健身休闲产业发展路径研究》，硕士学位论文，福建师范大学，2019年。

张礼宁：《太原市体育健身娱乐市场的研究》，硕士学位论文，山西财经大学，2006年。

张森：《中美两国体育休闲产业比较分析研究》，博士学位论文，苏州大学，2013年。

张宇靖：《基于"钻石理论"的天津市健身休闲主体产业发展策略研究》，硕士学位论文，天津体育学院，2022年。

周鑫鑫：《江苏省健身休闲产业政策执行影响因素的实证分析——基于霍恩－米特系统模型》，硕士学位论文，江苏师范大学，2019年。

（五）网络类

《中华人民共和国营业税暂行条例》（1993），http：//www.gov.cn/index.htm，1993年10月22日。

《2006—2008年全国体育及相关产业统计公报》，https：//www.sport.gov.cn/n4/n97/n101/c211955/content.html，2010年4月29日。

《中华人民共和国营业税暂行条例》（2008），http：//www.gov.cn/flfg/2008－11/14/content_1149551.htm，2008年11月14日。

《2015年国家体育产业规模及增加值数据的公告》，http：//www.sport.gov.cn/n315/n329/c782465/content.html，2016年12月27日。

《2016—2017年美国高尔夫球运动市场调查报告》，https：//www.sohu.com/a/225719586_505619，2018年3月16日。

《2016年中国健身俱乐部总数、会员数量分析及发展趋势预测》，http：//www.chyxx.com/industry/201608/441065.html，2016年8月24日。

《2016年中国全民运动健身行业报告》，http：//www.sport.gov.cn，2017年2月20日。

《2017—2022年中国高尔夫俱乐部行业深度调研与市场年度调研报告》，http：//www.ibaogao.com/，2022年1月12日。

《2017—2022年中国健身市场运行态势及投资战略研究报告》，http：//www.ibaogao.com，2016年9月6日。

《2017年中国各省固定资产投资》，https：//www.sohu.com，2018年1月31日。

《2017年中国滑雪产业发展概况分析》，https：//www.chyxx.com，2018年3月13日。

《31个省份2017年GDP出炉　转型、创新、高质量发展成高频词》，央广网，https：//www.cnr.cn/effrewede，2018年1月28日。

《财政部国家税务总局关于调减台球、保龄球营业税税率的通知》，http：//www.mof.gov.cn/zhengwuxinxi/zhengcefabu/2004zcfb/200805/t20080519_20836.htm，2005年5月17日。

《朝向白皮书之五：中国高尔夫的利好信号》，http：//sports.sina.com.cn/golf/2010-05-18/18094991229.shtml，2010年5月18日。

《城市规划通讯》，http：//www.mnr.gov.cn/，2011年7月29日。

《发展改革委社会司关于健身休闲产业文件的问答：加大"补短板"力度推动健身休闲产业健康发展》，http：//www.gov.cn/xinwen/2016-11/07/content_5129757.htm，2016年11月7日。

《非法建设高尔夫球场问题向全国蔓延》，http：//www.mnr.gov.cn/，2011年7月29日。

《高尔夫腐败成各国通病，中国打球费用远超欧洲》，https：//sports.qq.com/a/20100528/000631.htm，2010年5月28日。

《公共文化体育设施条例》，http：//www.gov.cn/zhengce/2020-12/26/content_5574621.htm，2003年6月26日。

《关于中国的滑雪人口数据及现象分析》，http：//blog.sina.com.cn，2016年4月10日。

《关于加快发展健身休闲产业的指导意见》，http：//www.gov.cn/zhengce/content/2016-10/28/content_5125475.htm，2010年10月28日。

《国务院关于加快发展服务业的若干意见》，http：//www.gov.cn/zhengce/content/2008-03/28/content_4022.htm，2008年3月28日。

《国务院关于加快发展旅游业的意见》，http：//www. gov. cn/zhengce/content/2009 - 12/03/content_ 3983. htm，2009 年 11 月 3 日。

《国务院关于加快培育和发展战略性新兴产业的决定》，http：//www. gov. cn/zwgk/2010 - 10/18/content_ 1724848. htm，2010 年 10 月 18 日。

《"健康中国 2030"规划纲要》，http：//www. gov. cn/xinwen/2016 - 10/25/content_ 5124174. htm，2016 年 10 月 26 日。

《健身行业十年兴衰警示录》，https：//finance. sina. com. cn/chanjing/cyxw/20110321/17089567783. shtml，2011 年 3 月 21 日。

《省政府关于加快发展体育产业的实施意见》，http：//www. jiangsu. gov. cn/jsearchfront/visit/link. do? url = http%3A%2F%2F，2010 年 9 月 10 日。

《体育产业发展"十三五"规划》，http：//www. sport. gov. cn/n10503/c733612/content. html，2016 年 7 月 13 日。

《体育及相关产业分类（试行）》，http：//www. sport. gov. cn/n315/n329/c216768/content. html，2008 年 7 月 28 日。

《文化产业振兴规划》，http：//www. gov. cn/test/2009 - 09/28/content_ 1428549. htm，2009 年 9 月 28 日。

《我国经常参加体育锻炼的人数、各年龄组人群人数百分比及不同体育消费项目的人均消费金额分析预测》，https：//www. chyxx. com，2017 年 7 月 12 日。

《我国体育产业增加值增长趋势》，http：//www. sport. gov. cn，2019 年 7 月 12 日。

《以科学发展观为统领，深入贯彻落实〈国务院办公厅关于加快发展体育产业的指导意见〉努力开辟我国体育产业工作新局面——在 2010 年全国体育产业工作会议上的讲话》，http：//www. sport. gov. cn，2010 年 1 月 10 日。

《中国高尔夫行业报告》，http：//slide. sports. sina. com. cn/golf/slide_2_754_178945. html#p = 1，2018 年 3 月 30 日。

二 英文文献

Chapman, A., *Biomechanical Analysis of Fundamental Human Movements*（2008）*Textbook*, Champaign: Human Kinetics Publishers, 2013.

Lan, M., "Understanding Organizational Evolution: Its Impact on Management and Performance", *Journal of Organizational Change Management*, Vol. 15, No. 4, 2002.

Leviton, L. C., et al., "Evaluability Assessment to Improve Public Health Policies, Programs, and Practices", *Annu Rev Public Health*, Vol. 31, No. 1, 2010.

Mark, et al., "Evaluation of Community-Based Health Promotion Programs for Special Olympics Athletes", *Journal of Policy and Practice in Intellectual Disabilities*, Vol. 7, No. 2, 2010.

Mowen, A. J., et al., "A White Paper for the United States National Physical Activity Plan", *Journal of Physical Activity & Health*, No. 6, 2009.

O'brien, et al., "Impact of a School Health Coordinator Intervention on Health-Related School Policies and Student Behavior", *The Journal of School Health*, Vol. 80, No. 4, 2010.

Pethkar, V., Naik, S., Sonawane, S., "Relationship between Students' and Teachers' Attitude towards Physiacl Activity and Physical Fitness", *Journal of Physical Education and Sport*, No. 12, 2012.

Pressnell, L. S., *British Economic Policy*, *1960 – 74*, Cambridge: Cambridge University Press, 1978.

Shanahan, E. A., et al., *The Theories of the Policy Process*, 4th Edition. Boulder: Westview Press, 2018.

Taylor, C. A., et al., "A Qualitative Content Analysis ofLocal School Wellness Policies for Ohio Schools", *ICAN Infant Child & Adolescent Nutrition*, Vol. 3. No. 1, 2001.